全国高等教育自学考试指定教材
小学教育专业（专科）

小学班主任
Xiaoxue Banzhuren
（附：小学班主任自学考试大纲）

全国高等教育自学考试指导委员会　组编
主　编　翟天山
副主编　杜时忠

扫描微信二维码
关注自考教材服务

图书在版编目(CIP)数据

小学班主任/翟天山主编;全国高等教育自学考试指导委员会组编.--北京:高等教育出版社,2013.8(2022.11 重印)
ISBN 978-7-04-038408-6

Ⅰ.①小… Ⅱ.①翟… ②全… Ⅲ.①小学-班主任工作-高等教育-自学考试-教材 Ⅳ.①G625.1

中国版本图书馆 CIP 数据核字(2013)第 192306 号

策划编辑 雷旭波　　责任编辑 雷旭波　　责任印制 田　甜

出　版　社	高等教育出版社	咨询电话	400-810-0598
社　　　址	北京市西城区德外大街4号	网　　址	http://www.hep.edu.cn
邮政编码	100120		http://www.hep.com.cn
印　　　刷	北京市鑫霸印务有限公司		
开　　　本	880mm×1230mm　1/32	版　　次	2013年8月第1版
印　　　张	9.75	印　　次	2022年11月第3次印刷
字　　　数	263 千字	定　　价	14.50元

本书如有质量问题,请与教材供应部门联系。
版权所有　侵权必究
物料号　38408-00

组编前言

当您开始阅读本书时，人类已经迈入了21世纪。

这是一个变幻难测的世纪，这是一个催人奋进的时代，科学技术飞速发展，知识更替日新月异。希望、困惑、机遇、挑战，随时随地都有可能出现在每一个社会成员的生活之中。抓住机遇，寻求发展，迎接挑战，适应变化的制胜法宝就是学习——依靠自己学习、终身学习。

作为我国高等教育组成部分的自学考试，其职责就是在高等教育这个水平上倡导自学、鼓励自学、帮助自学、推动自学，为每一个自学者铺就成才之路。组织编写供读者学习的教材就是履行这个职责的重要环节。毫无疑问，这种教材应当适合自学，应当有利于学习者掌握、了解新知识、新信息，有利于学习者增强创新意识、培养实践能力、形成自学能力，也有利于学习者学以致用，解决实际工作中所遇到的问题，具有如此特点的书，我们虽然沿用了"教材"这个概念，但它与那种仅供教师讲、学生听，教师不讲、学生不懂，以"教"为中心的教科书相比，已经在内容安排、形式体例、行文风格等方面都大不相同了。希望读者对此有所了解，以便从一开始就树立起依靠自己学习的坚定信念，不断探索适合自己的学习方法，充分利用已有的知识基础和实际工作经验，最大限度地发挥自己的潜能达到学习的目标。

欢迎读者提出意见和建议。

祝每一位读者自学成功。

全国高等教育自学考试指导委员会

1999年10月

目 录

小学班主任

第一章 班主任概述 ……………………………………（3）
 第一节 班主任的职责和素质 ………………………（3）
  一、班主任的职责 …………………………………（3）
  二、班主任的素质 …………………………………（8）
 第二节 班主任工作的内容和特点 …………………（12）
  一、班主任工作的内容 ……………………………（12）
  二、班主任工作的特点 ……………………………（14）
 第三节 班主任的培养和提高 ………………………（19）
  一、班主任培养和提高的必要性 …………………（19）
  二、班主任培养和提高的途径和方法 ……………（21）

第二章 小学儿童身心发展特点与班主任教育 ………（24）
 第一节 小学儿童生理的发展与班主任教育 ………（24）
  一、小学儿童生理发育的特点 ……………………（24）
  二、小学生的卫生保健与班主任教育 ……………（28）
 第二节 小学儿童认知的发展与班主任教育 ………（29）
  一、小学生观察力的发展与培养 …………………（29）
  二、小学生记忆力的发展与培养 …………………（33）
  三、小学生想象力的发展与培养 …………………（35）
  四、小学生思维力的发展与培养 …………………（38）
  五、小学生道德认识的发展与培养 ………………（41）

第三节　小学儿童情感和意志的发展与班主任教育 ……… (44)
　　　一、小学生情感发展的特点与培养 ……………………… (44)
　　　二、小学生意志发展的特点与培养 ……………………… (49)
　　　三、小学生道德行为发展的特点与培养 ………………… (53)
　　第四节　小学儿童个性和社会性的发展与班主任教育 …… (56)
　　　一、小学生自我意识发展的特点与培养 ………………… (56)
　　　二、小学生人际关系发展的特点与调节 ………………… (60)

第三章　班主任工作的基本原则 ……………………………… (66)
　　第一节　班主任所面对的几种基本关系 …………………… (66)
　　　一、班主任与学生家长的关系 …………………………… (66)
　　　二、班主任与任课教师的关系 …………………………… (68)
　　　三、班主任与校长的关系 ………………………………… (69)
　　第二节　班主任工作的基本原则 …………………………… (71)
　　　一、学生主体原则 ………………………………………… (71)
　　　二、民主平等原则 ………………………………………… (74)
　　　三、公平公正原则 ………………………………………… (76)
　　　四、实践活动原则 ………………………………………… (78)
　　　五、启发疏导原则 ………………………………………… (80)
　　　六、集体教育原则 ………………………………………… (82)
　　　七、以身作则原则 ………………………………………… (84)
　　　八、因材施教原则 ………………………………………… (86)

第四章　班级组织 ……………………………………………… (89)
　　第一节　班级与班级组织 …………………………………… (89)
　　　一、班级 …………………………………………………… (89)
　　　二、班级组织 ……………………………………………… (94)
　　第二节　班集体 ……………………………………………… (97)
　　　一、班集体及其形成发展阶段 …………………………… (98)
　　　二、班集体形成的标志 …………………………………… (99)
　　　三、培养班集体的途径 …………………………………… (100)
　　　四、培养班集体的方法 …………………………………… (104)
　　第三节　少先队 ……………………………………………… (106)

一、少先队的性质和任务……………………………（106）
　　二、少先队的组织教育…………………………………（108）
　第四节　班级教师集体和班级家长集体………………（109）
　　一、班级教师集体………………………………………（110）
　　二、班级家长集体………………………………………（115）
第五章　班级管理……………………………………………（122）
　第一节　班级管理的任务、内容和过程………………（122）
　　一、班级管理及其任务…………………………………（122）
　　二、班级管理的内容……………………………………（123）
　　三、班级管理过程的基本环节…………………………（124）
　第二节　班级常规管理工作……………………………（126）
　　一、班级工作计划………………………………………（126）
　　二、班级工作总结………………………………………（129）
　　三、班级档案制度………………………………………（132）
　　四、班务日记……………………………………………（134）
　　五、班级体育锻炼………………………………………（135）
　　六、班级卫生保健………………………………………（137）
　　七、班级劳动……………………………………………（139）
　　八、学生操行的评定和"三好"学生的评选…………（141）
　　九、班级学生学习管理…………………………………（145）
第六章　班级活动……………………………………………（147）
　第一节　班级活动概述…………………………………（147）
　　一、班级活动的含义和特点……………………………（147）
　　二、班级活动的意义……………………………………（149）
　　三、班级活动的内容和形式……………………………（151）
　　四、班级活动与教学活动的关系………………………（153）
　第二节　班会活动………………………………………（155）
　　一、班会的意义…………………………………………（155）
　　二、班会的组织、开展…………………………………（157）
　　三、班会的总结和深化…………………………………（163）
　第三节　科技活动………………………………………（165）

  一、科技活动的意义……………………………………(165)
  二、科技活动的开展……………………………………(166)
  三、班主任对科技活动的指导…………………………(167)
  四、开展科技活动应注意的几个问题…………………(168)
 第四节 文体活动………………………………………(169)
  一、文艺活动的基本内容和形式………………………(169)
  二、体育活动的组织开展………………………………(172)
 第五节 劳动……………………………………………(174)
  一、劳动的教育意义……………………………………(174)
  二、学生劳动的组织……………………………………(176)
  三、班主任在组织学生劳动中应注意的问题…………(178)
 第六节 节日、纪念日活动……………………………(179)
  一、节日、纪念日活动的意义…………………………(179)
  二、主要的节日、纪念日………………………………(180)
  三、班主任组织开展节日、纪念日活动应注意的
    问题…………………………………………………(184)
 第七节 课外阅读活动…………………………………(185)
  一、课外阅读的意义……………………………………(185)
  二、课外阅读的指导……………………………………(186)
 第八节 其它班级活动…………………………………(187)
  一、郊游…………………………………………………(187)
  二、夏令营………………………………………………(188)
  三、游戏活动……………………………………………(190)
  四、游艺活动……………………………………………(191)

第七章 班级教育工作……………………………………(193)
 第一节 班级个别教育…………………………………(193)
  一、班级个别教育的作用………………………………(193)
  二、班级个别教育的方法………………………………(194)
  三、班级个别教育的具体要求…………………………(196)
 第二节 班级偶发事件的处理…………………………(199)
  一、偶发事件及其处理的意义…………………………(199)

二、处理偶发事件的方法……………………………………(201)
　　三、处理偶发事件应注意的问题……………………………(206)
　第三节　班级榜样教育……………………………………………(208)
　　一、榜样的特征及其作用……………………………………(208)
　　二、树立榜样的建议…………………………………………(209)
　　三、运用榜样教育的基本要求………………………………(211)
　第四节　班级后进生的转化………………………………………(212)
　　一、后进生的内涵……………………………………………(212)
　　二、转化后进生的意义………………………………………(213)
　　三、转化后进生的方法和途径………………………………(215)

第八章　班主任工作的评价……………………………………………(227)
　第一节　班主任工作评价的含义和作用…………………………(227)
　　一、班主任工作评价的含义…………………………………(227)
　　二、班主任工作评价的作用…………………………………(228)
　第二节　班主任工作评价的内容和指标体系……………………(230)
　　一、班主任工作评价的内容…………………………………(230)
　　二、班主任工作评价的标准…………………………………(236)
　　三、班主任工作评价的指标体系……………………………(237)
　第三节　班主任工作评价的实施…………………………………(243)
　　一、班主任工作评价的具体要求……………………………(243)
　　二、班主任工作评价的方法…………………………………(244)
　　三、班主任工作评价的组织实施……………………………(245)

主要参考书目……………………………………………………………(248)
后　　记…………………………………………………………………(249)

附　小学班主任自学考试大纲

《自学考试大纲》出版前言……………………………………………(253)
Ⅰ　课程性质与设置目的………………………………………………(254)
Ⅱ　课程内容与考核目标（考核知识点、考核要求）………………(255)

Ⅲ 有关说明与实施要求……………………………………（295）

　附录　题型及举例……………………………………（298）
　后记……………………………………………………（299）

小学班主任

第一章　班主任概述

班主任是学校中全面负责班级教导工作的教师,在实现学校的教育任务,培养符合社会发展需要的人才的事业中,具有突出的地位,起着重要的作用。

第一节　班主任的职责和素质

一、班主任的职责

(一)班主任是学校教育发展到一定阶段,伴随班级授课制的确立应运而生的

班级教学的普遍采用,班级授课制的最终确立,以致班主任的设置,都是社会发展到一定历史阶段的产物。

在奴隶社会和封建社会,世界各国学校普遍采用个别教学的组织形式。这种个别教学形式是与古代社会生产力发展水平比较低的状况相适应的。在古代的学校中,间或也有采用初级的集体教学形式的,但远未形成一种制度。

随着资本主义的发展和科学技术的进步,对劳动者素质的要求越来越高,因而对学校教育提出了新的要求。首先是扩大教育对象,培养大量的劳动者;其次是增加教学内容,除传递价值观点和传授一般文化知识外,还要增加有关自然、技术、艺术、职业等学科内容;再次是规定教学期限,加快教学进度,以便尽快地培养各种人才,以适应社会发展的需要。正是在这种要求下,集体教学取代了个别教学,班级授课制取代了个别教学的组织形式。与班级授课制相对应,学校中出现了教师任课的分工现象,即每一位教师侧重某

一门学科或几门学科的教学，而不担任所有学科的教学。每个班级的课程教学只能由若干教师分别来进行。若干教师分别组成班级教师集体，这样，从班级教师集体中选定一名教师"牵头"，全面负责协调班级教育教学工作，就显得十分必要。这名"牵头"的教师，就是我们现在所称的"班主任"。

在我国，学校里设置班主任也是随着班级教学和班级授课制的产生而产生的。洋务运动时期，中国效法西方，依照西方资本主义国家的学校教育模式兴办新式学堂，如京师同文馆、福州船政学堂、天津北洋武备学堂等。其中京师同文馆是我国采用班级授课制的最早学校，它在1872年所拟订的分年课程安排，是我国采用班级教学的最早雏形；到1895年，盛宣怀设立的天津中西学堂分头等、二等两级，各修业4年，分4班，每班学生30人，这是中国学校教育分级分班之始。到了1903年，清朝政府在《奏定学堂章程》中规定，小学"各年级置本科正教员一人"，"通教各科目"，"任教授学生之功课，且掌所属之职务"。负责一个年级的全部或主要课程的教学工作和组织管理工作的老师为级任教师。1938年又把级任制改为导师制，负责班级组织教育工作的教师称为级任导师。级任导师沿用多年，到中华人民共和国成立后，继承老解放区经验，又学习苏联的做法，在中小学一律设置班主任。

新中国成立后，党和政府十分重视学校中的班主任工作。1952年3月18日，中央人民政府教育部颁发了《小学暂行规程（草案）》，规定："小学各班采用教师责任制，各班设班主任一名，并配设科任教师。"1963年3月23日，中国共产党中央委员会发布《全日制小学暂行工作条例（草案）》，其中对小学班主任的工作任务作了具体规定。1979年，教育部、财政部、国家劳动总局联合发出通知，决定从1979年11月1日起，在全国普通中学和小学公办教师中试行班主任津贴；同时，附发《关于班主任工作的要求》，提出班主任工作的六项任务。1983年7月，由人民日报社、光明日报社、体育报社、中国青年报社、健康报社、文汇报社、中国教育报社等七家新闻单位联合组织了全国中小学优秀班主任评选活动，共评选出2 913位优秀班主任。1988年10月10日，国家教委颁发《小学班主任工作暂行规定》（试行草案），对班主任的地位和作用、班主任的基本任务、班主任职责以及班主任工作原则等都作了明确规定。这个文件，对于推动我国小学班主任工作向更高阶段发展，起到了强有力的作用。

综上所述，班主任是学校教育发展到一定阶段，伴随班级授课制的确立应运而生的；而且随着社会的变革和发展，班主任的内涵在不断地丰富，班主任在学校中的地位也显得越来越重要。最早的班级集体以上课学习为主要活动，其组织的主旨没有现在这么广泛的意义，因此负责这个班级的老师也以上课为主，附带进行一些管理工作。随着社会的发展变化，班级的功能在不断地扩大，而且班级的教育功能、社会功能、文化功能以至陶冶和熔塑功能也在不断地被赋予新的内涵，使得负责班级工作的老师也肩负了更大的责任。他不仅成为一个班学生品德、学习、健康和生活等方面的教育者、组织者和指导者，而且也是一个班级教育活动的主要实施者和各种教育力量的协调者。

（二）班主任是班级集体的指导者和组织者，也是各方面教育影响或教育力量的协调者

1. 班主任是学生健康和谐发展的指导者

每个儿童，自他入学的第一天起，就是在老师，特别是班主任的精心教育培养下逐渐成长起来的。班主任负责学生成长的各个方面的工作，学生的德、智、体、美以及其它方面的教育工作都要由班主任参加和实施，这是其他科任教师所无法取代的。这种作用发挥得愈充分，学生的健康和谐发展就愈完美；反之，班主任偏颇于某方面或某些方面，学生的健康和谐发展就会受到影响。

儿童正处于长身体、长知识和形成品德的初始时期，他们缺乏知识和经验，辨别是非的能力也很差，因此极易受到社会不良因素的影响，这就特别需要教育和指引。班主任由于对全班学生的思想、学习、生活、健康等方面都要负责，并且又因与学生长期相处而对学生的特点和成长脉络等方面的情况都比较了解；所以能针对每一个学生的具体情况进行教育和引导，及时指明努力的方向，成为学生健康和谐发展的领路人。

2. 班主任是班级集体的组织者

一个班由几十名学生组成，他们各具特点，有着不同的要求和发展可能性，班主任必须将他们组织起来，形成一个班级学生集体，既保证学校各项工作的顺利实施，使全班学生获得教育计划所要求的一般发展，又通过开展丰富多彩的班级活动，使每一个学生的个性都得到发展。

每一个班都配设有许多科任教师，如何把各科教师的教育影响统一起来，形成教育的合力，增强教育的整体效应，也需要班主任在班级教师集体中充分发挥协调、联系的纽带作用。此外，班级集体中还有一个潜在的集体，那就是班级家长集体，他们有着不同的职业、不同的阅历、不同的经济地位和不同的教育水平，如何让他们最大限度地发挥积极的教育作用，还有赖于班主任的组织和协调。

3. 班主任是学校、社会和家庭三方面教育影响的协调者

学生生活在社会中，不可能不受到社会的各种风气、各种现象、各种势力的影响。在这种情况下，影响学生的不仅会有积极的健康的社会因素，而且也会有不健康的、消极的因素。这就要求班主任去发现、发扬那些良好的社会因素，利用它们使学生健康成长。为此，就要借助社会力量，利用社会环境中的积极因素，发动社会上的积极教育力量，优化社会环境中健康有益的部分。同时，学校内的学生情况也是不一致的，他们受社会影响程度也不会完全一样，因而，就要有针对性地使社会和学校一致。这项沟通工作是多层次多类型的，就每一个班级来讲，班主任有责任做好这项沟通工作。

学生来自不同的家庭，由于家庭的亲情关系和父母长辈的潜移默化，也使得家庭极大地影响着每个孩子的成长。就家庭影响与学校影响的关系而言，不自觉地存在一些冲突，有些还可能是有意识地用错误的东西去否定学校的教育。不管是哪一种情况，都会极大地削弱学校教育主导作用的发挥，这就需要学校与家庭之间进行沟通。这种交流、沟通的工作是通过班主任来具体实施的。班主任针对班级学生的具体情况，主动与学生家长联系，有针对性地做好家长工作，争取家长与老师形成教育的合力，共同促进学生的成长。

(三) 班主任是教育过程中对学生教育最全面和影响最深刻的教

育者

由于班主任对小学生全面成长负责,他们时刻关心学生,密切联系学生,小学生对班主任有一种自然的依恋心理,这使得班主任对小学生的影响非常深刻、持久和全面。这可从班主任对学生所进行的教育工作来认识。

1. 对学生进行思想品德教育

就个体的发展而言,由于小学阶段正处于个体发展的基础阶段,因而思想品德教育对小学生思想品德的发展有着重要的奠基作用。在小学阶段使儿童具有良好品德和行为习惯,就可以为他们今后的思想品德进一步健康发展奠定稳固的基础;相反,如果在这个时期放松了对学生的思想教育,或教育方法不当,使学生形成了不良的思想和行为习惯,则将影响他今后一生的发展。而且,从个体的全面发展来看,思想品德教育对小学生的全面发展起着导向作用,这包括指引人的发展方向以及思想态度、行为规范的引导作用等等。人们通常所说的"体育不好出废品,智育不好出次品,德育不好出危险品"正是思想品德教育重要性的鲜明写照。

就社会的发展而言,小学思想品德教育是社会主义精神文明建设中思想道德建设的奠基工程。我国九年义务教育全日制小学课程计划中,规定了小学阶段德育方面的培养目标:"初步具有爱祖国、爱人民、爱劳动、爱科学、爱社会主义的思想感情,初步养成关心他人、关心集体、认真负责、诚实、勤俭、勇敢、正直、合群、活泼向上等良好品德和个性品质,养成讲文明、讲礼貌、守纪律的行为习惯,初步具有自我管理以及分辨是非的能力。"它明确揭示了小学思想品德教育对我国社会主义精神文明建设奠基的性质。今天的小学生,是将来社会主义建设的生力军,他们的思想道德素质不仅是现代精神文明的体现,也决定着我国未来的社会面貌和民族精神。

所以,班主任应遵循小学生品德发展的规律,正确引导和培养,促进小学生的品德向健康的方向发展。

2. 指导学生学习

学习是学生的主要任务,是学生生活的主要内容。教育、督促小学生学好功课,提高学业成绩,达到教学大纲的要求,是班主任的一项重要任务。班主任要经常与科任教师取得联系，了解和研究学生的思想、学习情况，帮助他们树立明确的学习目的，端正学习态度；培养他们的学习兴趣和刻苦学习的精神；帮助他们掌握正确的学习方法，养成良好的学习习惯，并且在此基础上培养他们的自学能力，使他们学会思考，学会学习。

3. 关心学生的生活和身体健康

班主任要负责本班学生的生活管理，组织和指导学生参加文体活动，搞好清洁卫生，培养学生良好的卫生习惯，增强学生体质。此外，要鼓励学生积极锻炼身体。小学生正处于长身体的时期，这个时期身体的成长状况对于他们一生的健康成长起着奠基作用。组织、督促、鼓励学生经常从事身体锻炼，并让他们逐步认识到身体锻炼的重要性，不断地提高锻炼的自觉性。

4. 对学生进行审美教育

审美教育，就是使学生认识美、欣赏美和创造美的一种教育。良好的审美教育，对于塑造学生美的心灵、追求美的生活、形成高尚的理想、道德和情操有着特殊的作用。班主任要充分利用各种美的因素，开展健康的审美活动，使学生认识美，理解美，成为思想健康、人格高尚、情操纯朴、行为文明的社会主义一代新人。

5. 协助科任教师搞好劳动技术教育

劳动技术教育具有实践性、技术性和教育性。学生参加一定的生产劳动，有机会接触社会生产实际，易于体会到劳动的社会意义，有助于学生树立正确的劳动观念，养成劳动习惯，遵守劳动纪律和增强对劳动人民的思想感情。班主任应在协助劳技课科任教师上好劳技课的同时，组织学生参加一定的生产劳动和社会公益活动。

综上所述，我们可以给班主任下这样一个描述性的"定义"：班主任是班集体的教育者和组织者，是学校领导进行教导工作的得力助手。他对一个班的学生工作全面负责，组织学生活动，协调各方面对学生的要求，对一个班集体的发展等起主导作用。

二、班主任的素质

班主任的素质，是指班主任胜任本职工作所必须具备的品德、能力、个性心理等方面的基本条件。班主任的素质很大程度上关系到班主任工作的成效。因此，对班主任的素质要求是很高的。

《小学班主任工作暂行规定》（试行草案）第四章规定了小学班主任的任职条件，实际上也反映了小学班主任最基本的素质要求：

——拥护党的基本路线，坚持四项基本原则；

——热爱学生，热爱教育事业，热心班主任工作；

——品行端正，能以身作则，为人师表；

——教育思想端正，有一定的教育科学知识和一定的教学能力；

——有一定的组织管理能力和较强的责任心。

具体说来，班主任一般应具备以下基本素质：

（一）思想品德素质

1. 正确的政治方向、鲜明的政治观点和辨别是非的能力

班主任是学生全面发展的引路人，必须把握住培养人的政治方向，这是为社会主义培养建设者和接班人的前提。所以，班主任首先必须具有坚定正确的政治方向、坚持鲜明的政治观点、拥有明辨是非的能力。

2. 坚定教育信念，热爱全体学生

班主任在工作之中要确信教育的力量，确信每个学生都有优点和才干，都可以教育好。对于有某些缺点和错误的学生，更要坚信只要对他做深入细致的转化工作，也能把他教育好。这样班主任才能在工作中不畏困难曲折，顽强而耐心地工作。班主任工作的对象是学生，是要促进全体学生的全面发展，所以班主任必须了解学生、研究学生、尊重和信任学生、关爱学生、严格要求学生。

3. 团结协作、为人师表

班主任工作具有个体性、独立性，也具有集体性、协作性，其工作成效的取得有赖于集体的协作努力。因此，班主任要善于处理好与其他科任教师、学校各部门及社会有关人员的关系，互相尊重、互相支持、民主协商、团结合作，共同一致性地教育、影响学生，形成教育合力。在班级工作中，班主任总是经常、直接地面对学生，自己就是全班学生的榜样，其一举一动都潜移默化地影响着学生，特别是小学生特别好模仿，所以，班主任应时刻注意自己的言行举止，

为人师表。

（二）知识能力素质

1. 专业知识和相关学科知识

教学是班主任的基本职责，它要求班主任有扎实的专业知识，对所教学科的知识结构了如指掌，对基本原理、公式、概念运用自如，对教学大纲的规定清楚掌握。同时，班主任工作也要求班主任对其它学科知识有所了解。

2. 教育科学知识

教育科学知识是广大教师都必须具备的。从某种意义上说，是否掌握教育理论和技巧，将决定着班主任工作的成败。马卡连柯曾深有体会地说："我非常尊重教育理论，离开了教育理论，我是不能工作的。"班主任要富有成效地教育学生，就必须熟悉、掌握有关教育学、心理学、教学法、教育管理等方面的知识。

3. 教育教学能力

班主任的教学能力包括全面掌握和善于运用教材的能力，组织、讲解教材的能力，选择教学方法的能力，组织课堂教学的能力，辅导学生的能力和开拓新知识的能力。这些关系到班主任在学生中的威信和被认可程度，是决定班主任工作成效的重要条件。很难想象，一个教学能力不强的教师会当好一个班主任，其工作会取得好成绩。班主任除必须具备一定的教学能力外，还必须具备帮助、影响、指导、转变学生的能力。

4. 组织能力和创新能力

善于组织开展班级工作是班主任素质一个非常重要的方面，班主任工作规定了班主任要善于计划、组织实施学生的各种活动，善于根据情况的变化迅速作出反应，采取措施，利用有利时机，协调各方面的教育影响，在工作中表现较强的决断能力。班主任工作也是一项创造性的工作，需要班主任不断更新自身的知识结构和改变工作方法，勇于实践，以适应各种不断变化了的情况，把工作开展得丰富多彩。

5. 交往能力和言语表达能力

班主任在其工作之中，要与学生、家长、科任教师、学校及社会有关人员联系和协作,因此,班主任要善于交往,处理好各方面的关系,这样才能很好地协调各方面的教育影响,把工作做好。而在这些交往之中,最关键的一点就是要求班主任有良好的言语表达能力,善于沟通。

(三)个性心理品质

班主任具备与其职业相关的、健全的、优良的个性心理品质是非常重要的,是班主任素质结构不可缺少的一部分,是影响班主任工作成功的要素之一。根据大多数优秀班主任的成功经验,比较重要的个性心理品质有:勤奋、求实、创新、公正、热情、诚恳、和蔼、宽宏、坚毅、耐心、自制、合群、幽默、童心等等。在具体工作中,要求班主任观察敏锐、思维准确、想象丰富、情绪饱满、意志顽强、兴趣广泛、信念坚定、性格开朗。

(四)教育机智

俄国教育家乌申斯基说:"无论教育者怎样地研究了教育学理论,面对瞬时的信息变换,班主任必须能对新的意外的情况,特别是突如其来的偶发事件,作出正确、迅速、敏捷的判断,随机应变地采取适当而有效的教育措施作出处理",这就是教育机智。教育机智是班主任各种教育才能的综合表现,是丰富的知识、经验、观察的敏锐性、思维的灵活性和意志的果断性的独特结合,是获得良好教育效果的一种教育艺术。

例如:一次,在模范班主任毛蓓蕾的班上,举行了"我们是红军的新一代"的诗歌朗诵比赛,一个有先天生理缺陷、吐字不清的学生小孙,在同学带动下走上讲台,她一口气吐出"长征路上"四个字之后,好不容易才把"百花开"三个字迸出来。这时毛老师发现坐在末排的一个学生努着嘴在学她,眼看小孙继续朗诵下去就会引起哄堂大笑,既会影响比赛效果,又会伤害小孙的自尊心。毛老师立刻用眼神示意同学鼓掌。掌声一停,毛老师鼓励大家说:"同学们,小孙决心学习红军不怕困难的精神,上台来朗诵,这很好,看到同学有难,应该怎么办?""帮助她!"同学们大声回答。"对!一人有困难,大家来帮助,这才是红军的好作风。好,我们大家一起和她来朗诵。"顿时整个教室响起响亮的朗诵声,小孙的声音融会在大家的声音里。朗诵完毕,小孙激动地走回自己的座位。

教育机智同教育方法有密切联系,是教育科学理论知识与教育实践熔铸的合金,是教育工作经验升华的产物。班主任工作是一项科学性和艺术性都很强的工作,班主任必须注重教育机智的训练,以争取良好的工作效果。

(五)身体素质

班主任工作是一项很辛苦的工作,这项繁重艰巨的劳动,不仅要动脑思考,还有大量的耗费体力的工作。劳心劳力,对班主任的身体素质就提出了一定的要求。班主任工作负荷相当重,其体力消耗是持续性的,班主任若没有良好的身体条件,会影响他们去做更细致的工作,会使他们在工作中常常感到力不从心。这不仅会影响班主任工作的深度和广度,也影响班主任才能的发挥,影响工作的效果。所以,身体素质也是班主任不可忽视的基本素质。

总之,班主任工作规定了对班主任的素质要求是比较全面的,一个优秀的班主任应该以以上要求为基点,不断提高自身的素质,以胜任本职工作。

第二节 班主任工作的内容和特点

一、班主任工作的内容

(一)健全班级组织

班级组织既可以指学校行政组织系统的一个基层组织,又可以指学校教学的基本组织形式,还可以指学校群体的一个组成部分——班级正式群体。从班主任的作用和任务来看,健全班级组织主要是指使班级正式群体成为良好的班级集体,包括班级学生集体(班集体)、班级教师集体、班级家长集体及少先队。由于班级教师集体、班级家长集体和少先队都是围绕班集体的培养、形成而建立起来的,因而班集体的建设就成为健全班级组织中班主任工作的核心内容。

实践证明,单单依靠班主任个人的力量是很难教育好学生的,班主任工作要取得成功,必须依靠集体的力量,包括班集体的力量、班级教师集体的力量、班级家长集体的力量和少先队的力量。所以,健全班级组织就成为班主任工作的前提性内容。

(二)搞好班级管理

班级管理是指班主任对全班学生的品德、学习、体育卫生、劳动、生活等工作的管理。由于班级管理是使班级在班主任的组织领导下,成为一个井然有序、运作正常、不断前进的集体,是班级组织得以健全,班级活动及一切教育教学活动得以开展的保证,因而,班级管理就成为班主任工作的保证性内容。

在班级管理中,班级常规管理是中心内容。许多班级,由于缺乏常规管理,班主任不得不忙于对付日常的矛盾,结果事倍功半:不仅使自己陷入没完没了的具体事务中,而且使学生也失去了宝贵的受教育机会。班级常规管理包括班级工作计划的总结、班级档案制度、班务日志、班级学习制度、班级德育工作、班级体育卫生制度、班级劳动制度、学生操行的评定和"三好"学生的评选等方面,虽然它是班主任运用班级规章制度来管理班级的经常性工作,但是,由于班级管理中班主任不得不面对大量的实际矛盾和问题,因而,班主任还需要在实践中不断总结经验,随时改进,有针对性地搞好班级管理工作。

(三)指导班级活动

班级活动是在班主任的指导下由学生自己组织的、为实现班级教育目标而举行的各种教育活动,包括学习活动、团队活动、节日活动、文体活动、劳动、社会实践活动等方面。由于班级活动是班主任向学生进行政治、思想、道德教育的基本形式,是班主任组织建设学生集体,并通过学生集体来教育和影响学生个体的一种较为普遍采用的教育形式,也是学生个体进行自我教育的一种行之有效的方式。所以,指导班级活动的好坏往往成为班主任能否胜任工作的一个重要标准。正因为如此,指导班级活动也成为班主任工作的重要实践性内容。

(四)开展班级教育工作

班级教育是针对具有不同特点的某一类学生或某一个学生所进

行的具体教育。它包括班级个别教育、班级偶发事件的处理、班级榜样教育等方面。尽管班主任通过各种班级集体对学生进行教育是最基本的方式，但要全面完成班主任工作的任务，还必须进行班级教育工作。相对于班主任工作的其他内容，班级教育工作是班主任工作的基础性内容。

二、班主任工作的特点

班主任工作的特点主要表现为以下几个方面：
（一）适应性和创造性

教育是一种培养人的活动，这种培养人的活动要受教育外部和教育内部的两大基本因素的制约，即一定社会对人发展提出的客观要求和人的身心发展的客观规律的制约。教育受这两大基本因素的制约，集中地体现在学校教育领域中，而在学校教育领域中又集中地体现在班主任的工作中。因为学校对学生的教育工作是以学生班级为基本单位进行的，班主任是学生班级的组织者、领导者、教育者，是党的教育方针和学校教育任务的具体执行者，班主任是学校教育工作中对学生进行教育的最主要的教育主体。因此班主任工作，也必然要受这两大因素的制约。教育目的是社会对所要造就的社会个体的总的规定和设想，它反映了人的身心发展规律，体现了社会发展对人的客观要求。所以，小学班主任工作就必须以教育目的为根本指导，使小学生在德、智、体、美、劳等方面全面发展，为更进一步的学习和提高全民族的素质打下基础。

班主任工作对教育目的要求的适应，并不是消极的、被动的，而是在遵循客观规律基础上的主动的、积极的适应。班主任工作的对象是特殊的，既是学生个体，又是学生集体——班级，每个学生个体的现实的思想和心理状况是不同的，发展的可能性也是不一样的，他们都有各自的生活世界，每个人都处在不断的发展变化之中。并且，他们都是自我教育的主体，具有主观能动性。此外，这些学生个体构成的学生群体，表现形式也是多种多样的，班主任的工作不仅要使班级学生形成班集体，而且还要充分发挥班集体的教育作用。班主任工作所面临的就不仅有学生个体、学生群体，还有集体建设、集体教育等。这些对象的特殊性必然会使班主任工作过程和工作情境异常复杂和多变。这就要求班主任能针对学生个体和学生集体的实际状况和可能突然发生的情况，创造性地选择、运用合适的工作原则、方法、内容和机智，发挥集体的教育作用，促进全体学生的全面发展。

（二）协调性和主导性

班主任工作是学校教育工作系统中的一部分，它必须与其它各种教育影响协调一致，共同促进学生的全面发展。这种协调性首先表现在要协调好家庭、社会和学校三方面对学生的教育要求，形成强大的教育合力，来促进学生健康、全面地发展。班主任工作若置家庭和社会的影响于不顾，只是注重学校封闭式的教育影响，其结果肯定是低效的。其次要协调好班主任工作与学校其它工作如教学工作、管理工作、后勤工作等对学生的各种教育影响，形成学校内部的教育合力。现代学校教育是以教育、管理、后勤的相互密切配合为基础的，是在学校的各种组织机构和管理人员及工作人员的协同配合下，由教师群体对学生进行教育的。这个根本特点决定了要完成学校教育任务，就必须使校内的各种教育力量通力合作，即以学校内部的教育合力为前提。再者，班主任还要协调好德、智、体、美、劳五育对学生的影响。虽然德、智、体、美、劳五育之间本身有着内在的联系，但在教育实践中，五育却往往被割裂开来，并常常因来自各方面的干扰而出现顾此失彼的现象。如德育和智育的关系长期以来就没有处理好，片面追求升学率便是一个例证。至于体育、美育和劳动技术教育更是经常地被打入冷宫。所以，协调并处理各育之间的关系，也是班主任工作的一个重要方面。

应该指出的是，班主任工作的协调性是在积极地、主动地发挥班主任工作的主导性的基础上体现的，也就是说，在对班级学生的各种教育影响中班主任工作起到主导作用。这是因为，班主任工作对班级学生全面发展具有系统性、科学性和适时性，对班级学生的教育居主体地位，是协调其教育影响的桥梁和纽带；也因为班主任是学生班级的组织者、领导者、教育者，是教育目的和学校教育目标的具体执行者，这就决定了班主任在对学生进行教育的所有教育主体中居于主导地位。这样，班级学生的发展方向、发展过程、发展程度以及班集体的教育力量在很大程度上是受班主任这一教育主体的工作的控制和影响的。所以，班主任工作必须也必然表现主导性。

(三) 全面性和个别性

班主任工作的全面性和个别性，贯穿在班主任工作的全过程。

从教育目的来看，班主任工作面向班级全体学生的全面发展，而这总是要通过每个学生的个性发展来实现、来体现的。学生的全面发展总是与其积极性、主动性、创造性、主体性等个性发展联系在一起的，是个性的全面发展。班主任在其工作中应注重对学生的全面发展与个性培养相结合，使班级成为一个充满生机和活力的"每个学生个性的集合体"，丰富和提高集体的教育力量，从而促进学生的全面发展。

从教育对象来看，班主任的工作总是从两个方面同时进行的，既要组织、培养、教育和管理学生集体，又要对集体中每个学生给予针对性的教育，只有集体教育而没有个别教育，或只有个别教育而没有集体教育，都不可能教育好学生。每个学生个体发展包括德、智、体、美、劳几个方面，学生集体的发展也包括德、智、体、美、劳几个方面，因而班主任既要促进每个学生的全面发展，也要促进整个班级全体学生的全面发展。

从工作的途径和方法来看，班主任工作的任务、内容和教育对象发展的全面性决定了班主任工作的途径和方法必须是全方位的、多层次的、全面的。班主任工作不仅必须以其为主导，协调统一学校、家庭、社会的教育影响和学校教育情境下班主任工作与其它工作对学生的影响，而且，还应加强班集体的建设，重视运用集体的力量对学生的教育影响。所以，无论是校内的还是校外的，课内的还是课外的，正式的还是非正式的渠道，都可成为班主任进行工作、渗透影响的途径；各种对人进行管理教育的有效方法，都可被班主任"择其善者而从之"。

所以班主任工作是立体的、全方位的、不受时间空间限制的。但针对班主任工作中的具体问题，针对不同的学生个体，工作的方法和途径又具有个别性。会因时间、条件、场合的不同而不同，会因形势的变化而相应地调整。

（四）示范性和激励性

班主任工作具有强烈的示范性，首先是由于教育活动的性质所决定的。教育是培养人的活动，在小学教育阶段，教师主要是以自己的思想、学识、言行通过示范的方式来直接影响小学生，以自身的品德熔铸小学生的品德，以自身的才能培养小学生的才能，以自己的人格形成小学生的人格，以自身的言行影响小学生的言行，以自身的形象作为小学生的榜样，从而促进小学生的全面发展。正如第斯多惠所说的："教师本人是学校里最重要的师表，是最直观的最有效益的模范，是学生最活生生的榜样。"班主任由于其学校教育情境中的特殊地位，其示范作用更为显著和深刻。

其次，班主任工作的示范性是由于小学生的心理特点所规定的。小学生无论是在心理状态、心理过程、心理活动，还是个性倾向等方面，都不成熟，正处于发展的打基础时期，这一年龄阶段的学生依恋倾向比较强，他们对教师，特别是班主任有一种特殊的信任和依恋情感，再加上班主任与学生朝夕相处及由其地位所决定的权威性，学生常常会滋生对班主任的亲切感、崇敬感，他们相信、模仿班主任，把班主任当作自己的榜样，在许多场合，班主任本身或班主任所倡导的思想、行为、品质，往往是学生最可依赖的模仿对象。

班主任工作的示范性不仅表现在班主任自身的思想、行为、修养等个性品质方面对学生的示范作用，也还表现在班主任的工作方式对学生的影响上。如班主任如何总结工作，如何处理学生的矛盾，如何待人接物，如何分析问题、解决问题等，都对学生有关方面的能力产生影响。班主任进行工作的过程，也就是向学生示范如何做好工作的过程。如在小学校里，小学生干部模仿班主任工作方式的例子就有很多。所以，班主任的组织、教育、管理、交际等方面的能力如何，在一定程度上也影响着学生这些方面的能力。班主任工作的示范性表现在班主任工作的各个方面，在实际工作中，班主任要切实注重其对学生的示范作用。

强调班主任工作的示范性，即要求班主任以自己良好的品德、健全的个性和科学的工作方式激发、推动学生以榜样为镜子,不断按榜样的形象来矫正自己的缺点和错误,增强抵制干扰的意志力,向榜样靠拢。亦即强调班主任工作对学生的正面教育,反对对小学生的强制性或制裁性行为,如罚款、体罚、禁闭等。班主任工作不可缺少纪律约束,也需要一定的纪律措施来配合,但强制性或制裁性措施不等于教育,小学班主任在工作中必须以对学生的正面教育为主,以积极激励为主,这既是学校教育的根本职能决定的,也是小学生还不是成熟的人,正处于增长知识、形成人生观、世界观的关键时期这一根本特点决定的。所以,班主任工作应体现出激励性。

(五)集体性和独立性

班主任工作作为学校教育工作系统的一部分,它必须协调好学校、家庭、社会各方面对学生的教育影响,也协调好其与学校其它工作对学生的教育影响,形成教育合力,共同促进学生的全面发展。这是因为培养人的任务是艰巨的、复杂的,需要教育者集体的共同努力。学生质量的体现是各方面教育影响共同作用的结果,只靠班主任工作单枪匹马独干是完成不了的,也是不可能的。从班主任工作内容、工作过程、工作效果来看,无不体现出集体性。但班主任工作又是一个以个体劳动为基础的工作。班级作为相对独立的系统存在于学校教育情境之中,班级的工作目标、任务、内容、方法均是由班主任自主决策的,其计划、实施、总结都是以班主任对学生个体和集体状况的了解、掌握和遵循教育工作的原则规范来独立具体进行的。班主任工作的质量和效果如何,也是班主任个体成绩的体现,个人调控的结果。从这个意义上来说,班主任工作具有独立性。班主任工作是集体性和独立性的统一。

(六)艰巨性和崇高性

班主任工作的艰巨性是由班主任工作的复杂性和长期性所决定的。班主任工作的复杂性首先表现在班主任工作对象的复杂性上。班主任的工作对象是构成班集体的数十名学生,而每一个学生都是一个复杂的个体。班主任的工作既要从复杂的整体要求出发,又要对每一个复杂的个体有所帮助,这不是一件简单的事情。其次,班主任工作的内容和途径也是复杂的。既有调查研究工作,也有组织管理工作；既有集体教育工作，也有个别教育工作，既有课内教育工作，也有课外教育工作；既有校内教育工作，也有校外教育工作；既有思想品德教育工作，也有智、体、美、劳诸育工作；既有班主任独立进行的工作，也有班主任与其它教育力量协调、配合的工作；既有常规性工作，也有偶发性工作……同时，班主任工作又是一个长期的工作，这是由培养人的教育的长期性所决定的。"十年树木，百年树人"既说明培养人才是长久之计，也反映出人的培养要经过较长的时期。这就要求班主任既要注重当前班级的实际工作，又要有长远的观点，用发展的思想来从事班主任工作。班主任工作的复杂性和长期性决定了班主任工作是一项艰苦细致的工作。

班主任工作目标是培养学生成为全面发展的人，这是神圣的、崇高的使命。目标的崇高性决定了班主任工作性质的崇高性。也因为班主任工作的艰巨性，决定了从事班主任工作是一项高尚的事业。对每一个有贡献的班主任，党和国家都授以崇高的荣誉，他们不仅受到全社会的尊敬，而且受到广大学生的衷心爱戴并终生不忘。

第三节　班主任的培养和提高

一、班主任培养和提高的必要性

（一）班主任的培养和提高是班主任特殊工作任务的需要

在学校，班主任工作和教学工作都以学生的成长、发展作为自己的任务。教学工作的主要任务是提高学生的知识水平和能力水平，并通过学生知识的掌握和能力的形成来促进学生思想品德的发展。而班主任工作的主要任务则是通过组织培养各种班级集体，对学生进行各种形式的集体教育和具体教育及常规管理等活动，来培养学生的政治立场、思想观点和道德情操及学习品质、身体素质等，以保证学生较好地完成学习任务。班主任要做好自己的工作，就必须研究小学生的生理特点、心理特点、思想特点和行为特点，研究班级集体的形成、发展的特点，研究如何加强班集体的建设和培养，研究如何加强学生个体和集体的教育和管理，研究如何协调校内外各方面的教育影响共同育人等等问题,从中认识和总结班主任工作的规律。

(二)班主任的培养和提高是小学生独特学习方式的需要

模仿是小学生独特的学习方式,他们总是在自己所接触到的人物中挑选模仿的对象,学习他们的一言一行,模仿他们的一举一动。入学前,他们模仿的对象主要是父母及亲近的人;进入小学后,模仿的对象转移到教师身上。我们经常可以听到小学生简单的回答或反驳:"我们老师说的,我们老师就是教我们这样做的。"班主任由于全面关心和负责学生的学习、生活、活动,与学生朝夕相处,因而比其他科任教师更容易成为学生模仿的对象。如果班主任自身素质不高,工作马虎,敷衍塞责,对学生不关心、不亲近,甚至粗暴蛮横,那么就会造成学生自由散漫、情绪低落、学习成绩差;反之,如果班主任的政治思想素质高,道德品质好,业务能力强,那么就会给学生树立良好的榜样,进而促进学生健康地发展。

(三)班主任的培养和提高也是现实班主任队伍结构完善的需要

一个学生从进入幼儿园起就受到带班老师的关心、爱护、教育,一直到小学、初中、高中。每个学段都由班主任集体进行多种形式的连续工作。如果我们把人才培养过程看作一条流水线,每一位班主任都处于人才培养的全过程中的一阶段,其工作都属于"流水线"上的一个工作面,只有班主任队伍结构完善,各阶段、各"工作面"上的工作才能做好,人才培养全程的工作才能做好。小学班主任由于处于这个人才培养全程工作的初始阶段,也是奠基阶段,因而,小学班主任的培养和提高就显得尤为重要。

然而,从现状来看,形势不容乐观。有的班主任虽然热爱教育事业,肯吃苦,工作勤勤恳恳、兢兢业业,也有一定的管理班级的经验,但由于缺乏时间进行交流和学习,不同程度上存在着观念陈旧、方法过时、跟不上新时期学生的思想变化的问题;有的班主任有热情、思想开阔、感情世界与学生比较接近以及对外部环境信息反馈快,但他们缺乏管理经验和必要的耐心,工作方法简单,常常阻碍学生潜能的调动与发挥,影响班级工作的效果。

所以,培养和提高班主任的素质,建设一支德才兼备、素质优良、既相对稳定又充满活力的班主任队伍就是非常必要的了。

二、班主任培养和提高的途径和方法

（一）自修

所谓自修，就是自我学习和自我修养。前者指业务知识的自我学习，后者指思想品德的自我修养。自修的目的在于班主任提高自身的科学文化素质、身体心理素质和思想道德素质等等。自修可采取两种方法，一是在实践中自修，一是在函授中自修。

1. 实践中自修

实践中自修主要是指在具体的班主任工作实践中，在解决实际的问题中，通过学习新知识、总结新经验，来达到提高自身素质和修养的方法。

（1）了解学生、研究学生。苏联教育家苏霍姆林斯基曾经说过："教师的职业就是研究人，长期不懈地深入人的复杂的精神世界。"所以班主任应以勇于改革、善于创新的精神，在学生的感情世界里播种、扎根、开花，开辟出教育的新境地。为此，班主任在对学生进行调查研究和进行教育的实践过程中，应注意积累。写班主任日记是积累的一种有效的形式。记载学生的个人情况，包括家庭、品德、学习、身体、兴趣、爱好等；记载教育活动和教育效果的情况；记载学生变化的情况，甚至毕业后若干年的情况。与此同时，不断思考和总结，提高自身的能力和水平。

（2）同行交流，虚心学习。班主任自身素质的提高，不仅要依赖个人的努力，而且还必须依赖于学校中班主任集体的力量。苏联教育家马卡连柯说过："无论哪一个教师，都不能单独地进行工作，不能做个人冒险，不能要求个人负责，而应当成为教师集体中的一分子。"所以，班主任应组成班主任集体，以便互相交流、互相学习、互相吸取营养。可以定期举行班主任工作会议，研究和讨论班主任工作计划，总结、分析班级学生思想状况和学习状况，交流班主任工作经验，等等；也可以走出校外，与其他学校的班主任进行横向交流，向有关专家、学者进行纵向请教。

2. 函授中自修

函授中自修是通过各种高等学校制定自修的目标、计划和内容，系统地自学有关知识和理论，以提高自身的素质和修养的一种方法。在我国目前还难以让全部或大部分班主任半脱产、脱产进修的状况下，函授中自修确实是一种相当有效的方式。

（二）培训（进修）

所谓培训，就是由国家有关部门组织的对班主任的培养和训练，其目的在于扩大班主任的视野或系统提高班主任素质。培训可采取两种方法，一是半脱产的培训，一是全脱产的培训。

1. 半脱产的培训

半脱产的培训是指通过国家有关部门，如教育行政机关、教育科研部门、教育学术团体、高等师范院校，短时间集中举办一定的讲座、系列报告会、研讨会等来培训班主任，以提高班主任素质和修养的方法。这种方法的优点是既不完全影响班主任的日常工作，又可以使班主任扩大视野，进行横向、纵向交流，获得新经验、新知识、新理论。

2. 全脱产的培训

全脱产的培训是指通过国家有关部门，如教育行政学院、教师进修学院、高等师范院校教育系，定期（时间可以半年，也可以一年）开设班主任培训班来轮流培训班主任，以提高班主任的素质和修养的一种方法。它的优点是系统提高班主任的素养。

（三）教育科研

班主任的教育科研是指班主任运用科学的理论与方法，尝试对班主任工作领域中的实践或理论问题作出回答的系统认识过程。它既是揭示班主任工作规律，指导班主任工作实践的过程，又是班主任自身素养提高的过程。

班主任工作是一项涉及许多因素的复杂工作，在实践中，班主任会遇到许多新情况、新困难、新问题，仅凭原有的经验和工作热情，是很难搞好工作的。班主任只有进行教育科学研究，揭示班主任工作领域中各种要素的内在的、必然的、稳定的联系，才能不断地将经验上升为理论，才能有效地指导实践。

考虑到班主任工作的现状和班主任自身的实际，可以采取调查研究、个案研究和实验研究的方法。

1. 调查研究

调查研究是侧重收集资料的一种方法，是研究任何一个课题都需要进行的工作。它包括谈话法、问卷法和测量法。其目的在于客观地了解所研究对象的历史发展过程和现状。

2. 个案研究

个案研究是就某一个研究对象或课题中的某一方面，从不同的角度进行观察、收集资料，研究分析，弄清问题的本质、特点、以及形成发展过程的方法。

3. 实验研究

实验研究是一种通过实验程序来控制研究过程和结果的方法。这种方法，能把调查研究和个案研究所得的材料和研究结果及在此基础上形成的理论广泛地运用到实践中去，加以观察、核对，从而使我们对有关问题的认识更加准确。

第二章　小学儿童身心发展特点与班主任教育

儿童入小学后，正规的学习取代自由的游戏成为他们的主导活动，这对学生心理发展起着决定作用，而且在人一生的心理发展中也是一个重大的转折。在学习过程中，学生必须接受教师指导，以系统地掌握人类长期积累的间接经验（如书面语言等）为主要任务，要掌握读、写、算等基本技能，发展具体形象思维能力，尤其是抽象逻辑思维能力，养成适合社会要求的个性品质；学生不仅要学习自己感兴趣的东西，而且还要学习自己虽不感兴趣但是必须学习的东西；学生的学习是在集体生活中进行的，集体要求和舆论控制、监督和调节着每个成员的行为。也就是说，学习不但具有社会性、目的性和系统性，而且从某种意义来说，还带有强迫性。

小学生从入学时候起，便开始成为参加社会集体生活的成员，他们乐意被称为"小学生"而不喜欢被称为"小孩"；他们与周围人们形成了新的关系，在集体生活中，随着集体意识和自我意识的发展，形成和发展了新的个性品质，发展了意志和性格，发展了友谊和同学关系，发展了一定的道德品质。

班主任作为学生学习的指导者和学生班集体生活的领导者与组织者，对小学生的全面发展起着关键的作用。因此，班主任必须了解小学儿童身心发展的特点，因材施教，科学培养。

第一节　小学儿童生理的发展与班主任教育

一、小学儿童生理发育的特点

小学生心理的发展，离不开生理发育基础，特别是离不开大脑高级神经系统的发育。科学实验表明，生理的成熟很大程度上制约心理发展的速率和水平。

（一）身体外形的变化

我们一般以身高、体重、胸围等指标来说明儿童的生长发育状况。根据1991年的监测报告[①]，可以了解到我国小学儿童身体外形的变化情况（表2-1、2-2、2-3、2-4）。从整个小学时期来看，小学生身高与体重处于平稳增长时期，从青春发育期开始以后，生长程度便出现了明显上升的趋势。女生从10～11岁起，男生从12～13岁起进入了发育的高峰时期，女生开始生长发育比男生早2岁，结束也早2岁。因此，班主任要根据学生的年龄特点和性别特点安排小学生的活动。具体情况见表2-1、2-2、2-3、2-4。

表2-1 全国汉族城市男生测试指标

指标		年龄						
		7	8	9	10	11	12	13
身高	X	123.477	128.39	133.61	138.59	143.57	149.82	158.16
（厘米）	S	5.43	5.43	5.69	6.02	6.82	7.83	8.10
体重	X	23.01	25.10	27.98	30.79	34.11	38.30	44.60
（千克）	S	3.77	4.13	5.03	5.71	6.69	7.94	8.66
胸围	X	58.35	60.16	62.38	64.45	66.93	69.60	74.05
（厘米）	S	3.92	4.13	4.92	5.20	5.55	6.17	6.28
肩宽	X	26.47	27.32	28.40	29.44	30.54	31.93	33.93
（厘米）	S	1.45	1.48	1.54	1.68	1.84	2.14	2.23
骨盆宽	X	19.17	19.76	20.52	21.20	21.98	22.98	24.22
（厘米）	S	1.17	1.20	1.33	1.37	1.47	1.69	1.90

表2-2 全国汉族城市女生测试指标

指标		年龄						
		7	8	9	10	11	12	13
身高	X	122.34	127.59	133.14	139.09	145.69	151.22	155.30
(厘米)	S	5.33	5.58	6.12	6.60	7.10	6.60	5.86
体重	X	21.81	24.21	26.89	30.42	34.50	39.01	43.06
(千克)	S	3.27	3.84	4.61	5.56	6.66	7.02	6.91
胸围	X	56.35	58.28	60.36	63.33	66.56	70.08	73.25
(厘米)	S	3.55	4.09	4.53	5.17	5.70	5.89	5.38
肩宽	X	26.02	27.06	28.16	29.40	30.80	32.18	33.29
(厘米)	S	1.41	1.43	1.58	1.75	1.91	1.88	1.71
骨盆宽	X	18.90	19.66	20.50	21.55	22.79	24.01	24.99
(厘米)	S	1.20	1.25	1.34	1.58	1.73	1.72	1.88

表2-3 全国汉族乡村男生测试指标

指标		年龄						
		7	8	9	10	11	12	13
身高	X	119.80	124.37	128.96	133.87	138.61	144.32	152.53
(厘米)	S	5.40	5.46	5.98	6.30	6.45	7.83	8.75
体重	X	21.03	22.96	25.10	27.81	30.53	34.10	40.17
(千克)	S	2.74	3.03	3.50	4.37	5.01	6.08	7.28
胸围	X	56.95	58.53	60.29	62.50	64.49	67.00	71.04
(厘米)	S	3.06	3.18	3.36	3.97	4.22	4.65	5.42
肩宽	X	25.79	26.74	27.70	28.72	29.76	30.99	32.92
(厘米)	S	1.45	1.51	1.57	1.64	1.75	2.04	2.44
骨盆宽	X	18.94	19.55	20.18	20.85	21.59	22.44	23.72
(厘米)	S	1.19	1.26	1.26	1.34	1.43	1.58	1.81

表 2-4　全国汉族乡村女生测试指标

指标		年龄						
		7	8	9	10	11	12	13
身高（厘米）	X	118.58	123.48	128.58	134.04	140.38	148.20	154.57
	S	5.84	5.86	6.14	6.87	7.55	7.49	6.09
体重（千克）	X	20.25	22.21	24.47	27.50	31.36	35.51	40.90
	S	2.66	3.10	3.53	4.60	5.77	6.38	6.20
胸围（厘米）	X	55.30	56.91	58.72	61.19	64.45	67.75	72.00
	S	2.88	3.14	3.44	4.02	4.84	5.29	5.13
肩宽（厘米）	X	25.48	26.50	27.48	28.65	30.05	31.42	32.81
	S	1.41	1.50	1.56	1.76	1.97	2.01	1.80
骨盆宽（厘米）	X	18.75	19.40	20.15	21.04	22.23	23.48	24.83
	S	1.21	1.28	1.32	1.55	1.73	1.83	1.73

（二）体内机能的发育

小学生心肌纤维较细，因此心脏功能较差。他们心缩力弱，血压低，心率快。儿童期，心脏每搏动一次血的输出量要比成人少，7岁儿童每搏输出量只有23毫升,而成人每搏输出量可达60毫升。因此，班主任不应让儿童做过分剧烈的运动和过分紧张、繁重的劳动，以免造成心脑过度疲劳。

小学生胸廓狭小，肺容积小，呼吸肌力较弱频率快，因此肺活量小。小学生体力活动强度不宜过大，时间不宜过长。

小学生骨骼增长较快，但骨化尚未完成。儿童与成人相比，骨骼中有机物（胶质）较多，无机物（钙盐等）较少，有机物与无机物的比例：儿童是1∶1，成年人是3∶7。因此，小学生骨骼富于弹性，但不坚硬，易弯曲变形，尤其是脊椎的软骨成分丰富，骨盆骨化尚未完成。因此，班主任对小学生全部活动都要注意指导，使儿童坐、立、走、写字与看书的姿势正确。

小学生肌肉含水分相对较多，含蛋白质、脂肪、糖和无机盐较少，富有弹性，而肌力较弱，容易疲劳，但恢复快。全身肌肉重量与体重比例低于成人，8岁儿童的肌肉重量只占体重的27.7%，而成人却高达41.8%。儿童大肌肉、屈肌、上肢肌发育较早；而小肌肉、下肢肌、伸肌发育较迟，所以他们动作的准确性及下肢的灵活性较差。在发展大肌肉群的同时，要注意促进小肌肉群的发展，适当多做些跑、跳等发展伸肌的练习。

（三）神经系统的发育

研究表明，6~7岁的儿童大脑重量已达1 280克，他们的神经细胞体积增大，细胞分化基本完成，神经细胞的突起分支变得更密，纤维髓鞘已基本完成。9岁时脑重为1 350克，12岁时为1 400克，达到了成人的平均脑重量。他们脑神经细胞的机能进一步复杂化，但大脑皮质神经兴奋与抑制过程不平衡，兴奋占优势，灵活性高，神经细胞工作能力较差，易疲劳，而恢复也快。儿童平均每天需要睡眠的时间：7岁为11小时，10岁为10小时，12岁为9~10小时。小学生连续学习和活动的时间不要过长，要注意休息和变换活动方式。

二、小学生的卫生保健与班主任教育

小学阶段是儿童身体生长发育的重要时期，身体是一个人生存和发展的生理前提——"身体不好是废品"。然而，当今校园，"小胖墩"蹒跚而行，"豆芽菜"随处可见。我们到处可以看到苍白的面孔、衰弱的身体。仅就视力而言，近视眼发病率居高不下。1993年，北京、天津、山西等10个省市对近10万名学生的视力检测结果表明，中小学生近视率高达34.17%，其中小学生达16.8%。为此，加强卫生保健，形成学生的良好卫生习惯已刻不容缓。

（一）坐、立、走的正确姿势和眼睛的保护

小学生骨骼柔软，骨化正在逐渐形成的过程中，容易变形。根据这个特点，在日常生活、学习、劳动、体育运动等活动中，班主任要特别注意让他们保持坐、立、走的正确姿势，要注意活动内容和活动方式的变化，有动有静，动静结合，不要长时间让儿童保持一种姿势不变。养成正确的坐姿，一要重视日常训练，二是注意课桌椅应适合儿童身高的要求,要随着儿童身高的增长,及时调整更换相应高度的课桌椅。对于同龄儿童中的个别的特高或特矮的学生,应配以相应的课桌椅。

眼睛的保护,主要是指导学生的用眼卫生。如看书时要端坐,双目正视书本,不可斜倚坐椅斜视书本,眼与书本保持一尺距离;不在强光刺激或昏暗光线下看书;读书时间不要过长,看书若超过一小时,中间应安排几分钟的休息,或闭目静坐,或眼望窗外天空,然后再看;不要躺着看书。要注意读物的选择,印刷模糊、字体过小的书,尽量少看。要认真做眼睛保健操。

(二)卫生习惯的养成

养成良好的卫生习惯,是一个民族文明素质的重要标志。首先,要树立讲究卫生的科学观念,树立以"讲卫生为荣""不讲卫生为耻"的文明风尚,使学生知道卫生与健康是直接相关的。其次,训练学生饮食起居符合卫生要求。如饮食定时定量,不偏食,不贪食。饭前便后要洗手,餐具、饮具洗刷干净。不在马路上吃东西,不边吃边玩,不吃腐烂水果,不喝生水。生吃瓜果要先洗净、消毒或去皮。不吃零食。每天睡前、起床后要洗脸、刷牙。经常剪指甲,按时理发,每月理发1~2次。经常洗澡。早起、早睡,按时起床和睡眠。看电视不宜时间过长,以至影响休息。再次,要科学进食。研究表明我国儿童中肥胖儿童和营养不良儿童呈现上升趋势,且城市儿童比农村儿童比例为高。班主任要同家长配合,教育儿童少进食含有激素、色素、防腐剂的食品、饮料、滋补品和膨化食品。

第二节 小学儿童认知的发展与班主任教育

一、小学生观察力的发展与培养

(一)小学生感知能力发展的一般状况

1. 视觉的发展

视觉在人们的认识活动中占有极重要的地位,人们所获得信息量的80%来自于视觉。小学儿童视觉在整个感知觉中占据主导地位，其发展主要表现在两方面。第一，视敏度的发展。视敏度俗称视力，指在一定距离上感知和辨别细小物体的视觉能力。小学儿童视敏度发展趋势是：10岁前视敏度不断提高，10岁时视觉调节能力的范围最大，远近物体都能看清楚。10岁以后，随着年龄增长，视力逐渐下降。用眼卫生与儿童视力关系密切，班主任要指导儿童正确用眼，教室里靠边座位的学生要定期调换位置。第二，颜色视觉的发展。小学一年级儿童已能正确辨认各种颜色，能对各种不同颜色进行配对游戏，对于经常接触的一些颜色也能叫出名称来。对色度的辨认能力则较低，在经过训练后有很大提高。小学生已有了对颜色的偏爱倾向和性别差异，男孩最喜欢的颜色依次是黄、蓝、绿、红，女孩最喜爱的颜色依次是红、黄、橙、白。利用美术课和其它活动，让学生接触多种色彩，并教会儿童对各种颜色的正确命名和使用，有利于儿童颜色视觉的发展。

2. 听觉的发展

小学儿童听觉的敏感度随年龄增长逐渐提高，但整个小学阶段听觉敏感度都不如成年人，更未达到高峰。语音听觉发展迅速，一年级的小学生已能很好地辨别汉语的四声和相近的声音，可达到成人的水平。在非普通话地区，小学生语音听觉的发展，关键在于教师的语音和正确的指导。听觉敏感度的高低直接影响儿童的音乐才能和言语能力的发展，班主任要重视对学生听觉器官的保护和训练。

3. 空间知觉的发展

空间知觉包括大小知觉、形状知觉、方位知觉、距离知觉等。在大小知觉方面，低年级小学儿童能熟练地用目测和比测进行直觉判断，中年级时已逐渐能运用推理判断来比较空间面积的大小。在形状知觉方面，小学儿童形状知觉水平逐年提高，他们不仅能正确辨认几何图形，而且能正确绘制各种图形，最后还能用语言正确说明图形的特征，说明小学儿童对几何图形的认识，已由对具体直观图形的认识过渡到对一类图形共同特征的把握。但他们的形状知觉也有局限性，儿童有时会把非本质特征当作本质特征，如把"直角在下方""摆得端正"当作直角三角形的特征；对立体几何图形的知觉水平不高，因不懂透视原理和缺乏立体感，常常不能正确辨认立体几何图形中的立方体数。在方位知觉方面，初入学儿童方位知觉水平不高，表现为：（1）对上下、前后方位已能正确判断，对左右方位只能比较固定化地辨认，而不够完善。如对体操课的左、右转口令反应不够灵敏和准确，往往有1/3的儿童出现错误。（2）对字形的感知，注意形状而不注意方位，如"9""6"不分，"b""d"不分，"p""q"不分，等。在教育的影响下，小学儿童的方位知觉水平逐步提高，7～9岁时能逐步地具体地掌握左右方位的相对性，9～11岁时能比较概括地灵活地掌握左右概念。

4. 时间知觉的发展

人类没有专门感知时间的器官。由于时间比空间更为抽象，为了正确地感知它，必须借助于中介物，如天体的运行、人体的节律或专门计时的工具。

儿童入学后逐渐掌握了数概念和计时的工具，学会了利用中介物来认识时间，时间知觉水平便迅速提高。7～8岁儿童对一日前后延伸时序和跨周、跨年的延伸时序都能正确认识；能用时间标尺来估计时距；能利用钟表、日历来定时、定序；能掌握常用的时间单位；能在语言水平上理解时间关系。到了高年级，对无法直接觉察到的时间单位如世纪、年代等也能逐步掌握。

5. 运动知觉的发展

运动觉包括大肌肉运动觉和小肌肉运动觉。大肌肉运动觉成熟较早，刚入小学的儿童已有相当发展，能自如地做各种基本动作，如，走、跑、跳、爬行、攀登、伸展、弯腰等。小肌肉运动觉发展较迟，刚入学时还未发展好。手指、手腕运动不够灵活协调。如，当学生刚学写字时，笔对他们显得很重。一握上笔，手指手腕就显得木僵，肌肉的紧张度很高，常需移动前臂或上身，甚至移动纸张来写字。字迹歪歪扭扭，竖不直，横不平，间架结构的比例不当，还经常把纸戳通。经过小学阶段各种书写、绘画、手工劳动等活动的训练，小学毕业时，儿童手指小肌肉运动觉已有相当发展，它的灵活性和精确性都有较大的提高。

整个小学阶段，儿童大、小肌肉运动觉都在发展中，其发展速度和水平与训练直接有关。班主任要充分利用课内外各种活动，从耐力、速度、灵活、协调等方面对小学生加强训练。考虑到小学生的运动器官比较稚嫩，训练时要循序渐进，切忌操之过急，过量训练。更不可把书写、朗读等动作训练作为惩罚的手段。

（二）小学生观察品质发展的特点

1. 目的性方面

一年级学生随意性较差，排除干扰能力较差；集中注意使观察服从于规定的任务要求的时间较短；观察的错误较多。三年级和五年级学生有所改善，但无显著差异。

2. 精确性方面

一年级学生水平很低，不能全面细致地感知客体的细节，只能说出客体的个别部分或颜色等个别属性。三年级学生明显提高，五年级学生略优于三年级学生。

3. 顺序性方面

一年级学生没有经过训练，观察事物零乱、不系统、看到哪里就是哪里；中高年级学生观察的顺序性有较大发展，一般能从头到尾、边看边说，而且在观察表述前往往能先想一想再说。但从总体上看，五年级和三年级差异不显著，表明五年级学生还不能系统化地观察。

4. 深刻性方面

低年级学生对所观察事物作出整体概括的能力很差，表述事物特征不系统，分不清主次，往往注意于各种无意义的特征而忽略了有意义的特征；三年级学生的判断力有较大提高；五年级又有显著发展，观察的分辨力、判断力和系统化能力明显提高，把握事物本质特征的能力明显增强。

（三）小学生观察力的培养

感知是心理发展的起点，观察是人们学习知识、认识世界的基本途径，观察的全过程与注意、思维等方面有密切联系。儿童心理的发展无不从发展观察力开始，尤其是智力的发展离不开观察力的发展。观察力是智力的基础，是科学研究、发明创造的基础。古今中外，许多伟大的科学家、研究者，都具有敏锐的观察力。进化论的创始人达尔文说："我既没有突出的理解力，也没有过人的机智，只是在观察那些稍纵即逝的事物,并对其进行精细观察的能力上,我可能在众人之上。"由此可见观察力之重要。班主任要重视儿童观察力的培养,多组织一些观察活动,并做好观察指导。

1. 要使儿童明确观察的目的任务

低年级儿童,他们还不善于自己主动提出观察的目的任务,因此,班主任在组织儿童观察事物时,必须向儿童提出观察任务,而且所提的任务要具体、明确。诸如"好好看"、"认真看"、"仔细看"之类笼统的要求对发展儿童的观察力收效甚微。对于中高年级儿童,班主任要善于启发他们自己独立地观察,即由班主任提出总的要求,让学生自己考虑观察的具体步骤等,最后再用观察的总的要求来检验观察的结果,以增强儿童观察的目的性。

2. 要使儿童具有相应的知识准备

只有理解了的东西才能更好地感知,没有相应的知识准备,即使有了观察目的,也不知如何着手去观察。尤其是一个完全陌生的事物既不会引起学生的强烈兴趣,也不会引起稳定的注意和积极的思维。观察要让儿童对观察的事物有所了解。

3. 指导儿童观察的方法,培养观察的技能

(1) 加强观察方向顺序的引导。在观察活动中,班主任要用语言引导儿童观察的方向,使他们掌握观察的顺序。如,引导儿童先看整体再看部分,先看大致轮廓再看细节;先看近的再看远的;从上到下,从左到右;从整体着手,经各方面的分析,再回到整体。

(2) 充分利用多种感官。观察的目的在于从实践中获得感性经验。要使感性经验丰富、全面,就要动用各种感官全面获取信息。

4. 要重视观察结果的处理和运用

在观察结束后,应做好观察结果的处理和运用。对观察结果的处理和运用的要求应在观察前提出,这样有利于提高学生观察的目的性和积极性。对于专门组织的观察活动,班主任应要求学生做好观察记录和报告。

二、小学生记忆力的发展与培养

(一)小学生记忆力发展的一般特点

在小学阶段，小学生的记忆有很大发展，其主要特点是从无意识记向有意识记发展。具体表现是：在记忆目的上，小学低年级学生无意识记仍然占主导地位,而中年级以上学生学习目的逐渐明确，有意识记逐渐占主导地位。研究表明，小学二至四年级期间，有意识记效果明显提高,班主任要特别关注这个有意性发展的关键时期，要充分利用无意识记，提高有意识记能力。在记忆的内容上，小学低年级学生具体形象识记仍然占主导地位，他们最容易记住一些具体的、直观的材料，对抽象的词、公式和概念的识记有较大困难；小学四年级以后词的抽象识记逐渐发展起来，但仍需要具体形象材料的支持。班主任要注意在具体事物的基础上，发展小学生词的逻辑记忆能力。在记忆方法上，低年级学生更多的是使用机械识记。研究表明：小学二年级学生，反复机械背诵的占72%，而利用意义识记的只占28%。随着知识的增长，理解能力的提高，到中、高年级意义识记逐渐起主导作用。但必须明确，在小学生的学习中两种识记方法都是必要的，它们是互相影响、相辅相成的。班主任要注意指导学生将两种识记方法结合起来。儿童记忆的发展，还表现在记忆范围逐渐扩大，对社会现象、人际关系逐渐关注；再现的精确性逐步提高，记忆内容保持时间延长；逐步掌握记忆的逻辑方法及合理的熟记方法等。

（二）小学生记忆力的培养

记忆是整个心理活动的基础。人由感知而得来的材料，需要记忆将它们保存下来，人的想象和思维活动，必须在记忆所保存的材料基础上进行。记忆是掌握知识、发展能力的基本手段，学习离不开记忆。记忆是有规律的，增强记忆需要科学的方法。有些学生学习成绩不好，就是由于记忆方法不科学造成的。

1. 有意识记的培养

（1）要使学生明确自己活动的目的任务，并愿意为达此目的任务而努力。最初，识记的目的任务大多是由教师和班主任向学生提出的。低年级学生往往不懂得主动向自己提出识记任务，这与他们的学习要求不相适应，为发展有意识记能力，班主任应要求学生自觉地、独立地向自己提出识记的目的任务，使他们由被动转为主动。

(2）向学生提出适当的长远识记任务。这样，学生就会发挥能动性，并主动运用一些记忆方法，使识记材料在大脑皮层留下的痕迹更深一些。

(3）教会学生独立地自觉地检查自己的记忆效果。低年级学生一般还不善于自我督促检查，有的甚至不明白怎样才算学会，怎样才算记住了。班主任要教会学生自觉地检查自己的识记效果。

(4）充分利用无意识记。无意识记记起来较为轻松，不易疲劳。利用无意识记的具体方法有：一是利用形象可感的材料；二是激发学生的情感体验；三是培养学习兴趣；四是利用明显注目的标志；五是日常生活的潜移默化。

2. 意义识记的培养

(1）帮助学生理解识记的内容。对有意义的内容（材料），尽量让学生在理解意义的基础上进行识记；对无意义的内容，尽量赋予人为意义后加以识记。只有很好组织起来的信息，识记后才不容易遗忘。

(2）教会学生良好的记忆方法和策略。如把词和形象结合起来识记；在识记前对材料作分析；运用比较、分类、分段、拟订小标题等方法；利用口诀法、谐音法等。

(3）适当训练机械记忆能力。学生学习基本上是要求意义识记，但也需要一定程度的机械记忆。小学生的机械记忆能力较好，应适时让他们记一些难以赋予意义的重要知识。

3. 加强复习，防止遗忘

主要是要求及时复习，及时强化；要让学生"试图回忆"；提倡"过度学习"[2]，防止过度疲劳；在内容上、时间上分散学习与集中学习相结合；调动多种感官；运用多种方式进行学习和复习；将知识条理化、网络化，形成知识系统等。

三、小学生想象力的发展与培养

(一）小学生想象发展的特点

1. 想象的有意性迅速增长

小学生在学习过程中，为了更好地理解教材，掌握教材，完成作业，必须展开有意识、有目的的想象活动。例如，在读课文时，要求儿童富有表情地朗读，有条不紊地、生动形象地讲述故事情节；在作文中，要求儿童围绕主题进行构思；在绘画中，要求儿童通过想象来设计富有美感的构图；在思想品德教育和理想教育中，要求儿童设想出理想的"我"等等。这样，从三四年级开始，有意想象逐渐占主要地位。但是，在整个小学时期内，儿童想象的主题易变性还比较明显，想象不能很有效地指向于某一预定的目的，尤其对于缺乏必要的知识经验或不熟悉的事物，他们的想象往往显得简单而贫乏。

2. 想象逐渐富于现实性

小学低年级儿童的想象往往与现实事物不相符合，或不能确切地反映现实形象。在学习过程中，由于儿童知识经验的逐步积累，小学中、高年级儿童的想象已能比较真实地表现客观事物，其想象的内容趋于现实，对个人未来的理想也趋于现实。

3. 想象中的创造性成分日益增多

小学儿童在教育的影响下，由于表象的积累和语言的发展，不但再造想象更富有创造性成分，而且以独创性为特色的创造想象也日益发展起来。

（二）小学生想象力的培养

想象是创造力的翅膀，在创造力愈来愈重要的今天，应该十分重视儿童想象力的培养。想象的培养比较困难，而且容易被忽视。现在的小学学校生活中理性的东西多，过于偏重知识的学习和考查，而对儿童天真、幼稚的特点有不同程度的忽视甚至抹煞，使小学生过早地成人化了。这种状况应该加以改变。鲁迅早就指出："孩子是可以敬服的，他常常想到星月以上的境界，想到地面下的情形，想到花卉的用处，想到昆虫的语言；他想飞上天空，他想潜入蚁穴……所以给儿童看的图书就必须十分慎重，做起来也十分烦难。"③孩子的想象，由天真烂漫的以幻想为主的世界，发展到以符合现实的科学的想象为主的世界，有个过程，需要班主任教师、家长、学校和社会的保护、启蒙、引导，过早地成人化是有害的。

1. 创造条件，采用多种手段，丰富儿童的表象和言语表象是想象的材料,表象的数量和质量直接影响着想象的水平。表象越丰富,想象就越开阔而深刻;表象越贫乏,想象也是越狭窄而肤浅;表象越准确,想象就越合理;表象越错误,想象也就越荒诞。班主任要充分利用直观教具和形象化的材料,并经常组织学生参观、看展览、游览、看电影等。但要注意,再直观的形象材料都只是实际事物的符号,代替不了儿童对事物的切身感受。在实际活动中,班主任要引导儿童广泛接触各种实际事物,仔细地、全面地、准确地观察比较,全面感知事物。有时班主任也可用充满丰富的感情的生动形象的语言进行口头讲述,带领学生进行有表情的朗读,以增强学生的感受,使儿童积累起丰富和准确的表象,保证想象活动的顺利进行。

想象是通过言语形式加以表现的,因此,言语发展与想象的发展关系密切。只有言语发展达到一定水平,儿童的想象才可能从形象水平提高到符号水平,使想象变得更加广阔、深刻,更加概括且富有逻辑性。班主任教师要重视用丰富、优美、正确、清晰、生动形象的言语描绘事物。这不仅可以唤起学生的想象,更为他们表现想象作出了榜样,使学生具体地感受到如何使用言语来表现想象,对提高学生言语表达能力,发展学生的想象,起到了潜移默化的作用。

2. 结合学校的各种活动,进行想象的训练

第一,结合各科教学活动,训练学生的想象。

第二,通过形式训练,提高想象和联想的能力,具体有:

对静物作动态想象,变无声为有声想象。如,出示一幅画面,要求学生围绕画面的主题,写出画面上人物的精神、动作、语言等。

对抽象词作具体形象想象。如,将"骄傲"一词,要求学生以人物动态来表达。

对物作拟人想象。如,要求对"水"作拟人想象。有个学生写道:"水,我见过奔腾不息的江水,它穿峡谷,绕暗礁,向着大海,英勇无畏,一泻千里,勇往直前。"

3. 正确引导小学生的幻想

小学生的幻想正处在由远离现实的幻想向现实的幻想过渡阶段。积极的幻想,对学生的学习、生活具有直接推动作用的幻想,是

富于现实性的。因此,班主任要引导学生把幻想与现实结合起来。结合的方式很多,可以通过组织班会,比如通过举办"当我30岁时候"主题班会,把个人幻想与现代化建设需要结合起来;可以把典型事件如英雄模范、"十佳少年"的先进事迹与个人的行为联系起来等。

四、小学生思维力的发展与培养

(一) 小学生思维发展的特点

儿童入学后,开始进行较系统的学习,班主任和各科老师对儿童的学习不断提出新的要求。小学儿童必须学会进行新的智力活动,也就是要学会进行分析、综合、比较、抽象、概括以及逻辑判断、推理等复杂的思维活动,从而也就促使他们的抽象逻辑思维迅速地发展起来。小学阶段是儿童思维发展的重大转折时期。从以具体形象思维为主要形式向以抽象逻辑思维为主要形式过渡,是小学儿童思维发展的基本特征,也是儿童思维发展过程的质变。一般认为,小学生思维发生转折的关键年龄在四年级(约10~11岁)。如教育条件适当,这个关键年龄可以提前到三年级。对此,研究者的意见不尽一致[①]。若把范围划宽一些,关键年龄可以确定为三到五年级之间。在整个小学阶段,从具体形象思维向抽象逻辑思维过渡应该理解为一个发展过程,在小学儿童发展的不同阶段,始终都存在着具体形象成分和抽象概括成分,只不过在不同阶段,它们各自所占比重不同罢了。面对小学儿童思维发展的这一特点,班主任在教育学生时,既要考虑儿童思维的具体形象特点,所提要求不可过分抽象,思想品德教育不可净讲大道理;又要创造条件,促进抽象概念的掌握和抽象概括能力的提高,以加快完成向以抽象逻辑思维为主要形式过渡。需要特别指出的是,"主要形式"并不是唯一形式,两种思维其实都是十分重要的。艺术创造以形象思维为主,科学创造也离不开形象思维,班主任要注意纠正实践中忽视儿童形象思维发展的偏向。

1. 儿童概念的掌握对他们掌握知识、形成个性都有重要作用

正确掌握概念,才能使他们在教育过程中理解高尚的道德品质、

行为准则,领会和掌握系统的科学文化知识,形成全面发展的个性。我国心理学实验证明,小学儿童掌握概念具有阶段特征:小学低年级儿童更多的是从具体对象或他们能直接感知的外部特征掌握概念,因而这时儿童"不能理解"的概念很多,他们只是形式主义地笼统地掌握概念,不能抓住事物的本质特征。如他们对"鸟"的概念的理解是"鸟小,会飞,会叫";常把鲁莽的举动当作"勇敢",把借作业给同学抄当作是"帮助"别人。小学高年级儿童笼统地掌握的概念逐渐减少,并已能从非直觉的内在属性以及人与事物或事物之间的关系来认识客体、掌握概念,从本质属性上认识事物,用完整的定义形式掌握概念已占极大比重。而小学中年级则正处在概念掌握的过渡阶段[5]。

2. 判断和推理也是思维的重要形式

儿童的判断、推理能力,随着小学生学习的进展和年龄的增长而不断提高。小学低年级儿童的判断大多是根据事物的外部特征进行的,由于对事物的属性认识不多,他们的判断很不全面;他们对事物的因果关系认识简单,不会从多方面寻找事情的原因,常作出绝对的判断。到了中、高年级,小学生能逐步从多方面去分析问题,能提出多种不同的假设,作出正确的判断。低年级儿童的推理需要有直接观察所提供的直观前提,并且多是直接推理,即由一个前提直接得出一个结论的推理。研究表明,小学生直接推理能力反映出三个发展阶段:一二年级为一个阶段,三年级为一个阶段,到五年级时为另一个阶段,四五年级之间有一个思维发展的加速期[6]。小学生间接推理能力也是由低到高逐步增长的。

(二)小学生思维能力的培养

思维是智力的核心,是认识事物的本质和规律的重要途径,一个人分析问题、解决问题的能力主要取决于他的思维能力。在现代社会,创造性思维能力尤其重要。在小学教育中,我们的智育往往热衷于死记硬背和"题海"战术,德育往往热衷于听话训练和"大话"教育,忽视智力和独立思考能力的发展,这种状况必须改变。

1. 发展儿童的言语

通过教学、阅读课外读物、参加演讲会、辩论会、故事会、举办板报、壁报等活动，可丰富学生的词汇，促进正确地理解词意，学会准确地表达思想感情，推动思维的灵活性、逻辑性的发展。

2. 丰富儿童的感性知识

整个小学阶段，儿童思维活动的直观形象性都很突出。儿童掌握大量内容丰富、印象深刻、生动而准确的感性知识是发展具体形象思维和抽象逻辑思维必不可少的条件。班主任可运用实物、图片、学生身边的榜样，通过组织参观、访问、游览等活动，引导学生全面观察，深刻分析，积累思维的素材。

3. 帮助儿童掌握思维方法

(1) 将抽象问题具体化的方法。将学生不理解的道德品质与榜样人物的具体行为联系起来，将大问题分解成几个小问题，有利于思维的进行。

(2) 分析方法与综合方法。分析、综合是思维过程的最基本成分，是思维的基础。班主任要培养儿童遇事问个为什么，喜欢对事、物进行分析的习惯；在对各因素全面分析的基础上，要引导学生找出共同点，学会综合。概括是思维能力的核心，综合是发展概括能力的基本方式，阅读教学中的归纳段意和中心思想，品德教育中的总结出人物的思想道德品质等都是训练学生抽象概括能力的绝好机会。

4. 运用思维冲击法，培养创造思维能力

现代社会，创造性比以往任何时代都显得更为重要。尤其是近年东南亚经济危机的发生使全球都重新反思和评价这一地区的教育。港报认为，学校应引进一种开发学生创造性的教育方式，提高年轻人思考问题的能力，使他们更适合信息时代的要求。新加坡总理吴作栋最先提出了"勤于思考的学校，善于学习的国家"的口号[7]。在我国，培养学生的创造性思维能力已是刻不容缓。这里向班主任介绍一种培养创造能力的思维冲击法。

思维冲击法作为培养创造能力的教育技术，其基本原则是：在集体解决问题的时候，通过暂缓作出评价，让学生踊跃发言，以便引出多种多样的解答方案。每一个发言者都要遵守以下规则：

禁止提出批评性意见（即暂缓评价）；

鼓励提出各种改进意见或补充意见；

鼓励各种想法，多多益善；

追求标新立异，允许观念离题；

教师为了启发学生思考,可将启发思维方向的提示排列成表,公布在黑板上。如：提出其它用途；应变（从不同方面想问题）；改进；扩大；缩小；替代；重新安排；逆转；合并等。

通过思维冲击法训练，可有效提高学生的创造性思维。

五、小学生道德认识的发展与培养

儿童道德品质的培养是班主任工作的重要内容。道德品质涉及到道德认识、道德情感、道德行为习惯等方面，这里我们先介绍小学生道德认识发展和培养的有关知识。

（一）小学生对道德概念的理解特点

小学儿童对道德概念的理解，总的趋势是从肤浅的、表面的理解逐步过渡到较精确的、本质的理解。例如，小学生对"道德高尚的人"的理解表现出三种水平：第一种只是停留在个别现象上，如"不打人、不骂人"；第二种是理解比较全面，但相当具体，如"关心集体，爱护同学，做好事，讲文明，努力做集体的小主人"；第三种是理解不仅能全面，而且也比较深刻，如"坚持真理、实事求是、敢于与损害集体利益的坏人作斗争"等，但所列举的还是日常生活中的具体事例。以上三种认识水平，二年级大多属一、二种水平，四年级大多属第二、三水平，四年级以上的学生才达到第三种水平。

小学儿童对道德概念的理解水平与其思维发展水平是一致的。由于小学儿童，尤其是低年级儿童的思维是以具体形象思维为主要形式，抽象逻辑思维水平比较低，因而对一些较抽象的道德概念模糊不清，常常混淆一些相类似的概念，例如对"勇敢"和"冒险"不能分辨，错误地认为别人不敢做的事自己敢做就是勇敢，因而把敢从高处跳下,敢从行驶的汽车前穿过等冒险行为认为是勇敢的举动。随着年龄的增长，到中、高年级，他们才逐渐比较正确地掌握这些概念。不过，总的来说，理解水平还是不高的。有人曾调查了小学三、四、五年级儿童对"勇敢"、"负责"、"友谊"等道德概念的理解水平，发现儿童对概念本质特征的理解的增长速度很慢，即使到了高年级，才只有 1/3 左右的人达到正确的理解水平。

（二）小学生道德判断发展的特点

1. 从他律到自律

小学生的道德判断是从以依靠他人的评价为标准逐步发展到以自己的独立见解为标准的，即从他律发展到自律。他律指儿童的道德判断受自身以外的标准所支配，自律指道德判断受自己的主观标准所支配。小学低年级儿童往往把老师当作道德标准的化身，教师认为好的或受到教师称赞的行为就是好的，教师认为不好的或受到教师责备的行为就是坏的。但是，大约从三年级开始，儿童对教师的话就不是盲目听从了，他们开始有了自己独立的看法，甚至对老师的行为也有自己一定的评价。国内一项关于儿童对成人惩罚的公正性判断发展的研究表明，5 岁和 7 岁组儿童对成人不公正的惩罚，多数持肯定态度，反映了年幼儿童的道德判断标准受成人的影响极大。9 岁组儿童的判断则发生了转折，对家长的不公正惩罚提出了疑义，表明在道德判断时具有了自律的特点。

2. 从效果到动机

小学儿童道德判断的依据是由行为后果逐步发展到行为动机，然后才到后果与动机相统一的水平。例如，对儿童讲两难故事：一个小朋友无意之中打碎 15 个杯子，另一个小朋友因偷吃饼干打碎一个杯子，问哪一个小朋友更不好。研究表明，5 岁儿童认为前者不好，反映他们道德判断的依据是财物损坏的程度，而不涉及到动机。7 岁儿童的判断发生了转折，开始注意到行为的动机，认为后者更不好一些；9 岁儿童从动机上判断是非已占明显优势。

3. 由片面到全面

小学儿童的道德判断往往从带有较大的片面性逐步发展到比较全面、客观，从只看现象逐步发展到深入事物的本质。一般说来，小学低、中年级儿童，在进行道德判断时，往往要依赖于教师，易受情境的暗示和自身情绪的影响，表现出明显的简单性、片面性。例如，少先队讨论吸收新队员时，他们除了依靠教师的暗示外，往往只看同学的某一两次行为的效果，如某次作业没有做，某天违反过课堂纪律等。到了高年级,儿童才逐渐懂得把个人行动的动机、效果与当时的具体情况联系起来,作出较为恰如其分的分析评价。

4. 从他人到自己

儿童对行为进行道德判断的能力,是观察和模仿成人对行为的评价而形成的。但是,儿童能评价别的小朋友的行为,并不等于就能评价自己的行为。低年级儿童会依照老师的样子去评价别的小朋友的坏行为,可是他们自己有时也会这样做,却意识不到。儿童对自己的行为进行评价的能力,是随着儿童自我意识的发展而发展的。这种自我评价能力的发展,也如同评价别人的行为一样,是从评价自己行为的效果开始,发展到对自己行为的动机进行评价。但是,这种评价自己行为动机的能力,要到小学高年级以后才有较显著的发展。

(三)小学生道德认识的培养

道德认识是道德品质的基本组成部分,是决定行为倾向的思想基础。儿童树立正确的道德观念,是培养良好道德品质的基本前提。小学班主任对儿童正确道德观念的确立,起着十分关键的作用。

1. 班主任要针对学生实际,通过摆事实、讲道理,使学生懂得是非、善恶准则,知道应该做什么,怎样做,为什么要这样做,从而帮助他们形成正确的道德观念,提高其道德水平。要把集体教育与个别教育结合起来,把班级教育与各科教学尤其是思想品德课教学结合起来。

2. 班主任讲述的概念要明确,内容要具体,要讲求实效。对小学生来说,只有通过具体的事例或具体的道德行为表现,循循善诱,启发思想,进行概括,才能形成正确的道德观念。对具体事例或行为进行概括提升时,要引导学生思维把握事物的本质,站在较高的高度认识各种现象。但又要防止脱离实际和学生年龄特点,牵强附会,出现假话、大话、空话,或导致学生对道德说教的冷漠甚至反感,或培养出善于说假话的人。

3. 班主任的语言要通俗、形象、生动,能引人入胜,给儿童以强烈鲜明的印象,这样可加深对道德概念的理解。如在教育学生"学会自我批评"时,可先拿出一面镜子,让学生照照自己,并说出自己长相的特点以及卫生情况,然后点出正题:"照照镜子洗洗脸——学会自我批评",引导学生用《小学生守则》、《小学生日常行为规范》来对照检查自己的言行。这种做法特别适合低、中年级学生的心理特点。

根据儿童道德判断发展的特点,班主任要引导儿童的道德评判从他律向自律发展,从重效果向动机与效果相统一的方向发展,从片面评价向全面评价方向发展,让儿童学会恰如其分的自我评价。

第三节 小学儿童情感和意志的发展与班主任教育

一、小学生情感发展的特点与培养

(一)小学生情感发展的特点

进入小学后,儿童的主要活动形式从游戏转入学习。在学习活动中,儿童需要承担一定的义务,因此,儿童在学习活动中更经常地产生种种情绪体验:学习活动的成败带来强烈的情绪体验,掌握某方面的知识产生满足感,考试获得好分数会因成功而带来喜悦。相反,如果学习不好,则可能产生挫折感,体会到痛苦、悔恨、羞愧等种种情绪。另一方面,在小学生的集体活动中,儿童的集体观念得到增强,产生了集体荣誉感;同伴关系的深入,使儿童产生了友谊。在小学生的各种情绪活动中,令人瞩目的是小学生的各种高级情感迅速开始发展,并在小学生的情绪生活中明显地表现出来,如在掌握一定道德原则、形成一定道德行为习惯的基础上,开始产生了道德感,通过学习活动发展了理智感等。

1. 小学生情感发展的基本特点

(1)情感的内容不断丰富。小学生以学习活动为其主导活动,因而其大量的情感内容主要与学习活动和学校生活相联系,学习的成败,在集体中的地位,同伴之间的关系,都使儿童产生各种各样的情绪体验。同时,小学生的各种社会性情感也不断地发展起来,大大充实了儿童的情感世界。

(2)情感的深刻性不断增加。一般来说,小学生的情感表现还是比较外露、易激动的，但其情绪体验逐步深刻。例如，关于儿童恐惧的研究发现，学前儿童的恐惧主要涉及个人安全和对动物的恐惧。小学生虽然也同样害怕黑暗、怪物、生病，怕被车撞倒，怕被狗咬伤，等等，但更多的是对学校的恐惧，如怕学业不佳、考试成绩不好，怕受到家长和老师的批评，怕遭到同学的讥笑，等等。小学生的情感体验逐步与一定的人生观、世界观、行为规范、道德标准等联系起来。研究发现，随着儿童年龄的增加，儿童的归因能力不断增加，愤怒的情绪开始逐渐减少，并更加现实化。5岁儿童会因为父母因下雨而取消野餐计划而感到愤怒，小学生则可能了解到实际原因而产生失望感；学前儿童常因父母的各种规定（如吃饭、睡觉、洗澡）而产生愤怒，小学生则经常因在同伴交往中或在学校情境中受到戏弄、讽刺、不平等待遇等而产生愤怒；学前儿童常用哭泣等直接的方式来表示自己的不满，小学生则逐渐学会以言语来表达自己的心情。

（3）情感更富有可控性和稳定性。虽然小学生的情绪仍然具有很大的冲动性，他们不善于掩饰，不善于控制自己的情绪，但与学前儿童相比，他们的情感已逐渐内化，小学高年级学生已逐渐能意识到自己的情感表现以及随之可能产生的后果，并且控制和调节自己的情感的能力也在增强。随着儿童对学校生活的适应，他们的情绪逐渐稳定下来，小学生尚未面临升学、求职等重大压力，因而其基本情绪状态一般是平静而愉快的，被称为一生中情感的"黄金时期"。

2. 小学生高级情感发展的特点

高级情感指与社会需要相联系的情感，包括道德感、理智感、美感。学前儿童的社会情感刚刚开始发展，直到小学以后，在学校教育的影响下，儿童的各种高级情感才进一步发展起来。

（1）小学生道德感的发展。道德感是人根据一定的道德标准评价自己或他人的行为举止、思想意图时所产生的一种情绪体验。道德感的产生与道德认识紧密联系，只有在根据人已具有的种种道德观念、道德信念，对事物进行道德判断的过程中才有可能产生种种道德感体验。道德感的内容是复杂多样的，如有自尊心、荣誉感、义务感、责任感、友谊感、人道主义的情感、爱国主义的情感、集体主义的情感等等。

道德感体验的形式大体有如下几种：一是直觉的道德感体验，它是由对当前某种道德情境的直接感知而迅速、忽然发生的，因此，个体对这个过程中的道德行为准则缺乏明显的意识；二是想象的道德感体验，是通过联想某些具有道德意义的人或事物的形象而产生的情感体验，这种形象代表了某种社会道德标准，可使人更好地认识到道德要求及其深刻的社会意义，扩大个人的道德经验；三是伦理的道德感体验，这种情感以清楚地认识到道理理论作为中介，具有较大的自觉性和概括性，在这种情感体验中不仅概括着许多较具体的道德感，而且个人感性的道德经验还同理性认识结合在一起，对社会道德要求及其意义有较深刻的认识。

我国心理学家对儿童的道德感进行了系统的研究[⑧]，研究结果发现：

小学儿童的道德感处于不断发展的过程之中。低年级儿童主要是以社会反应作为自己情感体验的依据，中年级儿童则主要是以一定的道德行为规范为依据，而高年级儿童则开始以内化的抽象道德观念作为依据。

小学儿童的道德情感的发展具有明显的转折期，一般在小学三年级。

小学儿童的道德感的发展具有不平衡性，不同道德范畴的情感体验的发展时间和程度有所不同，如义务感、良心范畴等情感体验发展较早较好，而与政治道德感有关的爱国主义情感的发展则相对较晚，水平也较低。

小学儿童的道德感具有明显的个体差异。在儿童道德感的形成和变化中，情绪经验积累和概括起着重要作用。

自然的、直接的由客观现实引起的情感体验，以及具有高度概括性并带有激励作用的崇高道德观，对小学儿童的道德感的发展具有重要意义。前者引起小学儿童强烈的、具有感染功能的情绪体验，后者则是由于与学生的人生观、世界观和价值观紧密相连，对道德感的发展起着内部稳定性的作用。

（2）小学生理智感的发展。所谓理智感，是人们对认识活动成就进行评价时产生的情感体验，如面临问题时产生强烈的"一显身手"的渴望感，解决问题过程中遇到困难时产生的焦虑或不安，遭受失败时的挫折感以及取得成功时的成就感，等等，都是理智感的表现。

小学生理智感的发展表现在求知欲的扩展和加深上。学前儿童已表现出一定的求知欲，他们喜欢向成人提出许许多多的问题，但这些问题都比较肤浅，往往只涉及生活中直接的、具体的事物。小学生的理智感在教育影响下进一步得到发展。他们好奇的范围已大大扩展，但应该注意的是，由于受思维能力的限制，小学生的理智感仍离不开具体、直观形象的支持。

小学生的求知欲在不断扩大和加深，如学习兴趣在整个小学时期表现出如下发展趋势：从对学习过程、学习的外部活动感兴趣，发展到对学习内容、对独立思考的作业更感兴趣；从笼统的、泛泛的兴趣，逐渐产生对不同学科内容的初步的分化性兴趣；从对具体事实的兴趣发展到初步探讨抽象的因果关系知识的兴趣；阅读兴趣从课内阅读发展到课外阅读，从童话故事发展到文艺作品和通俗科普小读物；从对日常生活的兴趣到逐步扩大和加深的对社会、政治生活的兴趣。

（3）小学生美感的发展。美感是人们根据一定的审美标准对客观事物、艺术品、人的道德行为等进行评价时应生的一种肯定、满意、愉悦、爱慕的情感体验。产生美感依赖于两个因素：一是感知对象的特征和品质，二是感知者（审美主体）自身的审美修养。人们常说，生活中并不缺乏美，缺乏的是善于发现美的眼睛。可见，提高人的审美能力是产生美感的关键。随着生活水平的提高及人们闲暇时间的增多，审美需要的满足将在人们生活中占据越来越重要的位置。班主任要从小重视对儿童美感的培养，为儿童个性和谐发展打下基础。

小学生美感体验能力的发展，受制于对客观事物外部特点和内部特征的领会和理解，受制于一定社会生活条件下形成的对美的不同需要。一般来说，经常接触的有明显的美的外部特征的事物易唤起小学生美的体验,而那些接触少的、具有深刻内涵的、美体现于内在特征的事物则不易引起小学生的美感体验。但是随着年龄增大,在教育的影响下,小学生的美感体验会越来越丰富、深刻。

(二)小学生情感的培养

只有知识传授和道德说理而不重视发展儿童真情实感的教育,不是真正的人的教育。目前的教育过于偏重理性,而忽视了情感。

班主任应该遵循儿童情感发展的规律,进行有效的情感教育。要培养儿童积极、健康丰富的情绪、情感,一般应该做好下述几方面的工作。

1. 不断增长小学儿童的知识,提高儿童的认识能力,促进其情感的发展

认识是情感的基础。小学生对主、客观世界的认识正确与否,直接影响着情感的发展。俗话说:"知之深,爱之切。"因此,班主任应该有计划、有目的地向学生讲明道德规范和行为准则,使他们对事物的是非、好坏、美丑、善恶能够进行辨别和评价,从而产生相应的爱憎。有经验的班主任在实际的教育中常运用一些有效的策略,如:(1)组织好学生的讨论,并及时提出一些"点"题性问题,帮助小学生把认识深化一步;(2)讲发生在学生周围的真人真事,使小学生感到亲切,便于学习;(3)提供范例(模范人物的先进思想、先进事迹),把抽象的道德标准具体化,使小学生从中获得深刻的印象和正确的认识。

2. 创设情境,陶冶小学儿童的情感

人的情感往往是在一定的情境中产生的。由于小学儿童的情感容易受具体事物的支配,所以,班主任可以有意识地设计有关教育的情境,如以环境的布置、角色扮演、气氛的组织等来诱发儿童的情感。更重要的是,要组织各种实践活动,让小学儿童在社会的、科技的、体育的、艺术的实践活动中,使情感具有实际效能。例如,通过课外活动,增强儿童的求知欲,发展钻研科学的理智感。

3. 培养小学生对特定对象的情感

既要培养学生丰富的全面的多样的情感,又要允许并鼓励学生发展对特定对象的更深厚的兴趣。在多样的活动、多种对象中,学

生自然会表现出喜欢程度的差异,这种差异常为成人所忽视。殊不知,这种喜欢程度的差异不仅是儿童情感的自然流露,而且也是儿童个性发展的初步表现。忽视甚至阻止儿童发展对特定对象的情感和兴趣,往往会扭曲儿童的情感,不利于其个性的健康发展。

4. 在教育中正确地运用移情

移情是指人们在察觉他人情绪反应时自己也体验到与之相同的情绪。所谓设身处地、将心比心,就是一种移情的表现。

培养儿童移情的能力是教育的重要目标,因此,在教育中,班主任要经常为儿童树立榜样,宣扬英雄、模范和身边的好人好事,用他们良好的感情感染学生,丰富儿童正确的情绪体验;在班集体中坚持不懈地开展团结友爱、助人为乐的教育活动;引导儿童通过与别人比较,根据别人对自己的态度,以及通过自己活动的成果认识自己,不断地对自己的情绪反应作出客观的估价;教会学生从理智上防止或缓和自己不适当的情绪反应发生,养成自我监督自己情感的习惯,提高小学生调节和控制情绪的能力。

5. 尊重、爱护并公正对待每一个学生,使其保持愉快的情绪

大部分小学生情绪是愉快的,但也有少部分小学生因为被老师歧视、同学欺负或家长打骂而苦恼。一般而言,自己受到尊重才会尊重他人,被爱的人也更愿意献出爱。尊重学生,爱护学生,既是师德的要求,也是儿童健康成长的需要。

二、小学生意志发展的特点与培养

(一) 小学生意志发展的特点

儿童的意志特点是在其克服困难的活动中表现出来的。随着小学生的学习活动逐渐成为其主导活动,对儿童的意志努力提出了更高的要求,促使儿童的意志品质迅速发展起来。首先,学习是有一定目的和要求的复杂活动,学生必须为了达到既定目的而自觉行动,如遵守纪律、完成作业、参加考试等;其次,学习任务是一种有一定困难的社会义务,学生不仅要学习一些自己感兴趣的东西,而且要学习一些自己不感兴趣但必须学习的东西,这就要求学生必须付出意志努力,坚持学习;再次,集体如班级、少先队和学校等要求

小学生的行为必须符合集体的利益，从而使小学生开始有意识地控制和调节自己的行动；最后，小学生开始参加一些社会活动、义务活动、体育锻炼等，各种活动任务都有一定的严格要求，小学生必须约束自己，遵守活动要求，完成活动任务。小学生在这些新的要求下，在新的活动过程中，使自己的意志特点日趋明显。

1. 意志行动的自觉性和独立性逐渐增强

自觉性和独立性是指儿童能够自觉主动地调节自己的行动，使它服从一定的目的任务的意志能力。小学低年级儿童刚从家庭和幼儿园过渡到学校，认知水平较低，意志品质的自觉性、独立性较差，他们不善于主动地对自己提出任务，也不能自己调节行动去独立完成任务，往往要依赖教师和家长给他们提出目的任务，并离不开教师和家长的监督、帮助去完成任务。他们常常表现出易受暗示和好模仿的特点，由于辨别能力差，在模仿时往往不分好坏。随着教育教学活动的深入发展和意志锻炼的增强，到中、高年级，儿童意志行动的自觉性、独立性逐渐增强，表现在能够自觉地克服困难，完成教师交给的学习任务及其他活动的任务，能自觉地计划和检查自己的学习活动，也能逐渐分清好坏，要求自己去模仿好榜样，而不去模仿坏的榜样等。这在一些学习成绩和品德优良的儿童身上，表现尤为明显。但是，整个小学阶段，儿童还是离不开老师的监督，目的性、主动性、独立性还是有一定的局限性。

2. 自制力显著发展

自制力是指善于控制和支配自己行动的能力。刚进入小学的儿童，他们不能控制和支配自己的行动，容易激动。表现在上课注意力不集中，爱讲话，爱做小动作，遇到不高兴的事情，有的爱哭爱吵，有的甚至与同学打骂。但是，通过教育、教学的影响，到了中、高年级以后，他们逐步能抑制自己的一些行动。如在课堂上接受纪律的约束，不讲话，不做小动作，不大声吵闹；遇到有困难的作业，能坚持做完，不半途而废。在课外作业或复习、预习功课时，能克服电视、电影及其他有趣活动的引诱，坚持进行学习。还表现在能按照教师和家长的要求，做自己不愿做的但又必须去完成的事情；去识记自己不感兴趣的、有困难的学习材料；抑制自己不做违背组织纪律和集体利益的事情，等等，说明他们的自制能力得到很大的发展。

3. 意志行动的坚持性逐步提高

坚持性是指能克服种种困难，坚持不懈地完成任务的能力。小学低年级儿童的意志比较薄弱，坚持性比较差，他们遇到困难，往往半途而废。到了中、高年级，由于教育教学和平日意志磨炼，小学生逐渐能在学习、生活中坚持克服困难，完成任务。与此同时，意志行动的果断性也得到一定的发展。但是，与青少年相比，他们的坚持性和果断性还是较差的，往往表现出一种冲动性和不稳定性。如有的儿童在体育运动和劳动中表现出坚强的意志，而在学习中却害怕困难。同时，他们还很难经过深思熟虑来作出行动的决定，果断性水平较低，还存在任性、执拗、轻率等弱点。

儿童在完成眼前任务时的坚持性与其注意的发展密切相关。实验表明，在日常学习中，儿童的注意稳定性水平为：7～10岁儿童可以连续集中注意20分钟左右，10～12岁儿童在25分钟左右，12岁以上儿童在30分钟左右。如果内容新颖、教法得当，高年级学生保持40分钟的注意是完全可以做到的。如果出现注意缺陷障碍，可疑为"多动症"，表现为注意涣散、行为冲动、活动过多等症状，如果多动行为持续半年以上，就要到医院请相关医生进行诊断、治疗。班主任不要轻易地把儿童定为意志薄弱者或多动症患者，要弄清原因，对症施教。

（二）小学生意志的培养

1. 开展理想教育，提高小学儿童行动的目的性和自觉性

开展理想教育活动有利于学生正确地确定自己行动的目的，并对一切个人的、团体的思想和行为作出实事求是的正确评价，明辨是非、善恶和荣辱，使学生具有高度的责任感，提高行动的自觉性。教育实践证明，那些缺乏理想、对自己的学习抱着"做一天和尚撞一天钟"思想的学生，学习目的性不明确，行动缺乏自觉性，常处于被动状态。行动中遇到困难，常表现出畏难情绪，缺乏克服困难的信心，甚至有错误和糊涂的动机。因此，在小学阶段要重视理想教育，要使儿童逐步明确为什么学习，目前的学习与长大后的生活

有什么关系,引导他们把个人的理想与国家的社会主义现代化建设紧紧联系起来,并为实现这个理想努力学习。

2. 加强养成教育,培养小学儿童的自制能力。

初入小学的儿童,由于生活环境和所受教育的不同,形成了不同的行为习惯和心理特性。他们对学校生活不熟悉,他们不善于控制和支配行为,不懂学校要求和课堂纪律,甚至连基本的生活要求,都显得生疏、困难或不习惯。养成教育就是通过培养儿童自觉遵守纪律和生活制度的常规训练,使儿童形成自动控制的良好的行为习惯。例如,上课前要准备好学习用具,书本、文具放在指定的位置上,上课要专心听讲,不做小动作,发言要先举手;课堂上坐、立、走姿势要端正。在集体生活中,同学要团结友爱,讲礼貌,要爱护公物,讲卫生等等。儿童为了要遵守规定的纪律制度,必须抑制自己,不做违背纪律和制度的行动。这样儿童在自觉遵守学习和生活纪律的过程中,自制的能力也就得到了锻炼。

3. 教育儿童正确对待挫折

儿童在生活和学习中,遭受挫折是难免的。例如,擦玻璃时,不小心把玻璃弄破了;考试成绩不理想等。这些挫折会使儿童的心理和行为发生各种变化,限于他们的知识经验的贫乏,自我意识水平比较低,他们还不能正确地对待行动过程中的挫折。因此,班主任要帮助儿童正确地对待挫折。比如:(1)帮助分析产生挫折的原因,找出避免挫折的方法;(2)面对挫折,鼓励儿童充满信心地战胜挫折;(3)在教育教学中,注重培养儿童调节和控制自己心理活动的能力,提高儿童的耐挫力。

4. 在困难环境中锻炼小学儿童的意志

良好的意志品质是在克服困难中表现,并在克服困难中形成的,因此,班主任除结合教学内容或通过主题班会等方式向学生讲述意志锻炼的意义外,更要让儿童在各种活动中,通过克服困难来磨炼意志。在组织活动时,班主任应当注意:第一,向学生提出的任务要有一定的难度,同时又是他们力所能及的。第二,当儿童在活动中遇到困难时,要给予鼓励和必要的指导,但不要代替他们去解决问题。第三,要坚持要求,持之以恒。

5. 根据小学儿童意志品质上的差异，注意采取不同的措施，做到因人、因不同发展时期进行锻炼

例如，对于容易盲从、轻率行事的学生，应多多启发他们的自觉性，培养他们对社会、集体和劳动的责任感和义务感；对于怯懦的学生，则应多多鼓励他们增强克服困难的信心和勇气。又如，自觉性品质在小学二年级到五年级之间有下降趋势，应有针对性地加以培养；坚持性品质在小学低年级比较薄弱，自制力品质在二年级到四年级这个时期发展缓慢，在这一时期，加强相应的锻炼和培养，可以使儿童的各种良好意志品质迅速而全面地发展起来。

6. 鼓励意志表现

意志是通过行动表现出来的，儿童的意志行动常常同他的志向、兴趣联系在一起。很难想象，儿童对他不感兴趣的活动能够长期坚持下去，他只能是勉强维持，不会有积极性。所以，鼓励儿童的意志表现，就必须鼓励儿童持久地发展其兴趣爱好，鼓励他们树立切实可行的目标并努力实现它，在具体目标的实现中得到满足和鼓舞，最终促进意志和个性的发展。

三、小学生道德行为发展的特点与培养

前面已分别讲述了小学生道德认识和道德情感的发展和培养的有关知识，但良好道德品质形成的标志在于良好道德行为习惯的养成。从小培养儿童良好的道德行为习惯，是小学班主任的重要任务。

（一）小学生道德行为习惯的发展特点

1. 道德行为的发展与认识水平的提高相适应

小学儿童的道德行为是随着道德认识的提高而得到相应发展的，行为的动机水平由一些具体的、浅近的动机朝社会性动机发展。比如，对学生为什么要遵守纪律的问题，儿童有几种回答：服从老师的要求；为了得到表扬；为了履行班级义务，为集体争光；这是社会道德的要求，应自觉遵守。小学低、中年级学生的守纪行为主要来自前三种认识，第四种认识一般在高年级才开始出现。

2. 道德行为调控由外部控制向内部调节过渡

与道德判断从他律向自律的发展相适应，儿童道德行为的调节

也表现为从外部向内部过渡。小学低年级,甚至中年级的儿童,他们的道德行为一般是在教师或父母的要求下或仿效他人的情况下作出的。比如,认真听讲,按时完成作业等,主要依靠外力的监督,很少出自儿童内心的自觉需要。到了高年级,儿童调节行为的力量开始由外部控制向内心自觉的方向过渡,逐渐把教师或家长的要求转化为自己内在的道德需要,道德行为的自觉性日益得到发展。

3. 道德行为习惯逐渐养成

小学低年级儿童在老师的要求下,通过行为规范的训练,掌握了一些具体的道德规范,但还没有形成必要的行为习惯。大约四年级以后,他们才逐步养成初步的道德行为习惯。但总的说来,小学儿童的道德行为习惯还不巩固,容易变化。

4. 小学生道德行为习惯的发展呈"马鞍"形

按理说中年级道德行为习惯各项数据都应比低年级高,可实际并非如此。表现在:低年级和高年级较高,中年级较低。这说明,低年级学生形成的行为习惯,是处于一种依附性很强的"家长和教师的权威"阶段,这种行为习惯并不巩固,一旦到了中年级,由于独立性和自觉性的发展,有些小学生就显得不完全"听话"了,于是就可能破坏了原先形成的道德行为习惯,因而导致行为习惯水平下降。高年级学生道德行为习惯水平的上升,不仅是数量问题,而且还是一个质量问题,说明他们的道德行为习惯已带有一定的自觉性。

(二)小学生道德行为习惯的培养

习惯是在生活过程和教育过程中形成与培养起来的。习惯的形成方式主要是靠简单的重复和有意识的练习。

1. 制定行为规范

行为问题的解决不能总是与思想认识问题纠缠在一起,而应主要从完善规范入手。小学生的行为规范,应该制定得比《小学生守则》更细致、更具体。它要对小学生在学校、家庭以及日常生活等方面的行为提出一系列的要求。目前,我国已有不少地区都在这方面作了探索,有的已制定了有针对性的有地方特色的小学生行为规范,十分细致,小学生理解和执行比较容易。

2. 适合年龄特征

小学生道德行为规范要根据不同年龄特征区别对待。低年级应侧重常规教育及良好的常规训练；中年级应侧重热爱集体、热爱学习和遵守纪律的教育，培养自觉纪律；高年级应侧重社会公德、意志品格和爱国意识的教育，培养文明待人的习惯，并防止不良的行为习惯。当然，低、中、高年级的要求必须是相交叉的。不过应各有侧重，循序渐进。

3. 有目的地练习和重复

总的来说，小学生的道德行为习惯的培养是要靠"讲"（要求）、"练"（一个要求一个要求地练习）、"表扬"（正面引导）、"带"（榜样的带动）来实现的，其中，"练"是中心环节。有目的地练习和重复的办法有：（1）严格执行行为规范的要求。一旦行为规范提出后，就要求小学生贯彻执行，并且长期坚持下去，要尽量讲清道理，对于儿童一时还不完全理解的要求，也要按照该年龄（年级）阶段提出的要求来执行。（2）耐心训练、指导。要耐心细致地作示范，使小学生逐步养成良好的行为习惯。但由于小学生自制力差，常常会不由自主地违反行为规范。因此千万不要急躁，要正向引导，多表扬，少批评，以情促行，持之以恒。（3）树立模仿的榜样。模仿是加强道德习惯培养的一个重要途径。对小学生来说，能否引起模仿，取决于被模仿对象的权威性和可接近性。因此，除可选择现实社会中或文艺作品中的英雄模范和著名人物之外，主要还应靠教师的以身作则和同龄人的先进典型的作用。（4）及时反馈，表扬与批评相结合，培养自我教育能力。及时让小学生知道自己行为活动的结果和进步情况，对哪怕是微小的进步及时给予肯定和表扬；经常帮助小学生反思自己的行为表现，肯定优点，指正缺点；在不断地发扬优点过程中克服缺点，使儿童保持不断进步的心理预期和自我教育的动力。（5）培养良好的班风。班风的好坏对儿童良好行为习惯的养成具有很大的影响。良好班风的形成需要较长的过程，由于低年级儿童的集体意识未发展起来，难以形成一致的舆论压力，大多数儿童的自制力较差，故良好的集体习惯主要依靠班主任和教师的监督和细致的管理；中高年级以后，班主任通过提高儿童的道德认识，组织丰富多彩的集体活动，使学生产生集体归属感和集体荣誉感，可以逐步形成良好的班风。

第四节 小学儿童个性和社会性的发展与班主任教育

个性和社会性是儿童发展的两个基本方面。个性指具有一定倾向性的比较稳定的个人心理特征的总和，它体现个体的相对独立性和个人独特价值，具有独特性、不可重复性、相对封闭性、创造性等特点，促进儿童个性的发展是教育的根本目的。社会性是指个体在社会化过程中掌握社会行为准则和社会经验，发展社会技能、适应社会要求时，社会和他人影响在个体身上体现出来的特性。任何人都是在参与社会生活、与他人交往中成长起来的，必然会打上社会和他人影响的烙印。发展儿童的社会性，培养适应社会需要的合格人才是教育的直接任务。而体现在个体身上的社会性其实就成为带有个人色彩的个性，所以，培养儿童的个性和社会性，从根本上讲是统一的。小学班主任对儿童个性和社会性的发展具有重要影响。

一、小学生自我意识发展的特点与培养

自我意识是主体对自身的意识，是人的个性的核心，对个性的发展具有重要的调节作用。自我意识的成熟往往标志着个性的基本形成。

（一）小学生自我意识发展的特点

研究发现，我国儿童自我意识发展的特征是，有三个上升期，三个平稳期[①]。小学一年级到小学三年级处于上升期，小学一年级到小学二年级的上升幅度最大，是上升期中的主要发展时期；小学二年级到小学三年级差异也达到显著水平，在上升期中属次要地位；小学三年级到小学五年级处于平稳期，其年级间无显著差异；小学五年级到小学六年级又处于第二个上升期。研究还发现，城乡学生、男女学生之间的自我意识发展无显著差别。

自我评价是自我意识的主要成分，自我评价的发展水平可以反映自我意识的发展水平。许多人对小学儿童的自我评价进行过研究，综合研究成果，可以发现小学儿童的自我评价有着如下的特点。

1. 自我评价的独立性日益增强

研究表明，儿童的年龄越大，独立评价的能力越强。低年级儿童和学前儿童差不多，一般说来，还缺乏自知之明，也还不会独立地评价自己。他们完全信赖成人对他们所做的评价。因此，班主任对低年级儿童做评价时，必须十分审慎，务必对儿童做到公正、准确的评价，同时也应着重于引导儿童逐渐学会自我评价，促进自我意识的发展。到中年级时，儿童开始学会了独立地评价，但是还不是通过自我检查来评价，而是以别人为榜样来观察自己的言行，通过别人来认识自己，作为自我评价的依据。选择的榜样最初只是在本班内找，以后逐渐扩展到校内外，直到文艺作品中的人物。根据这一发展特点，班主任应有意识地在班级中、学校中树立可为儿童借鉴的榜样性人物，并可给儿童介绍一些现实生活中的先进模范人物，供儿童借鉴，这对儿童自我意识的发展有重大意义。到高年级时，儿童开始学会"解剖"自己，进行自我检查，独立地做自我评价。

2. 自我评价的原则性逐渐形成

小学一、二年级的儿童还没有掌握社会道德规范和行为准则，因此，他们对己、对人的评价都不能以原则为准绳，而是根据人的具体行为与外部表现来评价。苏联心理学者研究发现，一年级儿童对好学生的评价就是在教室里不调皮，听老师的话，学习好等几个具体条件。二、三年级的学生进行评价虽然还是根据具体的行为表现，但是所指的行为扩大了范围，不限于在教室里的行为，评价也增加了一些新内容，他们这时认为，好学生还要能与大家一起活动和游戏，能帮助大家和不欺负别人。儿童只有到了四年级时，才开始从内心品质的标准来评价自我和别人。这时儿童评价好学生时，要求的条件是：公正、勇敢、行为正派、说话算数以及能与大家同甘共苦等。虽然儿童依据的原则还是低程度的，带有具体性，但是儿童能初步掌握道德原则，并用来作为原则性评价，可以说是个良好的发展倾向。班主任应针对这一特点及时进行诱导，促使其更快地得到发展。

3. 自我评价的批判性有所发展

所谓自我评价的批判性,就是指在评价自己或别人的行为时,具有全面性、深刻性。由于小学低年级儿童认识能力的不足,因此,他们的评价常常缺乏这种批判性,往往能够评价别人,但却不善于评价自己;评价别人时又容易出现片面性,往往是更多地看到别人的缺点,看不到别人的优点。因此,我们应该知道,儿童对别人进行的"不公正"(不全面)的评价并不是他们有意抹煞别人的优点,更非是恶意打击别人,而是由于认识能力不足,从而导致缺乏评价的批判性。儿童对别人的评价和自我评价的能力,反映了儿童自我意识的发展水平。

4. 自我评价的稳定性不断发展

自我评价的稳定性指评价持续的时间长短。小学儿童自我评价的稳定性随着年龄的增长而提高。低年级儿童自我评价的稳定性差,高年级儿童自我评价的稳定性有所提高。低年级儿童由于自我评价的原则性尚未形成,也就是尚未学会根据一定的道德观点和社会行为准则对自己的行为作出评价,所以他们的评价不但只能停留在对自己个别行为的评价上,而且这种评价又是易变的。从中高年级开始,由于认识能力的发展和儿童社会交往范围的扩展,儿童一方面通过对自己活动结果的认识,另一方面通过周围的人对自我评价的影响,越来越全面而深刻地认识和评价自己,从而使主观评价和客观实际统一起来,提高了自我评价的稳定性。不过,总的说,儿童自我评价的稳定程度,整个小学阶段仍是低下的,到了初中三年级以后才趋于稳定。

(二)小学生自我意识的培养

自我认识和评价是自我意识的主要成分,它的发展水平是自我意识发展水平的主要标志。促进小学生自我意识的发展,应着重提高其自我评价水平。

1. 班主任的态度和评价对于儿童的自我评价具有重要意义

儿童在入学以前,对自己的态度和评价已经有了一定的基础。此时儿童的自我评价是根据父母及其他成人对自己的态度形成的。一些在家里被娇生惯养、处境优越的孩子通常自我评价过高,而在家庭里缺乏地位、不被重视的孩子则自我评价一般偏低。

入学以后，教师尤其是班主任的态度和评价对儿童自我评价的形成起着主导作用。班主任在评价儿童的学习活动及其成果时，把他们评定为勤奋的或懒惰的，聪明的或愚笨的，讨人喜欢的或令人厌恶的，是优等生、中等生或是差等生。这实质上是对儿童的个性、个性发展的可能性以及在班集体中地位的评价。小学儿童，特别是低年级儿童通常是信服地接受教师的这种评定，并在理解教师的评价时把自己划归相应的等第。

心理学家罗森塔尔（R. Rosenthal，1966，1968）曾进行过一个著名的实验：对小学一至六年级学生进行智力测验，从中随机选取20％的学生,告诉这些学生的教师,他们是非常有发展潜力的,将来可能表现出不同寻常的智力水平。八个月后，再次施行智力测验，结果发现，那些随机抽取的所谓有发展前途学生都表现了出乎意料的进步，尤其是一二年级更为明显。

因此，在教育过程中，班主任应善于向学生表现自己良好的期望，尤其是对待后进学生更应满腔热忱，更多地采取积极鼓励的方式激励学生努力学习。

2. 和同龄人的交往活动对于儿童自我评价能力的发展起着决定作用

儿童的自我评价是在与同龄人的交往活动中形成与矫正的。交往活动是自我认知、自我评价产生和发展的基础。儿童只有在交往中，才有可能被他人所观察和了解，从而产生评价，而儿童则在交往中获取他人评价的信息，借助于想象、推理等复杂的认知过程，内化他人对于自己的评价，从而形成自我评价。而自我认识、自我评价又是儿童进行社会交往的前提条件，恰当的自我认知和自我评价使儿童顺利地进行交往成为可能。因此，班主任应组织学生开展多种集体活动，提供充足的交往机会，并对儿童之间的交往给予必要的指导。

3. 培养社会视角转换技能

社会视角转换是一种社会认知技能，是指在自我认知或社会交往中摆脱自我中心的限制，在自我与交往对象之间转换观察问题的角度，将自我与他人的观点进行比较，体验他人的观点，最后得出较为客观的观点或结论。社会视角的转换保证了自我认知、自我评价达到一定的客观化程度，准确地判断交往的情景，预测他人的行为方式，从而选择恰当的行为方式，使交往得以顺利进行。班主任可以结合生活开展集体讨论，允许学生从不同角度发表观点，肯定各自行为和各方观点的合理性，培养学生从多角度看问题的能力；可以通过命题作文，由第一人称转换到第三人称对冲突事件发表评价，或开展"我为对手辩护"的辩论会等方式，逐步克服儿童自我评价和人际交往中的自我中心倾向。

4. 鼓励"平等竞争"和"自我竞争"，进行个别指导

"平等竞争"是指儿童与在某些方面跟自己具有同等能力的人进行竞争，比如在遵守课堂纪律方面、在某门功课成绩方面，两个儿童表现水平相当，这时可鼓励他们相互竞争。"自我竞争"简单说就是自己跟自己比，今天的"我"与昨天的"我"、明天的"我"与今天的"我"进行比较，及时发现进步，以培植自尊心和自信心。实验研究显示，在三种竞争方式中，"平等竞争"效果最好，"自我竞争"次之，"不平等竞争"（即优、差生之间的竞争）效果最差。另外，要注重对儿童自我评价的个别指导。对自我评价过高、有着盲目优越感的儿童，采用个别说教的方法常不奏效，应有针对性地引导他们参加一些活动，如委托社会任务等，在活动中使内心引起矛盾斗争，在此基础上通过分析讨论，使其切实认识到自己的不足。对自我评价过低的儿童，班主任应给予特别的关心，从日常小事上肯定其成绩和进步，培养自尊心和自信心；鼓励、指导他们大胆和别人交往，同时教育班组其他同学对他们采取热情、友善的态度。

二、小学生人际关系发展的特点与调节

儿童的社会性是在与他人的交往过程中形成和发展起来的，交往必然形成一定的人际关系，如亲子关系、同伴关系、师生关系等。良好的人际关系是使社会生活正常运行的润滑剂，是使个人心情舒畅的兴奋剂。帮助儿童建立良好的人际关系是发展其社会性的基本途径，班主任不仅要与学生建立良好的师生关系，而且主要应帮助在儿童之间建立良好健康的同伴同学关系。儿童之间的人际关系即

同伴关系包括一般关系和友谊两种形式,友谊是同伴关系的高级形式,是亲近的同伴、同学之间建立起来的特殊亲密关系,对儿童社会性的发展有重要影响。

(一)小学生友谊的发展特点

儿童对友谊的认识是逐渐发展的。对"什么是朋友"、"别人如何向你表示他是你的朋友"这样的问题,6~7岁儿童认为朋友就是一起玩耍的伙伴;9~11岁的儿童强调相互同情和相互帮助,认为忠诚是朋友的重要特征,朋友关系应该是比较稳定的。儿童选择朋友的理由包括他们的积极人格特点(如勇敢、善良或忠诚)及志趣是否相投。儿童先认识同伴与自己的相似性,大约4岁以后的儿童都能非常准确地说出有关与同伴之间的相似性,而认识朋友与自己的相异之处则要在9岁以后才能达到。

友谊的发展表现在亲密性、稳定性和选择性等方面。随着人从童年向少年、青年过渡,友谊的这些特性也都在不断发展变化之中。塞尔曼(Selman)曾提出,儿童友谊发展有几个阶段[①]:

第一阶段(3~7岁),这个时期的友谊关系还很不稳定。朋友只是一个玩伴,友谊就是一起玩,在这个时期,儿童还没有形成友谊的概念。儿童间的关系还不能称之为友谊,而只是短暂的游戏同伴关系。对这个阶段的儿童来说,朋友往往与实利的物质属性及其邻近性相联系。如果询问他们友谊是如何建立起来的,他们的回答通常是"一起玩"。

第二阶段(4~9岁),单向帮助阶段。这个时期的儿童要求朋友能够服从自己的愿望和要求。如果顺从自己就是朋友,否则就不是朋友,如"他不再是我的朋友,因为他不肯跟我走"。

第三阶段(6~12岁),双向帮助但不能共患难的合作阶段。儿童对友谊的交互性有了一定的了解,但仍具有明显的功利性特点。

第四阶段(9~15岁),亲密的共享阶段。儿童发展了朋友的概念,认为朋友之间可以相互分享,友谊是随时间推移而逐渐形成和发展起来的,朋友相互之间保持信任和忠诚,甘苦与共。他们开始从品质方面来描述朋友:"她理解人,她很忠诚",认为自己与朋友的共同兴趣也是友谊的基础,"我们喜欢一些相同的东西"。儿童的友谊关系开始具有一定的稳定性。儿童出于共享和双方的利益而与他人建立友谊。在这种友谊关系中,朋友之间可以倾诉秘密,讨论、制定计划,互相帮助,解决问题。但这一时期的友谊有强烈的排他性和独占性。

第五阶段(12岁开始),是友谊发展的最高阶段。随着年龄的增长,儿童对朋友的选择性逐渐加强,由于择友更加严格,年长儿童建立的友谊关系能持续较长时间。

在交往活动中,有的儿童更善于结交朋友。心理学家认为,这可能与其社会认知发展水平较高有关。与同伴的交往经验发展了儿童的社会视角转换技能,而较高水平的社会视角转换技能又有助于儿童建立良好的交往关系。有关研究发现,社会视角转换技能较好的儿童比社会视角转换技能得分较低的同龄伙伴更社会化,更受同伴欢迎,更善于与他人建立亲密的友谊。

(二)小学生人际关系的调节

小学儿童在班集体中的人际关系是交往和教育的结果,班主任要根据班集体的实际情况,采取有效的措施,调节小学儿童的人际关系。

1. 建立集体教育模式

在班集体中建立集体教育模式,指导学生进行集体性学习,是培养学生交往能力的重要途径。目前的班级教育教学模式虽在集体中进行,但集体只提供了一种背景,并没有很好地发挥集体的作用。新的教育模式是在教室中组建学习小组和讨论小组,班组规模较小的可将课桌椅排列改成马蹄形,一个"马蹄"组成一个学习小组,经常安排各小组进行集体性学习。这种教育教学模式有利于学生互相启发,共同提高,也有利于学生和小组之间的交往。这种教学模式为发挥所有学生、尤其发挥被忽视的学生的积极性提供了活动的条件,有利于培养学生的参与意识(积极参加到集体活动中)、尊重意识(倾听对方陈述,尊重对方观点)、学习意识(承认对方长处,学习对方优点)、合作意识(帮助别人解难,共同完成任务)和表现意识(陈述观点,坚持观点);锻炼和发展学生的社会能力,比如,表达能力、理解能力、评价能力、综合能力和协调能力。

2. 开展丰富多彩的课外、校外活动

课外活动是学生的第二课堂。它为小学儿童的活动提供了丰富的内容和广阔的场所，有利于儿童进行更广泛的有趣的交往。有组织的课外活动既有利于班集体的形成，也有利于发展儿童的个性积极性、交往的独立性、对集体的责任感以及创造性。课外活动包括各种文体活动、兴趣小组活动、社会实践和适当的生产劳动等，这些活动都能促进交往活动，培养交往能力。此外，还应鼓励和支持儿童走向社会如少年宫、儿童活动中心、少年科技站、少年业余体校等社会教育机构，在更大范围内发展他们的人际关系，促进交往能力的发展。

3. 指导发展交往的技巧

在指导小学生学习人际交往的技巧时，应注意如下几点：(1) 培养他们尊重他人、关心和体贴他人的态度。人际交往的关键是态度，儿童由于受自身认识水平的限制，容易产生认识上的自我中心，尤其是独生子女在家庭中很容易成为人们注目的中心，养成"独尊"的习惯，构成人际交往中的心理障碍。班主任要教育儿童尊重和关心他人，逐步克服认识上的自我中心。(2) 充分发挥班干部的带头作用。对班干部，班主任既要信任他们，支持他们大胆工作；又要严格要求，加强指导。如果放松对他们的教育，学生干部容易骄傲自满、盛气凌人，或对班级事务处理不公、方法不当，那么班集体中的人际冲突将难以避免。(3) 开展批评与自我批评。班主任要教育学生学会正确地批评他人，勇于进行自我批评。善意的公正的同学间相互批评和坦诚的自我批评，是同学间相互沟通、相互理解以达成相互信任的重要方式。

4. 对处境不利儿童进行个别指导

从实践中学生对班主任的要求来看，班主任能否公平公正地对待每个学生往往成为学生最为敏感的一个问题，班主任要十分注意不要给学生一个厚此薄彼的不公平印象。但是在调整班级人际关系时，班主任工作的重点应放在处境不利的儿童身上。这与公平对待每个学生并不矛盾。处境不利儿童在集体中不受欢迎，大多是由于他们在人际交往中的某些不利因素造成的，如学习成绩差、行为举止不当、不善交际、生理缺陷等。班主任可通过行为模式纠正、角色扮演和正向行为强化等方法，提高他们的社交认识，纠正他们的自我评价，增进他们的社交兴趣，改善他们社交技能。所谓行为模式纠正法，是指班主任针对儿童交往活动中的不规范行为和错误观念，制定新的交往策略，向他们详细讲解、示范一定情境下应该怎么做，使他们练习掌握新的行为模式。角色扮演法，是指让儿童在集体活动中扮演不同的角色，体验不同情境中的感受，从而帮助改变不正确的观念和行为。正向行为强化法，是指及时肯定不受欢迎儿童所表现出来的符合训练方向的行为，从而巩固他们交往活动中的新行为模式。

另外，因不成熟而产生的某些带有普遍性的不良倾向，如起绰号、歧视身体有缺陷的同学、欺负弱小同学等等现象，班主任尤其要注意纠正。

班集体中的人际交往是一种十分复杂、丰富多彩而又变化多端的社会现象，班主任要善于了解具体情况，分析背后原因，采取适当的方式方法加以引导和帮助。

本章注释：

① 选自：1991年中国学生体质与健康监测报告
② 所谓"过度学习"，是指学习的内容在达到初步掌握的时候，不要停止学习，而应对该内容继续花一定时间进行复习巩固。一般认为，50%的过度学习比较合适。比如，要背诵一段文章，读了10遍时初步能够背诵，这时最好再读5遍。
③ 鲁迅全集．第6卷．人民文学出版社，1958．28~29
④ 朱智贤主编．中国儿童青少年心理发展与教育．中国卓越出版公司，1990．252
⑤ 朱智贤主编．中国儿童心理的发展．北京师范大学出版社，1982．69
⑥ 朱智贤主编．中国儿童青少年心理发展与教育．中国卓越出版公司，1990．270

⑦ 亚洲经济危机对教育提出挑战. 香港：南华早报. 1998. 8. 11
⑧ 朱智贤主编. 中国儿童青少年心理发展与教育. 中国卓越出版公司, 1990. 530；陈会昌. 中小学生爱国观念的发展. 心理发展与教育. 1987. 1
⑨ 韩进之主编. 儿童个性发展与教育. 人民教育出版社, 1994. 109
⑩ 转引自韩进之主编. 儿童个性发展与教育. 人民教育出版社, 1994. 299～301

第三章 班主任工作的基本原则

班主任工作是一项十分复杂的工作,在工作中会遇到各种矛盾,要处理各种关系。许多优秀班主任的工作经验表明:要做好班主任工作,就必须遵循一些基本原则。所谓基本原则就是班主任处理各种矛盾,协调多种关系的法则或依据。

第一节 班主任所面对的几种基本关系

班主任作为学校全面负责班级教育工作的教师,处于学校、家庭和社会的中心,是联结三方面教育力量和影响的核心。在教育教学工作中,班主任所面对的几种基本关系就是与学生家长的关系,与任课教师的关系,与校长的关系,以及与学生的关系。

一、班主任与学生家长的关系

众所周知,家庭教育是学校教育的必要补充,家长是教师尤其是班主任教师的助手,班主任与学生家长的根本利益和愿望是一致的,都是为了把学生教好,使学生成才。但是,在教育实际过程中,由于各种原因,班主任与学生家长之间也存在着不一致。如何克服这种不一致,解决二者之间的矛盾和冲突,就成为班主任工作的一个重要内容。

(一)班主任与学生家长之间产生矛盾的原因

要解决班主任与学生家长之间的矛盾,建立相互合作、亲密友好的关系,形成学校与家庭之间的教育合力,首先要分析二者之间的矛盾是怎样产生的。

班主任与家长之间产生矛盾,主要是由于以下一些原因:

1. 社会角色不同

班主任是受社会的委托,专门来从事教育工作的;而家长则是基于自然的血缘关系,来关心孩子的成长的。由于这种社会角色的不同,使得二者在同一个问题上会有不同的立场、看法和处理方法。仅以关心学生为例,虽然他们都关心学生的学习成绩,希望学生进步;但是,班主任更多的是关心学生对待学习的态度,注重学习过程,而家长则更多的是关心分数,是学习结果。

2. 教育学修养水平的差异

与第一点相联系,班主任资格的获得要经过一定的社会认可,这种认可就包括了对班主任教育理论和教育能力的要求。但是,作为父母,却并不需要有对教育理论有一定的学习和掌握。虽然我们现在日益认识到家长懂得教育学知识的重要性,但毕竟没有把它当作一个为人父母的硬性条件。由于教育学修养水平的差异,家长有时并不能理解班主任的教育措施,由此而产生冲突。

3. 教育过程中的实际困难

通常的情况是,如果孩子的学习成绩优秀,而且各方面的表现也很好,那么,班主任与家长皆大欢喜,不会产生什么矛盾或对立情绪;可是,一旦学生的成绩不佳,或者某方面出了问题,家长和班主任就可能会相互指责,甚至推卸责任。由于孩子的教育和成长不可能是一帆风顺的,即使是优秀学生,在其成长过程中也会有坎坷,此时此刻,班主任与家长之间最容易产生矛盾。

4. 班主任与家长之间缺乏联系

现代社会生活的节奏越来越快,职业和工作的压力也越来越大,在这种情况下,有部分家长无暇关心孩子的学习,更没有时间与班主任沟通;还有一部分家长认为,教育孩子是学校的事情,自己无能为力。另一方面,有的班主任不做耐心细致的家访工作,更不愿意倾听家长的意见,甚至摆出教育教学工作权威的架子。这两种情况都妨碍了班主任与家长之间的联系,使得二者之间缺乏了解,从而产生误解和矛盾。

(二)班主任处理与家长关系的基本原则

根据以上对班主任与学生家长之间产生矛盾原因的分析,为解决二者之间的矛盾冲突，班主任应该：

1. 尊重家长，虚心听取家长的意见

家长虽然没有经过专门的教育训练，可由于对自己孩子的高度关心和爱护，对于孩子的问题，家长是最有发言权的；对于教育教学过程中的一些缺陷，家长也能从孩子的谈话中有一些了解，而其中的某些"信息"，班主任从学生那里是得不到的。基于这两点理由，班主任在开展工作的过程中，要想使教育措施得到最理想的效果，就必须尊重家长，虚心听取家长的意见。尤其当家长所提的意见与自己所设想的存在不一致的时候，更要谦虚谨慎。

要听取家长对教育教学工作的意见，仅仅满足于召开家长会是不够的，还必须加强与家长的联系，通过多种途径了解家长对学校工作的看法。即使召开家长会，也切莫开成学生缺点和错误的"报告会"。

2. 加强指导，提高家长的教育学修养

班主任与家长的矛盾冲突，很大程度是是因为二者看问题的角度不同，其中教育学修养水平是一个重要因素。为此，班主任应该力所能及地向家长传播教育学知识，讲授教育技巧与方法。提高家长教育修养的方式和途径是多种多样的。除了通常的家访和家长会之外，可以举办家长学校，还可以向家长介绍自己的教育经验，通过具体事件来说明和解释家长在教育孩子方面的疏忽，以及请家长来听课，参加文娱晚会和学生的讨论会，等等。

二、班主任与任课教师的关系

在学校范围内，对一个班级的学生实施直接教育影响的，除了班主任以外，就是各学科的任课教师。班主任与任课教师组成科任教师集体，共同对学生产生影响。在科任教师集体中，班主任是核心，起着协调、组织和领导的作用。要教育一个班级，仅有班主任一个人是不行的，必须有全体任课教师的配合和协作。学生的成长也绝非一人能够包办，加上全体教师在教育目的上的一致性，可以说，班主任与任课教师之间没有根本的利害冲突。不过，在现实教育过程中，由于各种原因，二者之间常常会出现矛盾。

（一）班主任与任课教师之间产生矛盾的原因

1. 分工不同

班主任与任课教师各有各的分工，各自负责不同的工作和学科。班主任比较注重班集体的建设，对学生的全面发展负责；而任课教师则往往比较强调自己学科的重要性，为此而争学生的学习时间。有的教师为了突出自己学科的重要性，甚至贬低其他学科或其他老师的工作，这些都很容易造成班主任与任课教师之间的关系紧张。

2. 素质差异

相对来讲，班主任的素质往往要高一些，在学识、资历、能力和业务水平等方面都超过了任课教师。这就决定了他们对教育思想、教育内容和教育方法的理解和运用容易产生歧异，由此而产生冲突和矛盾。

（二）解决班主任与任课教师之间矛盾的原则

要解决二者之间的矛盾，班主任应该起主要作用。要提倡相互尊重、互助互学、公平竞争、团结协作的良好风尚，形成一个相互合作、坚强有力的班级教师集体。具体的方法和措施请见第四章第四节。

三、班主任与校长的关系

校长是学校的行政首长，对外代表学校，对内全面领导和管理学校。校长是学校行政工作的决策者和统一指挥的中心，对学校的办学方向、教育质量和社会效益，负有完全责任。班主任作为班级的负责人，对班级的发展负有完全责任。校长与班主任的关系具有两重性，一方面，二者是领导与被领导的关系，他们的地位是不平等的，班主任必须服从校长的领导和指挥；另一方面，二者又是"同事"，是为了一个共同的目的而工作的。由于存在这一共同的目的，所以，校长也必须依赖班主任来落实学校的教育精神和教育措施，应该尊重班主任，而不能为所欲为；班主任也必须主动参与学校的民主管理，而不能把学校的工作看成只是校长一个人的事。

在现实生活中，由于种种原因，班主任与校长之间存在着矛盾冲突，有时甚至会达到比较尖锐的程度。

(一) 班主任与校长之间产生矛盾的原因

1. 客观方面：教育体制上的弊端

建国以来，我们虽然在校长负责制问题上多次反复，但是一个根本的弊端却始终未曾得到改革，那就是对于学校领导的任命，无论是校长还是党支部书记，学校的教师包括班主任没有"发言权"。没有哪一所学校的校长是由教师民主选举产生的，完全都是由上级任命的。这种状况就从根本上导致了这样的矛盾：名义上校长的工作是对全体教职员工负责的，他的工作质量的好坏，与教职员工的切身利益密切相关，而且教职员工对他的工作最有发言权；可实际上，他只是对上级负责，因为只有上级才有权对他的工作作出评价，才能任免他。因此，这就造成了校长"唯上"而不"为下"，少数人甚至贪污腐化，与学校教职员工包括班主任严重对立。

2. 主观方面：素质差异

固然存在教育体制上的弊端，我们也不否认在校长队伍里，确实有一些人是兢兢业业、任劳任怨，作出了很大的贡献。但即使有好的校长，在教职员工与校长之间也并不是没有矛盾。一般来讲，校长的素质比班主任高，由于这种差异，也导致二者在一些问题上产生歧义和冲突。

(二) 班主任处理与校长之间矛盾的原则

在校长与班主任的矛盾中，校长无疑是主要方面，应该作出表率。不过，班主任也不是无能为力的，而应该：

1. 尊重校长，听从指挥

班主任即使对校长有看法，但在履行自己的教育责任与义务时，也必须尊重校长，听从校长的安排和指挥，以工作为重，以大局为重。

2. 关心学校，支持校长

班主任应该认识到，校长只是学校的代表，而不是学校的全部，学校的利益才是第一位的。从搞好学校教育工作出发，班主任应该以主人翁的态度，主动关心学校的各项工作，而不能抱"事不关己，高高挂起"的态度。从关心学校工作的角度，来关心和支持校长的工作。

3. 民主管理，监督校长

对校长的管理工作实行民主监督，也是支持校长的一种形式。对校长的不正确的意见和行为应该敢于直言，敢于提出批评，帮助校长改正缺点，不断把学校工作推向前进。

第二节 班主任工作的基本原则

班主任与学生的关系是班主任所面对的各种关系中最基本、最经常，从而也是最重要的关系。本节论述班主任工作的基本原则，其中就包含了班主任处理与学生关系的原则。

一、学生主体原则

学生主体原则是指学生是认识的主体，是自我发展的主体；班主任要搞好工作，就应该把学生当作教育过程的主体，当作教育过程的重心；充分尊重并努力发挥学生的主体作用，只有真正调动了学生的积极性，教育措施才会真正起到作用。

提出这一原则的依据有二：一是我国教育教学改革的经验；二是教师与学生的辩证关系。

学生主体并不只是班主任工作的基本原则，它也是所有学校教育工作的基本原则。这一原则的提出，是建立在反思我国教育教学的经验与教训的基础上的。早在80年代，针对我国教育长期以来"目中无人"的弊端，即把学生当作知识的容器一味地灌输，或当作待加工的材料任意摆弄，以至于学生形成逆反心理，教育教学达不到应有的效果，有学者率先提出"学生是教育主体"这一命题。这一命题提出以后，引发了教育界关于"教师主导作用与学生主体地位"的争论。从总体上看，争论主要侧重于师生关系的处理，并且主要是在教学论的范围内进行的。到了90年代，我国教育理论工作者从教育基本理论的层面系统论述了教育主体性问题，形成了主体教育理论。这一理论认为，教育的主体性包括学生的主体性、教育活动的主体性和教育系统的主体性。教师与学生都是教育过程的主体，而共同的客体（对象）则是教育措施（包括教育内容、教育方法、教育手段、教育资源等），教育活动就是两个教育主体共同利用教育客体，实现同一教育目的的过程。

班主任在工作中贯彻学生主体原则的具体要求是：

1. 深入了解学生的需要，调动学生的积极性

学生的需要是教育过程的出发点。我们在教育过程中的很多好的措施，之所以不能收到应有的效果，关键就在于往往只是从教育要求出发，从教育目的出发，或从教材出发，虽向学生提出了明确的目标，但是却很少去考虑这些要求是不是符合学生的生理发展和心理成长的实际，是不是学生真正需要的。结果，固然要求很明确，也很系统，甚至也不是高不可攀，是学生稍加努力就可以达到的，可就是实现不了。

贯彻学生主体原则，可以避免这一现象。这一原则主张，教育过程的现实出发点不是社会的要求，而是学生的实际需要。任何教育活动和教育措施，如果不能唤起学生的需要，就不会达到"深入人心"的目的。班主任所实施的教育措施，要能切合学生的需要，没有别的"法宝"，只有一个办法，那就是深入地了解学生。

怎样了解学生？大致途径有这样几个方面：

一是进行系统的理论学习。学习教育学、心理学、教育心理学和儿童心理学，获得关于小学生生理和心理发展的一般规律性的知识，对于特定年龄阶段的儿童心理发展特征有确切的了解。

二是进行日常观察。理论的学习，只是具备了一般性知识，是否符合自己班级学生的实际，还是个未知数。为了准确了解所带班级学生的发展状况还必须结合日常的教育教学活动，参与学生活动，进行有目的的观察。可以建立学生档案，对于学生的一般情况，要做到心中有数。

三是重点访谈。日常观察难免有所遗漏，而且针对性不强。对于具体问题，必须对学生有时甚至对学生家长进行调查和访谈。

必须指出的是，我们强调了解学生，是针对过去"目中无人"的状态而言的，对于班主任工作来说，它是出发点，但不是全部工作。在了解学生之外，班主任工作还要了解社会的要求，了解教育目的、教学目标等等。

2. 培养学生的自我教育能力，实现"教是为了不教"

一个健康的班集体的形成，当然不能没有班主任的精心组织与正确领导。可以说，班级工作的成败，归根结底要依靠班主任的努力。但是，如果只是班主任一个人在努力，而学生没有发动起来；或者说，一旦班主任不在，整个班级工作就乱了套，这都是班主任工作的失败。

依据学生主体的教育原则，所有教育工作当然也包括班主任工作的最终目的都是为了培养学生的自我教育能力，使学生能够自己教育自己、自己管理自己。有一种观点认为，小学生年龄小，不懂事，要他们自己管理自己是不可能的。其实，从主体意识的发展来看，3岁的儿童就有了初步的自我意识；5～6岁的儿童即有了一定的自我服务和自我管理能力，只要教育和引导得法，小学生是能够自己管理自己的。当小学生把老师和班主任的教育以及所受到的学校影响内化为主观形式的认识、情感、动机、态度之后，学生的主观能动性就开始逐步发挥，形成独立的学习能力和自我教育的能力。学生的这种自我教育能力的形成，不仅使他们能够更加自觉、积极地接受老师和班主任的教育，而且这种能力也有助于他们的社会化，更能适应社会的需要。

怎样培养学生的自我教育能力？

对于小学生来说，虽然早在学龄前期和初期就已经表现出积极的、在道德上进行自我教育的因素，如模仿等，但真正意义上的自我教育是较晚才出现的。自我教育从发轫到成熟，经历了一个较曲折的过程，其中，自我评价起着关键性的作用。儿童的自我教育是从认识别人，从把自己与同伴比较开始的，是从别人的评价和自己的评价的对比中开始的。从分析、评价他人的行为到分析、评价自己的行为，从自我认识、自我评价再到自我立法、自我司法、自我践履，构成了自我教育的过程。其中，自我认识、自我评价是自我教育的关键。因此，班主任要培养学生的自我教育能力，关键的一环就是要引导他们分析和评价自己。从认识过程来看，就是要引导学生把"自己"当作认识的对象，客观地分析自己的长处和不足。每学期开始，班主任可以要求学生制定规划，自己给自己提出要求，并自己监督。到了学期结束,则要求学生作好小结,自己给自己打分,并把这一结果与同学和老师的评价相对照。

二、民主平等原则

民主平等原则是指班主任在工作中,要认识到教师与学生在人格和社会地位上是平等的,在班级管理中尽量地尊重学生,信赖学生。

提出民主平等原则的依据有三个方面:一是现代社会人际关系特点的反映;二是教育工作的客观需要;三是现代教育发展的大势所趋。

在社会主义社会里,由于逐渐摆脱了旧的社会形态下所形成的人对人的依附关系,每个社会公民都是社会的主人,彼此之间是相互合作、民主平等的同志式关系。所有的社会公民,不论年龄、性别、职业、种族和社会地位的差异,不仅在人格上是平等的,而且在法律面前也是人人平等的。这就从根本上决定了学校教师包括班主任与学生之间是民主平等的,他们不仅在人格上是平等的,而且在基本社会权利方面也是平等的,任何人包括班主任不能以任何理由,比如学生年龄小,知识经验不足等借口来侮辱学生的人格,或者践踏学生的权利。

提出民主平等原则,是搞好教育教学工作的需要。班主任按照民主平等的原则来处理师生关系,有利于建立良好的师生关系;而良好师生关系的建立,又有助于班主任开展班级管理工作。我们承认班主任与学生在人格和基本社会权利方面是平等的,但是同时也要看到并承认二者在知识、经验和社会成熟性上存在着差别,而且由于二者在教育过程中的实际地位不同,履行不同的职责,这就使班主任与学生之间往往产生矛盾。比如,学生总希望班主任给自己的评价高一些,学习过程要轻松一些,而班主任所面对的不是某一个同学,而是面对全班几十个同学,必须贯彻和执行国家的教育目的和方针,总要采取一定的教育和管理措施,这些措施可能并不都能被学生理解和接受。在出现矛盾的情况下,如果班主任以"教师爷"自居,居高临下地对待学生,不能尊重学生,做深入细致的思想工作，就会导致师生关系紧张，不利于教育教学工作。

班主任在工作中贯彻民主平等原则，也符合现代教育发展的大趋势。现代教育根本不同于古代教育，它不是把压服学生作为教育工作的出发点，而是把建立师生之间的人道关系作为教育工作的起点，要求教师把学生当作具有特殊的个人品质的人来对待，而不能仅仅只是看作是一个知识的容器，或待加工的产品。对于学生的个性和特殊品质，教师应该给予足够的重视和尊重。

班主任在工作中贯彻民主平等原则的具体要求是：

1. 尊重学生的个性，严禁简单、粗暴地对待学生

班主任在工作中贯彻民主平等原则，当然要严禁一切侮辱学生人格、践踏学生人权的行为。不过，除此二者之外，重要的是对学生的个性给予适当的尊重。侮辱学生、侵犯学生比较容易识别，而压抑和阻碍学生个性的行为则比较隐蔽，而且还能够从教育计划、教学大纲和学生行为规范中找到借口。每个学生都有自己的个性，都是具有不同生命历程的个体，具有区别于其他人的独特性、独立性和独创性，都有一定的特长和爱好。可以说，每个学生的发展道路都是不一样的。如果班主任总是要求全班学生整齐划一，"步调一致"，久而久之，学生会没有个性，班级会没有特色。因而，作为班级的组织者、指导者和管理者，班主任一方面要容许、照顾和发展学生的特长、优势、爱好、独立性，把个性发展看作是正当的、必须的，并积极引导其向健康的方向发展；另一方面，教师也要为学生的个性发展提供尽可能多的条件，因势利导，因材施教，使学生在班级活动中敢于并善于表现自己、展露自己。

2. 依据学生的意愿和利益来管理班级

班主任作为社会的代表，受社会和学校的委托来管理和引导全班学生，理所当然的是班级的"领导"。不过，怎样领导才能促进学生的发展呢？依据民主平等原则，那就是充分尊重学生的意愿，按照学生的利益来实施民主管理。班级管理并不是班主任脱离学生，凌驾于学生之上的活动，而是要发动学生自己来管理自己，自己的事自己做主。有的班主任习惯于按照自己的喜好来管理班级，诸如指派班干部，评定三好学生，从不征求学生的意见。其实，对班级事

务最有发言权的不是别的什么人，而是班上的同学。哪一位老师的课上得好，哪一位同学最努力、最优秀，哪些教育措施最有效，学生即使是小学生都会有自己的评价。而且，学生的评价相对于其他方面的评价往往是最公正、最客观的。如果班主任不了解这一点，总以为学生小，"不懂事"，班上的事总是自己一个人说了算，就会走向"专制"，不利于班集体的建设，最终也不利于学生的健康成长。

3. 严格要求学生

必须指出，尊重学生的个性，按照学生的意愿和利益来管理班级，并不是主张对学生放任自流，让学生自行其事，而必须与严格要求学生相结合。严格要求学生与尊重学生表面上看起来似乎是矛盾的，其实二者是一致的。

苏联教育家马卡连柯在总结自己的教育实践时，曾经说过这样的话：对我们不尊重的人，不可能提出更多的要求。当我们对一个人提出很多要求的时候，在这种要求里也就包含了我们对这个人的尊重。由此可以认为，严格要求既是尊重学生的表现，也是衡量这种尊重的尺度，二者是辩证统一的。不过，严格要求也不是越严越好；对严格要求本身也应该有所要求。这些要求就是：它应该是正确的——符合学生年龄特征，切合实际，令人信服；它应该是简明的——易于被学生理解、掌握，便于记住和履行；它应该是有计划的——对学生的要求一次不能提得过多，要由易到难、有步骤地、循序渐进地提出。严格要求尤其要体现在对学生的错误和缺点上，不能因为是小毛病，或者是学生年龄小而姑息、迁就，要注意防微杜渐，从小打好基础。

三、公平公正原则

公平公正原则是指班主任在工作中，能够按照一定社会或时代公认的道德准则，公平合理地对待班上的每一位学生。对所有学生不论出身贵贱、地位高低、成绩好坏或长相美丑，都能够不偏心、一视同仁。

对班主任提出公平公正原则，既是教师职业道德的必然要求，也是搞好班主任工作，树立班主任威信的需要。

热爱学生是教师职业的"天然"要求,这种对学生的爱是没有等级层次的,对所有的学生是没有区别的。如果教师在工作中对学生有所偏爱,就会使被爱的学生骄傲自满,被冷落的学生情感上受到压抑,心理不平衡,由此产生怨恨和抵触情绪,严重的时候甚至会导致师生关系的对立和紧张,不愿意接受教育,从而给教育工作带来不应有的困难。班主任在工作中,面对全班学生,如果态度不公正,例如把学生分成喜爱的和不喜爱的,在评定学生学习和操行成绩的时候不客观而有所偏袒,甚至对学生提出不合理的要求,这些都会破坏师生之间的正常关系,破坏师生之间的团结,妨碍教育工作的顺利进行。

如果班主任对全体学生一视同仁,公平公正,就会赢得学生对自己的崇敬与信任,提高自己在学生中的威信,从而极大地增强教育效果。有调查表明,教育公正是广大学生所认可和喜欢的教师品质,而偏爱、不公正却是学生所厌弃的教师品质。学生热切地期望班主任爱护、尊重他们,公正地对待他们。只有公平的班主任才会赢得学生的尊重和信任,在学生中树立自己的威信,从而有利于班主任工作

此外,班主任处事公平公正能对学生起榜样作用,给学生以良好的启示和影响,有利于学生健全个性的形成和发展。本来在学生心目中,老师就是社会上公正、无私、善良、正直等一切美好品行的化身,班主任更是集这些优良品质为一体。由于班主任与学生的接触更多,来往更频繁,对学生的影响也就更深刻。他的一言一行、一举一动都会不同程度地给学生以教育和启示。班主任公平公正能够激励学生对真、善、美的追求,成为学生成长的健康的心理基础,有利于学生健全人格的形成和发展。

班主任在工作中贯彻公平公正原则的具体要求是:

1. 班主任要加强自身的道德修养,努力养成良好的师德品质

教师公正是一种内在的教育信念,这种信念是以世界观、人生观为基础、为依托的。在现实生活中,社会上乃至学校里都会有一些不公平不公正的事情发生,如果班主任没有坚定的人生信仰,随波逐流,就不会把公正当作基本的价值观念和行为准则。而且,在

班主任工作中,为了坚持公正也会受到各个方面的干扰和诱惑,尤其是班主任的评价会对学生的升学等产生影响,具有一定的功利作用。此时,就特别需要教师有高尚的师德品质,从学生从社会的根本利益出发,把教育事业的整体利益放在第一位,而把个人的得失放在第二位。

2. 深入地了解每一个学生,准确把握学生的思想动向

班主任要履行对学生的公平公正原则,不能依靠良好的愿望,而必须建立在对学生的全面了解和准确把握之上。即使是小学生,其外表的行为与内心的想法也有不一致的时候,如果班主任不对学生有系统、深入的了解,仅凭一时的表现,也很难对学生作出准确的评价;而没有准确的评价,就谈不上对学生的公平与公正。班主任只有在全面了解全班学生的基础上,才能选择正确的教育态度和教育手段,公平合理、客观公正地对待和评价学生的进步和成绩、缺点和错误。

3. 不断学习,提高理论素养

班主任的公正观的具体内容并不是一成不变的,它会随着时代的变化而不断更新内涵。对学生评价的标准也具有社会性和历史性,必然会因时因势而发生改变。这就要求班主任具有较高的理论素养,既不能被一时的变化所迷惑,也不能因循守旧,抱住老框框不放,而应该加强理论学习,掌握社会发展和教育发展的一般规律和大趋势,适时地更新对学生的评价标准,更新人才观。

四、实践活动原则

实践活动原则有两个方面的含义:一是指班主任要开展多种多样的活动,通过实践活动来认识、了解、教育和发展学生。此时,实践活动被当作一种重要的教育手段。二是指班主任要引导学生努力实践,敢于实践,做到言行一致。此时,活动被当作一种标准,来检验学生的道德发展状况。

提出这一原则的依据有二:一是品德形成和发展的基本规律;二是小学生的年龄阶段特征。

人的道德观念是从哪里来的?既不是从天上掉下来的,也不是

个人头脑里固有的,而是在活动、交往和实践中产生的。任何道德都以一定的规则形式存在着,要真正理解和认识这些规则,只有在实际处理这些规则的活动中才能实现。人作为一种社会性的动物,只有在相互交往中,在共同的活动中,才能培养与发展真正的责任意识和义务感。可以说,活动是个体道德形成、发展的根源与动力。不仅如此,个人道德水平的高低,不是通过他的语言,而是通过他的行为来衡量的。质言之,道德是"做"(活动、实践)出来的,而不是"说"出来的。

从小学生的身心发展特征来看,由于他们认识能力的局限(局限于直接的感性经验,理性认识不发达),给他们一味地灌输某种大道理,宣扬某种观念,并不是进行道德教育的最好办法,而应该开展丰富多彩的活动,让他们在活动中受教育。我国宋代的教育家朱熹就曾提出,对小学阶段的儿童(他把教育阶段划分为小学与大学,15岁以前为小学,之后为大学),重在"事教"(教以洒扫进退之事)。

班主任在工作中贯彻实践活动原则的具体要求是:

1. 转变教育观念,让学生在活动和实践中成长

贯彻实践活动原则,班主任首先要转变教育观念,即转变那种以说教为主,事事"说"到底的传统教育观念和工作方法,要树立学生是在各种活动、交往和实践中发展的活动教育观。有的班主任满足于给学生讲道理,以为道理讲清楚了,就尽到了老师的责任;还有的班主任往往对学生不放心,尤其对学生参加活动不放心,总担心学生会出乱子,因而喜欢把学生关在教室里,觉得这样"保险"、"安全"。其实,最有教育效力的不是语言,而是行动;有时,讲得过多,反而会导致学生的逆反心理。对于学生的成长来说,教室只是一个有限的场所,它不能代替学生成长的真实社会环境;只有通过活动和实践,让学生了解社会,认识社会,"经风雨,见世面",经受失败和挫折,才能更有助于学生的健康成长。必须指出的是,相对于说教,允许和组织学生参加各种活动对班主任来说,难度要大得多,班主任的付出要大得多。

2. 组织丰富多彩的活动,放手让学生去活动

班主任在组织学生活动时，一定要灵活多样，丰富多彩，使之能够满足学生各方面的需要，对学生产生吸引力。有的班主任也认识到必须开展活动，但是又对学生不放心，尤其是对平时有问题的学生不放心，于是提出了很多的规矩和要求，使得活动的内容和形式都很单一和贫乏，学生也很拘谨，要看老师的眼色行事。这样，名义上是学生活动，实际上是教师在活动，这样的活动根本达不到教育学生的目的，对学生也毫无吸引力可言。要改变这种状况，班主任应该认识到，任何活动都存在不可测的因素，不可能没有任何纰漏。一个优秀的班主任应该利用各种时机，包括出现问题的时机，对学生适时地进行教育。活动要经常变化，让学生有新鲜感。如果一个学期总是那么几种活动，学生就会习以为常，甚至产生厌倦心理。在活动中，还应该注意的就是，不能只让少数学生在活动，更不能形成总是少数学生比如说班干部在活动的局面，而应该动员所有的同学都来参加活动。这就需要老师精心组织，使每一个学生都有活动和表现的机会，并且通过活动增强自信心，充分发挥自己的主动性，体现学生的主体地位。

3. 注重实践，培养学生的道德行为

对小学生的道德教育必须以实践为基础，除了教育他们自己的事自己做，培养生活自理能力之外，还要注重引导他们积极参加集体生活、公益劳动和社会服务，培养其社会责任感和良好的行为习惯。当前，由于我国实行计划生育政策，在城镇只允许生一个孩子，加上父母、祖父母对孩子的过度爱护，导致独生子女问题比较严重。这就给学校教育工作提出了一个紧迫而又艰巨的任务：怎样教育独生子女。对于班主任来讲，所有的孩子都是独生子女，如何使他们融洽相处，发展他们的社会性，克服家庭教育中的不良影响就成为工作中的重要内容。班主任就必须按照"小学生日常行为规范"的基本要求，针对独生子女的实际情况，加强生活自理、自立能力的培养，并在此基础上培养学生关心他人、关心社会的道德品质。

五、启发疏导原则

启发疏导原则是指班主任在教育学生时，要循循善诱，以理服人，从提高学生的思想认识入手，调动学生的主动性，使他们积极向上。启发疏导原则也被称为循循善诱原则。

提出这一原则的依据有两个方面，一是我国教育家长期教育实践的经验总结；二是小学生身心发展的基本规律。

我国古代的大教育家孔子在自己的教育实践中，就非常注意启发学生的思维，使学生能举一反三，闻一知十。相传他的弟子很多，有"门人三千，贤人七十有二"之说。孔子善于从他们的年龄、性格、爱好、志趣和文化修养方面的实际情况出发，给予恰如其分的启发与引导。颜回说："夫子循循然善诱人，博我以文，约我以礼，欲罢不能"(《论语·子罕》)。孔子的诱导能充分调动学生的积极性。此后，循循善诱就成了我国教育的一条重要原则和教师应具备的一种优秀品质。

从小学生的成长来看，他们正处于思想认识、道德情感和意志品质迅猛发展的时期。他们求知欲强，好奇心强，对新鲜事物都很向往。但是，由于他们的社会经验和知识积累不足，辨别是非、善恶的能力比较弱，对人对事的评价和看法都比较幼稚，出现一些不正确的思想认识都是很正常的。如果小学生一有错误，班主任就采取严厉的教育措施去惩罚，就会损害学生的上进心。对待他们的错误，班主任应该做深入细致的工作，说服诱导，以提高学生思想认识。其实，小学生年幼单纯，有什么就说什么，他们的思想认识总是要表现出来的，就像河水奔流一样，要堵是堵不住的。对思想认识问题，如果企图用"堵"的办法、"压"的办法去解决，就会使矛盾激化，造成对抗。所以，要像治水一样，重在疏导，使他们明白事理，提高认识，自觉地向正确的方向发展。

贯彻启发疏导原则的基本要求是(参见王道俊、王汉澜主编. 教育学. 人民教育出版社，1989. 377~399)：

1. 讲明道理，疏通思想

对小学生进行教育工作，要注重摆事实、讲道理，做深入细致的思想工作，启发他们自觉认识问题，自觉履行道德规范。即使学生品德上有了缺点、过错，行为上出现了失误，也要疏通思想，提高认识，启发自觉。对于学生的思想认识问题，只能疏导，不能压制。压制往往带来反抗，不利于学生的进步，而疏导才能使学生心悦诚服、自觉改进。

2. 因势利导，循循善诱

少年儿童生动活泼、精力旺盛。他们在课余生活中，唱唱跳跳、奔跑喊叫，积极参与自己喜爱的活动。这是学生身体健康的表现，是很自然的事。不可要求他们整天安安静静、循规蹈矩，像个"小大人"一样。重要的问题在于，善于把他们的积极性和志趣引导到正确的方向上来。比如，有的小学生沉迷于玩游戏机，无心学习等。班主任在工作中要循循善诱，因势利导，把他们的积极性导向正确的方向。

3. 激励为上，正面教育

少年儿童积极向上，有自尊心，有荣誉感；但往往有孩子气，幼稚、不懂事，不能正确认识社会和人生问题。班主任要给以启示、指点，使他能面向未来，懂事明理，从幼稚走向成熟，关心同学、亲友和祖国，从小树立远大理想。在小学生的成长过程中，要坚持正面教育，对他们表现的积极性和微小进步，都要注意肯定，多加赞许、表扬和激励，引导他们步步向前，以培养他们的优良品德。批评与处分只能作为辅助的方法。

六、集体教育原则

集体教育原则是指班主任在工作中，要注意依靠学生集体，通过集体教育个人，充分发挥学生集体在教育中的巨大作用。

提出集体教育原则的依据有两个方面，一是集体本身具有重大的教育力量，二是小学生发展成长的心理需要。

学生集体不仅是教育的对象，而且也是教育的手段，对学生具有重大的教育力量。社会性是人的根本属性，人需要在社会、在群体中生活、交往，从中获得生存、发展的动力与资源。对于成长中的小学生来讲，学校班级是他们在经过一个时期的家庭生活后，所接触到的最早的集体生活，也是他们学习社会化的最为重要的场所。在学校班级里，他们学习最基本的社会规则，从课堂学习纪律到学校规章制度，从游戏规则到普遍的道德法则，这是他们人生的重要课堂和舞台。

班主任在工作中贯彻集体教育原则的具体要求是：

1. 建立良好的班集体，通过集体教育个人

班主任要发挥学生集体的教育作用，首先要把学生群体培养成为良好的学生集体。培养学生集体的过程，也是教育学生、促进学生各方面发展和进步的过程。无数优秀的班主任在接手班级工作时，总是把培养良好的班集体作为工作的重点。只有建成优秀的班集体，全班学生才能团结一致，积极向上，才能有正确的班风，才能发挥班干部和积极分子的作用，才能有一个融洽的师生关系。关于怎样培养良好的班集体，在第四章班级组织中，有详细的论述。

班主任要发挥学生集体的教育作用，其次要把集体当作教育的主体，先向集体提出要求，然后通过集体再去要求、帮助和教育个人。通过集体教育个人，其实也是班主任在教育个人，这二者并行不悖。而且，通过集体教育个人，它的效果和效率都胜过班主任一个一个地去教育学生。

2. 有针对性地教育个人，通过个人来教育集体

在集体中教育，也要注意通过学生个人转变来影响和培育集体。一个优秀的班集体对全班学生都会产生影响，但是这种影响并不一定能针对每个学生的实际情况，并不能均衡地作用于每个学生。因此，教育集体只是集体教育原则的"一半"，班主任还要深入地了解学生，开展丰富多彩、针对性强的活动，发展每一个同学的个性，决不能以集体之名压抑学生，片面强调整齐划一。班主任在工作中，适时地针对个别情况，开展个别教育，促使个别学生发生变化，就显得非常必要。既通过教育一个学生教育全班每一个学生，也培养正确的集体舆论和良好班风，从而使集体与学生个人互相促进。

3. 发挥班主任的主导作用

应该指出的是，充分发挥班集体的教育力量，决不是否定班主任对集体培育的主导作用。我们不能忘记，是班主任在调动学生集体，发挥集体的教育力量，而不是不要班主任，或者是班主任对班集体的工作撒手不管。马卡连柯在《论共产主义》一书中谈到这个问题时指出："这决不是说，我们教育家和一般成人的集体领导者只

是站在一边旁观,恰恰相反,我们要时时刻刻运用我们的思想和经验,我们的机智和意志去分析集体中各种各样的现象、希望、倾向,并且用忠告、影响、意见有时甚至用我们的意志来帮助集体。"

七、以身作则原则

以身作则原则,是指班主任在工作中要严格要求自己,率先垂范,自正其身,要求学生做到的,自己首先做到,用自己"身教"来影响和感染学生。

提出以身作则原则的依据有三个方面,一是小学生身心发展的特殊要求;二是教学客观规律;三是长期以来的教育实践经验。

刚刚走出家庭而步入学校的小学生具有强烈的"向师性",对教师有一种特殊的信任感。在他们眼里,老师尤其是班主任老师的话就是真理,他们的言行就是道德标准。小学生常常挂在嘴边的话就是:"这是我们老师说的。"他们不仅尊重和信任老师,希望得到老师的注意、重视和关怀,而且也常常模仿老师。尤其是刚刚上学的小学生,常常扮演教育的角色;年纪稍长,则在生活中模仿老师的言行举止。因此,为了给学生一个正面的影响和良好的教育,老师必须严格要求自己。

以身作则原则也是教学过程客观规律的反映,那就是任何教学活动都具有教育性。教师对学生的影响和教育,不仅是教科书和教材,也不仅是老师对学生所讲的,更重要的是教师的行为这一无声的"语言"对学生具有更深刻和持久的影响。

以身作则原则也是教师在长期的职业活动中形成的优良传统。在中外教育史上,无数著名的教育家为人师表,以身示范,给我们作出了光辉的榜样。伟大的教育家孔子,十分强调教师的身教,认为身教重于言教。他说过,"其身正,不令而行;其身不正,虽令不从。"在自己的教育实践中,他更是身体力行,对学生关怀备至,满腔热情。除了孔子,后世的许多教育家都对此有过精彩的论述。荀子、韩愈、陶行知等都十分重视教师要为人师表,我国老一代的革命家更是强调教育者必须先受教育。外国的一些著名教育家对此也有过论述,卢梭认为教师在承担教育任务之前,就应该是一个值得推崇的模范；第斯多惠则说，谁要是还没有发展、培养和教育好，他就不能发展、培养和教育别人。

总之，班主任老师的言行举止本身就是一种教育因素，是一种影响学生的教育力量。这就要求班主任在自己的工作中，处处给学生作出表率，做到以身作则。

班主任在工作中贯彻以身作则的具体要求是：

1. 提高专业水平，提高道德修养

有不少班主任都懂得以身作则这个道理，但就是不知道该怎样去做。还有的班主任在一些大的方面做得还可以，但就是在生活举止等一些方面"不拘小节"，结果影响对学生的表率作用。更有一部分班主任对以身作则这个原则不以为然，认为只要自己的教学过得去，其他方面不必"太在意"；还有的教师以"教师也是人"为由，替自己的不良行为辩解，而不加强道德修养。要真正履行以身作则这个原则，就必须严格要求自己，不能有丝毫的马虎和松懈。一方面，要提高专业水平，在自己所教的学科上刻苦钻研，成为教学能手；另一方面，要加强道德修养，对自己的不足有清醒的认识，并从点滴行为做起，在衣着打扮、言谈举止、尊老爱幼、公正诚实、社会公德等方面成为学生的表率。

2. 言行一致，表里如一，持之以恒

班主任贯彻以身作则这个原则，要深刻认识到"身教"的威力。对于涉世未深的小学生来讲，阐述一些做人的大道理，即使不是完全无效的，也是收效甚微的。他们对事对人的认识和评价，主要是看重实际后果，而不太注重内在的动机。从道德发展上讲，小学阶段的儿童还是一个"客观的物质主义者"，他们往往是从班主任老师的实际行为来学习社会化的。因而，班主任老师对学生的要求，一定要自己首先做到；对学生是怎么说的，就要求自己相应地去做到。如果对学生说一套、做一套，不仅会引起他们的认识混乱，而且会导致学生产生"人格分裂"，形成"两面人格"。班主任老师与学生长期生活在一起，与学生接触最多，而且不是与个别学生在一起，而是处在全班学生几十双眼睛的注视之下，一举一动、一言一行都对学生产生着影响。从这个意义上讲，班主任绝不能此一时，彼一时，

"到什么山上唱什么歌",而必须持之以恒,始终如一地保持对学生的良好"形象"。

八、因材施教原则

因材施教原则是指班主任在工作中,要从学生身心发展的实际情况出发,根据他们的年龄特征和个别差异进行不同的教育,使班上的每个学生都能得到最好的发展。

提出因材施教原则的依据有两个方面,一是学生身心发展的特点和规律;二是我国的教育目的。

在青少年儿童的身心发展中,由于遗传、环境、教育和其自身努力不同,他们在身心发展上存在着个别差异。即使是文化背景、家庭环境、经济收入和社会地位相差不大的同班学生,他们在个性、爱好、知识、经验等方面也存在着一定的差异。俗话说,没有相同的两片树叶;同样的,也没有相同的两个人,即使是孪生子。从身体发育来看,有的儿童早长,有的儿童晚熟;从心智发展来看,有的早慧,有的晚成;从兴趣爱好来看,有的学生爱好读书,有的学生喜欢运动;从气质类型来看,有的儿童好动,有的儿童喜静,有的忧郁,有的开朗、奔放,等。青少年儿童身心发展的这一状况,就给班主任提出了一个现实的问题:究竟是按照统一的要求,采取一样的措施来教育全班学生?还是针对全班学生的个别情况,有针对性地因材施教?显然,我们的答案是后者。

从我国的教育目的来看。我们的教育目的是要使所有的学生都得到发展,而不只是一部分尖子学生得到发展。从发展的深度来讲,则是使他们能够全面发展,而不是片面或畸形发展;全面发展的含义也不是平均发展,而是根据学生的实际情况,使他们的个性得到充分发展。要使学生的个性得到充分发展,就不能对全班学生搞一刀切,而必须因材施教。

教育的对象是活生生的学生,他们的发展既有一般规律、年龄特征,又有各自的个性。班主任在工作中,要使教育措施达到好的效果,就必须考虑这两方面的情况,有针对性地进行教育。对优秀学生的教育,不同于对后进学生的教育;对男学生的教育,不同于对女同学的教育。只有尊重学生的个性，照顾学生的特点，才能促进学生的发展与进步。

班主任贯彻因材施教原则的具体要求是：

1. 深入了解学生的个性特点和内心世界

贯彻因材施教原则的前提，就是要对"材"即学生的个性特点和内心世界有深入的了解。现代教育由于普遍采取班级授课制，使得班主任同时面对几十个学生。这在客观上为班主任了解学生，掌握学生的个性爱好增加了难度。但如果不对学生有所了解，因材施教就只能是一句空话。

怎样了解学生？对于学生个人的情况来讲，往往是通过熟悉学生的学籍卡、家访、谈话与观察，其中谈话既包括与学生个别的谈话，也包括与学生的原班主任、学生的家长进行谈话。了解的内容包括：（1）在家里的表现，最听谁的话？（2）初具的气质与性格；（3）放学后爱干些什么？作业是不是及时做？要不要父母辅导？（4）在班级活动中，是否具有集体观念？能否自觉遵守纪律？（5）在公共场所能否讲究社会公德？具不具有一些尊老爱幼、关心他人的行为与品质？（6）最喜欢哪门学科和老师？有没有一定的学习方法？学习习惯如何？

2. 根据学生个人特点有的放矢地进行教育

由于每个学生的成长环境和成长经历不同，内心世界与个性特点也不一样，因而就要求对他们的教育必须有的放矢，采用不同的内容和方法。用一句通俗的话说，就是"一把钥匙开一把锁"。有人认为教育工作是一门科学，其实，教育更是一门艺术。作为艺术，最大的禁忌就是一般化、老一套，而创造性则是艺术的生命。

3. 根据学生的年龄特征有计划地进行教育

强调个别性，并不是说对小学生的教育工作就完全没有规律可循。每一个学生既有个性，同时也有共性。班级授课制的优势之一，就是能够利用学生的共性，有目的、有组织、有计划地进行教育。这个共性的典型表现，就是学生的年龄特征。为了掌握学生的年龄特征，班主任就要系统地学习关于儿童心理发展和身体成熟的理论，而不能满足于平时的日常观察。同时，还要向有经验的老教师请教，探讨小学生教育工作中的一些共同规律。小学阶段儿童身心发展的一般规律，在第二章已有论述，这里不再重复。

第四章 班级组织

影响班主任完成自己的职责、任务的因素很多,班级组织就是其中的一个重要影响因素。由于小学班主任正处于儿童对父母、教师的依附关系和对同学的友伴关系发展的交叉点上,而且,儿童入学后,学习上的各种问题主要靠教师指导,与同学的关系也只能靠老师,特别是班主任来协调和解决,因而,小学班主任更应该依靠班级教师集体和班级家长集体及班级学生集体来教育学生。

第一节 班级与班级组织

一、班级[①]

(一)班级的涵义

1. 班级是教师和学生共同组成的群体

班级是学校中一个基本单位,学校中的大部分活动是以班级为单位开展的。班级是由一位班主任和其他几位学科教师与一个学生群体共同组成的。这个由教师与学生组成的群体是为了实现一定的教育目标,并且师生之间在活动中发生交互作用,以此为基础实现某种功能的。这种功能之所以能够实现,而且是按教育目的来实现,首先是因为这个群体的学生有相同的年龄、大致相仿的智力基础及心理特点。其次,这个群体的一个方面——教师,是"代表"社会有目的有计划地来影响教育学生的;这个群体的另一面——学生,是愿意接受教育并互相影响的。第三,这个群体有着一定的凝聚力,它的成员之间便于接触,便于竞争,并使他们学会适应集体,适应人际交往,为实现集体的目标共同努力。

班级集体能形成达到目标的驱动力量,既有教师(主要是班主任)的作用,又有学生的作用。班主任必须要注意去发挥学生的主观能动性,去激活学生的自觉主动性。没有学生的积极活动,没有学生的出自内心的主动性,班级活动就无法顺利开展,班级目标就难以实现。因此班级集体,就其活力来讲,也是师生双边的活动形成的。理解班级的"双边"涵义,十分重要,这对认识班级集体,对认识班主任,对班级的评价,都是有意义的,特别是对班级工作的开展,对促进良好的、有效益的班级集体的形成,更有意义。

2. 班级是学校的基本教育单位

班级是学校为实现一定教育目的,将年龄和知识程度相同或相近的学生编班分级而形成的有固定人数的基本教育单位。它既是学生在校集体生活的基本单位,也是学校开展教学、教育活动的基本组织单位。具体而言:

第一,学校是以班级为单位组织教师、安排课程、进行教学活动的。这就决定了一个班级的学生,形成一个学习的集合体。由于学生在一起学习,必然会产生一些相关的关系,也必然要有相关的组织形式,这样班级就具有了组成集体的条件,成为一个有组织的单位。

第二,学校是以班级为单位开展教育活动的。学校除教学活动外,还要开展多种多样的教育活动,比如道德教育活动、文体活动、社会活动、公益活动……这些活动都不可能完全在全校进行。考虑教育的效果、秩序的维持,活动的场地、时间的安排,特别是有的活动要结合个别学生开展,就必须把学生组成许许多多单位,所以班级是学校开展活动的最恰当的基本单位。

第三,学校是以班级为单位实施个别教育的。成百人上千人的学校,除了对学生进行集体的教育外,实施个别教育也要随时随地进行。个别教育是学校教育工作的有机组成部分。学校对学生进行个别教育,大多数要通过班级进行。因为在一定的班级集体中,应该提倡什么,反对什么,班级的教师,尤其是班主任,是十分熟悉的,没有了解就没有教育,了解是教育的基础,所以班级有利于实施个别教育。另外,班级集体中会随时出现各种各样的问题,会出现各种各样的偶发事件；对这种种的问题和事件的了解和处理，需要知道学生的背景和一贯表现，在班级集体中老师了解学生，学生之间也都相互了解，这样进行教育就比较有针对性，而且容易产生效果。

3. 班级是社会的投影

班级是一种社会系统，如果不注重班级的社会情境，不去利用班级中师生以及学生之间的交互作用，那么，班级的社会功能就会减弱，班级中培养出的学生就缺乏社会适应能力。同样，离开社会因素，离开学生个人的社会性，也会使班级活动失去活力。

班级是社会的投影。我们不说它是社会的缩影，是因为它还不具备构成社会的各种因素，但班级群体内却无时无刻不反映着社会的情境——社会的价值观念、社会的风气、社会人际关系中出现的各种问题，以及社会各种变化等等。

班级不仅对社会的各个方面都可以有所反映，而且更主要的，班级应该反映社会的要求，成为社会要求的主动体现者。这就是说，班级应该按社会要求的方向来确立班级目标，并有目的、有计划、有组织地实现目标。只有这样，才能使学生形成社会责任感，并努力成为一定社会所期待的社会角色；但是，只强调班级的"统一"意义，忽视班级成员的个性，忽视他们的差异，不考虑班级每个成员的智能、态度、动机、价值观念、理想、信仰以及发展的可能性，也是不能实现班级目标的。在班级活动中既要考虑班级的社会化功能，又要认识到每个人都是有个人特性的人，要按着一定的方向促进每个人的发展，促进每个人的兴趣、智能、思想认识、个人自尊心和个人的成就动机的发展。我们认识班级与社会的关系，切忌认识上和教育要求上千篇一律和"齐步走"，切忌目标上的千人一面。

同时，我们还应该认识到，社会的消极面和各种消极因素也是无时无刻都会在班级中发生作用和表现自己的。抱怨社会的不良影响，指责社会把不健康的东西给了学生是没有用的，企图"封闭"学校，希冀真空的环境，也是消极的和不现实的。当然，我们也不能一厢情愿地将现成的"优化关系"提供给学生。我们只有引导学生自觉参与"和谐关系"的创造，在积极主动地，甚至是艰苦地创造中体验创造的快乐,培养他们向往和谐与美的心向,才能培养出主动适应社会的人。

(二) 班级的作用

1. 班级是学生成长的摇篮

学生从入学开始就生活在班级集体中,学习在这里,生活在这里,也成长在这里。在这里,学生的能力得以培养,个性得以形成,特长得以发挥。

首先,在班级这个基本的教育场所中,教师可以针对学生的一般特点和个别差异性,采取各种有效的措施,培养学生的学习兴趣,激发学生的学习动力,并通过系统知识的传授和各种活动的开展,形成学生良好的学习习惯和学习能力。

其次,教师可以利用班级这种集体生活的形式,有目的有计划地向学生传递社会规范和价值观念,使学生逐渐认识社会生活准则,学会正确处理个人与他人、与集体、与社会的关系,学会服从社会的共同价值体系,学会履行自己的义务和处理人际关系的能力。

第三,在班级集体中,不仅能锻炼和培养学生的各种能力,形成个性,而且,他们的能力和特长也能在班级集体中得到施展和发挥。学生在班级集体中有各种活动的机会,这时他们的兴趣就能引发出来,进而由兴趣而爱好而特长。对孩子来说,这是最好的锻炼机会,这种锻炼,往往在他们一生中都能受用。很多人成年后所表现的各种才能,常常是在读书时学校中所培养的,这就是班级集体的"功劳"了。

2. 班级是陶冶学生的熔炉

这是指集体对个人的陶冶,集体中学生相互间的陶冶和各种集体活动中所形成的潜移默化的影响。它不仅使学生产生积极向上的精神,而且使学生形成良好的个性品质。

好的集体有一种气氛,这是班主任和学生共同努力所形成的。这种气氛主要表现为一致的舆论、积极向上、团结友爱、热爱集体、忠诚诚信、朝气蓬勃等方面。这样的班级集体有一种无形的力量,会使每个同学都在集体中有上进的意识,对集体有深深的热爱之情;他们在集体生活中是主动者、积极参与者、自强不息者。这种集体能催人奋进，促进学生努力进取。

陶冶来自班级集体的多种多样的活动，这种"动态陶冶"是班级集体的有利条件，组织的活动愈多，学生的表现愈充分，每个人受陶冶的机会就愈多，班级集体的陶冶功能就发挥得愈尽致。所以活动和陶冶是分不开的。

陶冶也来自班级集体的环境和氛围，这种"静态陶冶"的作用也很大。好的班级集体有良好的文化环境、生活环境，这种环境虽然是"静止"的，但对学生的影响却是存在的，有时还是很大的。营造班级集体的环境和气氛，使之有利于对学生的熏陶，始终是班主任的重要课题，其原因就在这里。但是我们应该注意，班级集体的"潜移默化"不能简单地看作都是正向的、积极的、健康的，有时也会出现反面的东西，不健康的因素以及消极的影响。这是不可避免的，也是不可低估的，当然也是不能忽视的。所以说班级集体作为陶冶学生的熔炉，应该是有条件的，是建立在班级集体良好状态的基础上的，是处在班级集体健康的氛围中的。

3. 班级是学生自我教育的课堂

班级集体在发挥教育作用的同时，也推动学生自我教育。它不仅教育培养学生，匡正学生的不良行为，而且也是学生进行自我教育、自我约束、自我激励、自我进取的大课堂。集体对人的教育培养，最终要靠人自觉接受。任何教育，缺乏这种内驱力量，只能是外加的，形式的，无益的。

班级集体对各种积极因素的倡导，对各种消极因素的贬斥，都会促进每个学生去思考，去实践，进而形成自觉的要求，形成自我教育的内驱力量。学生该做什么，不该做什么，常常是在"随大流"中养成的，就是说由于集体的制约力量，能使学生从不自觉到逐渐自觉，到形成良好的行为习惯。集体也能够匡正某些学生的不良行为，使他们这种行为在别人面前不能表现，进而有所收敛，以致逐渐自觉地被克服掉。这个过程就是班级集体中学生自我教育的过程，班级集体的状态愈好，这个过程的作用就愈强。反之，这种自我教育的能力就会减弱甚至消失。

学生有一种从众心理和模仿心理，有时这种心理甚至是不自觉的，但效果却是明显的。班级集体的风气很正，学生的良好表现就会成为主导面；当集体中出现了什么新的苗头，一旦受到肯定，这种苗头就会被多数人甚至整个集体接受，成为集体中的一种新的行为。好的行为有人模仿，少数人随着多数人行动，这其中就体现了班级集体能够促进学生自我教育的力量。虽然这个过程可以是自发的，但是，班主任应该使这个过程成为自觉。培养班级学生的健康竞争意识正是使这种自觉成为可能的一个重要影响因素。然而，在班级集体中通过竞争激活上进心，促进自我教育常常被班主任所忽视，他们只停留在让学生对先进的模仿上，而没有注意激发学生的竞争心理，这是失当的。向先进学习，包括班级集体开展学习先进人物的活动，都应该立足于竞争，不应该只立足于模仿；都应该立足于在集体活动中提高自我教育的能力，而不应该仅仅是照着人家那样做。这样班级集体才能成为自我教育的大课堂。

当然，班级集体作为促进学生自我教育的课堂，其功能是多方面的，班主任既要充分认识这种功能，又要利用和创造这种功能。

二、班级组织

"组织"是指为达到共同的目的，通过责权分配和层次结构而形成的一个完整有机的人的群体。也就是说，一群人在一起，必须要有共同目的，并且要有为实现目的的机构，这种机构是按不同层次的职责范围和权限，由群体成员分别负责建立的，只有这样的有机结构群体才算一个组织。自有人类社会出现以来，组织现象即开始存在，且随社会的发展而发展。班级组织是随着班级授课制的产生而出现的，它有着不同于其它组织的独特特征。

（一）班级组织的内涵和任务

1. 它是学校行政组织系统的一个基层组织，是按照学校的法规组建的。它虽不是一级行政组织，但要履行某些行政组织的职能，如国家有关的方针、政策，教育行政部门和学校领导的若干决策、指示、规定，要在这个基层组织落实，使学生受到全面发展的教育。

2. 它是学校教学的基本组织形式，是按照班级教育的特点和任务组建的。通过这个基本的（不是唯一的）形式，完成教学计划、教学大纲规定的教学任务,使学生主动地掌握系统的文化科学知识和技能,并在德、智、体、美、劳几个方面得到和谐的发展。

3. 它是学校群体的一个组成部分,是学校大群体中的一个小群体。它具有一般社会群体的结构和功能,也可以说是一个班级社会,学生从小学到大学,长时间学习和生活在这样的班级社会里,通过这个社会群体日积月累的相互影响,使学生善于在人群社会中生活,学会做人。

以上三方面,后者是关键。因为一个好的班级群体不仅增强了教育的力量,而且为前两个方面组织任务的完成创造了条件。我们这里所讲的班级组织,实际上就是指班级群体。

(二)班级群体的结构和种类

1. 班级群体的结构

"群体",可以指"假定群体",也可以指"真实群体"。"假定群体"是按某种特征划分的任何人类共同体,这种群体只有理论研究或抽象概括上的意义。"真实群体"是指为了一定的目标,通过共同的劳动或活动而结成的有首领的人群集合体;这种群体有特定的目标,存在着共同的空间和时间,互相交往,直接接触,有人负责,并有一定的行为规范和心理倾向。我们所讨论的班级群体当属"真实群体"。

"真实群体",按照构成原则和方式的不同,可分为"正式群体"和"非正式群体"。"正式群体"是组织赋以任务而产生的,是一种有组织的群体。其成员的位置、行为和权利、义务都有规定,这些规定的总和就构成了按等级权限划分的群体结构。"非正式群体"是按人群中个体的某些共同需要因素相互结合而产生的,这种群体带有浓厚的感情色彩,主要靠情感来维系其存在。非正式群体的成员不一定都参加了某个正式群体,而正式群体中一般都将产生非正式群体。那就是说,正式群体具有双重性,即规定性与自发性。认识正式群体的双重性的客观存在,对研究班级群体结构具有重要的意义。

班级群体由班级正式群体和非正式群体组成。

(1)班级正式群体。班级正式群体包括全体师生。其组成部分及作用有五个方面：第一，以班主任为主的班级教师群体，受教师年级组长或教导处领导，对班级学生群体发挥集团主导作用。第二，在班主任领导下，以班委会为首的全班学生群体，要完成班级奋斗目标，对全班学生起着凝聚作用。第三，在少先队大队部领导和辅导员教师指导下的班级少先队中队，在班级群体中起着骨干带头作用。第四，班内的各学习小组隶属班委会，是开展互助学习和有关活动的基层组织，是落实班级任务的小群体。第五，班内的各种课外活动小组由有关科任教师指导，学生课代表在教师和小组间起着联系中介作用。

（2）非正式群体。班级正式群体的结构中，有的成员由于某些需要或者某些自然因素的联系作用，常常相互结合成一些人数不多的非正式小群体，这些小群体是自发形成的，其组织结构一般是较松散的，是一种多变形的结合体。它在班级正式群体中，可以起积极作用，也可以起消极作用，是建设和发展班级群体不可忽视的一个因素。

整个班级群体结构的严密和内聚力的发展水平，不取决于组织的形式而决定于以下三个因素：一是班级内各种小群体的首领作用发挥如何。二是能否正确处理师生之间，首领与群众之间，小群体之间和个人与群体之间的四对矛盾。三是班级群体的我群观念树立的程度，即群体的行为目标和行为规范被其成员的认可程度。

2. 班级群体的种类

班级群体的存在不是静止不动的，而是一个非常活跃的动态集合体，随时都在不断变化与发展着。根据班级群体的多变因素及其凝聚程度，班级群体可分为四种类型。

（1）松散型。表现为班级目标不明确或没目标；班干部无经验，无威信，无号召力，工作全依赖老师；多数学生不愿参加班级活动，兴趣很分散；学生间缺少交往，班级成员不关心集体；学生不习惯遵守班级初建时形成的规范；班级成员里非正式的小群体尚未形成；班主任不熟悉情况或缺乏工作经验等。总之，没有切实地把工作抓起来。

（2）集团型。松散型的班级群体状态继续发展，往往出现这种集团型。表现为，非正式群体逐步出现并扩大，形成若干个小集团，各有其核心人物，小团体主义严重；在班级的活动中彼此"竞争"争吵，矛盾不断，甚至打架；共同的目标和共同的规范无法形成；舆论混乱，是非甚多；团体组织未发挥应有的作用；班干部也或多或少卷入小团体中；班主任的工作方法不当，解决问题就事论事，常常顾此失彼，十分被动，甚至本身带有对学生的偏激、片面情绪，与有的学生处于对立状态。如果说松散型的班是散班，那么集团型的班就是乱班。

（3）浮动型。这种班的特点是时好时坏，左右摇摆，处于中游状态。顺意时群情振奋，稍有挫折就出现波动，不能保持稳定发展；班干部虽基本团结，但不坚强，有一定的组织能力，但号召力不强；或者干部本身思想情绪容易波动，班级活动不能完全令人满意；虽有班级规范，未得到普遍的遵守，正确的舆论时强时弱；非正式群体随班级起伏状况，时而在积极方面起一定作用，时而又在消极方面表露；班主任不善于组织集体，陷入事务之中。这是一种中等水平的班级群体。

（4）集体型。这是班级群体发展的最好类型。它表现在班级共同目标明确，班级群体成员大多数有目标责任感；班干部与队干部协作配合，形成领导核心，有威信，能独立开展工作，班级活动丰富多彩，能满足学生各种需要，具有较大吸引力；集体成员交往广泛，多数学生之间不同程度地建立了一定的友谊，班级规范能得到大家的遵守，正确的舆论占上风，优良班风基本形成；班集体成员有集体荣誉感，普遍能够珍惜自己的成员身份；班级非正式群体活动一般不影响班集体，反而能接受班集体的导向。这种班集体的形成与班主任较高的思想水平、组织管理能力和良好的工作作风是分不开的；也是与班级科任教师、班级学生家长密切配合班主任工作，统一要求学生分不开的。

第二节　班集体

班级是学校教育、教学的基本单位，是学生学习、生活、发展的直接环境。一个优秀班集体对学生良好的发展产生极其深刻的影响。然而，优秀班集体不是自发形成的，它是班级所有的教师，尤其是班主任根据社会、学校的要求精心培养的结果。如何培养班集体，是班主任面临的重大课题，也是班主任进行班级工作的中心环节。

一、班集体及其形成发展阶段

班集体是由青少年儿童集合组成、以学习知识经验、形成思想品德为主要任务，以德、智、体、美、劳的全面和谐发展为基本目标的学生集体。一个真正的班集体是指那些有明确奋斗目标，健全组织系统，严格规章制度和纪律，强有力的领导核心，正确舆论和优良作风与传统，能正常发挥其整体功能，有计划地开展各项活动，不断总结经验，促使集体不断提高，不断完善和不断前进的班集体。

班集体是一个动态发展的实体。它是在不断矛盾运动中，由低级向高级，由量变到质变不断发展变化的。一个新组建的班级学生群体发展成一个健全的、良好的班集体是一个有序的动态发展过程。

班集体的形成发展，一般须经过如下的四个阶段：

（一）初建时松散群体阶段

一个新组建的班级，尽管形式上已建立，但人际关系缺少了解和沟通，学生各自有自己的兴趣和学习动机。班级对班主任有很大的依赖性，班级工作目标由班主任拟定，班干部由班主任指定和培养，班级组织管理主要依靠班主任主持。

（二）转化中的散聚群体阶段

学生在各种班级活动中交往增多，促进了相互了解，以言语、情感、日常行为等方式相互联系，相互影响。

班级逐渐产生一些分散团体，班干部酝酿成熟，各种组织机构逐步健全，但班主任开展工作的对象还是少数学生。

（三）形成时内聚集体阶段

班级领导核心逐步形成，班干部开始在班级树立威信，有一定的影响力。班级成员集体荣誉感大大增加，关心集体，积极参加班级活动。班主任依靠学生集体、班干部开展工作，但集体仍需外部督促和帮助。从管理角度看,这一阶段也是师生共同管理阶段。

(四)发展成熟的集体阶段

班集体有明确的奋斗目标,班级有坚强的核心,班干部在班级有威信,有感召力,能独立开展班级工作。班级成员珍惜集体荣誉,积极为班级工作献计献策。集体有正确的舆论导向,并形成有特色的班风和优良传统。班集体成为教育主体。班级管理已达到自我管理的水平。

班集体的形成过程具有鲜明的方向性,明显的层次性和诸要素的一致性等特点,而且,已经形成的集体也是会不断发展变化的。

二、班集体形成的标志

班集体不是一群人的机械组合,而是通过大量工作,克服各种困难,将几十个散漫的学生组成有明确的奋斗目标,坚强的领导核心,能产生巨大教育作用的教育主体。一个良好的班集体应有以下的标志:

(一)有明确的共同奋斗目标

明确的奋斗目标能将人的需要变成动机从而推动行为,按目标的要求控制、修正自己的行为方向,同时给人以力量去克服困难、排除障碍,一步步地达到目标。一个共同的奋斗目标可使群体具有集体的特性,对群体的行为产生凝聚作用,增强集体的向心力。由此可见,共同的奋斗目标是班集体形成的基本条件,有了它,集体也就有了前进的方向和动力。正确的目标必须在正确的政治方向指导下,能反映时代的要求,又能被全班学生所接受。

(二)有一个团结和谐而又富有权威的集体领导核心

班主任必须要有一批团结在自己周围的积极分子,他们是集体的核心力量和支柱,是共同奋斗目标的积极实践者,是全班学生的带动力量,是班主任的得力助手。

(三)有为实现班级目标而经常开展的富有教育意义的共同活动

青少年自身就有好动、爱学、喜玩的特点,寓教于乐,可使学生的思想品德在丰富多彩的活动和交往中形成,又在其中表现出来。在交往活动中自始至终表现出对事物,对他人的关系,这对学生心理发展具有独特的作用，组织好活动，广泛地满足学生的需要，能使集体精神焕发，开扩眼界，增长知识，对培养学生团结友爱、互相帮助、热爱生活、发挥才干等有非常重要的意义。

（四）有正确的集体舆论

在集体中占优势的，并被多数人赞同的言论和意见就是集体舆论。正确的舆论是个人和集体发展的巨大教育力量，是学生进行自我教育的重要手段，它对学生的言行有极大的约束力，同时又具有举足轻重的巩固班集体的作用。

（五）有健全的组织和严格的规章制度

一个班必须有健全的组织才能在全班学生中发挥其心理功能。健全的组织即是：它必须是结构完善、职责分工明确、核心人物有能力、讲民主、事事有人管、件件有交待、既分工又合作。

什么叫规章制度？它是一个集体为了共同的奋斗目标而制定的规划、法规，它是按一定程序办事的规程，也是这个集体每个成员必须遵守的行为准则。一个班级集体为了管理的需要、教育的需要、形成良好班风的需要，必须从实际出发，结合校规、校纪，经过全班学生共同讨论制定出切实可行的规章制度，要求学生严格遵守执行。

组织健全。职责分明，又有共同遵守的行为准则，班里便形成了有人负责、有章可循的集体模式。

综上所述，目标是方向，领导是核心，活动是动脉，舆论是灵魂，组织制度是骨架，有此五者，一个有机的班集体已经形成。

三、培养班集体的途径[②]

（一）创造良好的班级"第一印象"

日常人际关系中的"第一印象"是至关重要的。班集体建设也是如此。学生对新班的最初印象将直接影响以后班风的形成。因此，班主任应该早在新生入学之前就开始酝酿使新生迅速形成"集体"的计划，精心地做各种准备，胸有成竹地迎接新集体的诞生。创造良好的"第一印象"可采用这样一些方式：（1）暑假里给每位新生写一封热情洋溢的欢迎信；（2）精心设计教室的布置（包括挑选格言、宣传画等）；(3) 开学第一天便在新生中进行"我心目中的班集体"、"我理想的班主任"等问卷调查；(4) 报名那天通过领新教材、搞教室卫生等事情让学生初步体会为集体服务的光荣；(5) 开学第一周举行"学生问班主任答"、"我的自画像——同学自我介绍"等主题班会，使师生之间、学生之间尽可能迅速地互相了解。应特别指出的是，创造良好的班级"第一印象"，是以潜移默化、先入为主的方式来进行的。

（二）建立平等的人际关系

没有和谐的人际关系，要想建立良好的班集体是不可能的。而人际关系和谐的基础是平等。班级内部平等的人际关系首先体现在师生关系上。我们说的师生平等，主要指的是师生在尊严上不分贵贱，人格上彼此尊重，思想上互相交流。作为班主任更应该把自己置于集体一员的位置上，努力使自己成为与学生人格平等、心灵相通、感情交融的同志和朋友，让学生感到老师是在和他们一起建设美好的集体。其次体现在生生关系上。学生之间平等的人际关系主要通过教育学生互相尊重来实现。要让学生认识到，尽管每个学生都是作为个体存在的，思想品德有优劣之分，智力水平有高低之别，性格情趣亦各不相同，但每个人的尊严是绝对平等的。同在蓝天下，都是大写的人！作为教师应该热爱每一个学生，尤其要特别关注那些所谓的"差生"。尽管现在的学校教育大多是把学生的尊严只体现在分数与名次上，但班主任应善于帮助那些"差生"，发现并发展他们自己独特的禀赋与才能，以此唤起他们内在的尊严感，使他们产生"我有着其他任何人都有的智慧"的自信与自尊，从而形成真正的平等意识。

（三）确立班级共同目标

良好的"第一印象"与平等的人际关系是集体形成的感情基础，但班集体的建设仅仅靠感情是不够的。班主任要善于把学生对集体的感情转化为对集体的责任，使学生产生这样的信念："我既然热爱我的集体，我就应该让她越来越好。"确立共同的奋斗目标，有助于学生这种责任感的形成。这种班级共同目标，必须鲜明具体、生动感人，必须能激发每一个学生的责任感和荣誉感，必须能使学生感到:"这是我们的目标,而不是外在的要求。"为了使这种目标能成为每一个班级学生追求的目标,一方面要考虑目标的层次性("近景"、"中景"、"远景")和目标的多样性(可以是学习、纪律、劳动、体育),另一方面班主任要以身作则,坚持和学生一道实现目标。师生共同为实现某一目标努力时,这个目标是一面旗帜,引导着集体不断前进;当这个目标基本实现后,它是一枚奖章,鼓舞着集体的更加完善。从某种意义上说,班集体形成发展的历程,就是实现一个又一个集体目标的过程。

(四)培养学生干部和积极分子,形成班级领导核心

要建立坚强的班集体,实现班级共同目标,必须有一批团结在班主任周围的班级学生干部和积极分子,以形成班级领导核心。

培养班干部,首先,要抓好班干部的思想教育。要让他们意识到,班级好坏同自身工作的关系,以及带领全班同学共同进步的重要意义;要让他们树立为班集体服务的思想,摆正自己和同学的关系,团结互助,并以自己的模范行动去取得全班同学的信任;还要让他们知道,班干部也是可以犯错误的,也是有缺点的,但一旦认识到错误、缺点,能马上改正。其次,要帮助班干部明确自己的职责。班干部应有明确的分工,各负其责,做到班内各项工作有人管,每个班委有事做。为了做到这一点,班主任要经常和班干部一起分析班级情况,指导他们制定班级计划,弄清执行这些计划的有利条件和不利因素以及可供选择的办法。第三,为了让更多的学生有锻炼的机会,可以定期轮换班干部,在学生干部轮换时,要注意做好学生的思想工作,宣传调整、轮换班干部的意义,清除对免职学生的偏见和压力,继续发挥他们的积极性,使班级核心力量更坚强。此外,为了增强班集体的凝聚力,为了有更多的学生能参与班级工作,也为了给学生干部的轮换创造良好的条件,班主任还要注意培养各类积极分子,扩大、积累班级中的积极因素,以促进班集体的形成。

(五)开展丰富的班级活动

班级活动是实现班级目标的根本保证,也是班集体赖以建立和巩固的重要途径。班级活动,就内容而言,有学习活动、班会活动、校内校外实践活动等;就形式而言,可以是学习交流、思想讨论、可

以是游艺娱乐、远足郊游……一次又一次花样翻新、妙趣横生的活动，使班级内始终充满生机并对学生保持着一种魅力。学生的自豪感会油然而生："我们班真有趣！真有意思！我们的班级有别的班所没有的东西！"而且更重要的是，从教育艺术的角度看，在集体活动中培养集体观念，是通过淡化教育痕迹的方法来获得并非淡化的教育效果。这是教育的辩证之所在，也是教育的明智之所在。

（六）形成健康的集体舆论、培养优良的班风

健康的集体舆论形成与否，是衡量班集体发展是否成熟的重要标志之一，所以，形成健康的集体舆论便成为培养班集体的重要途径。

集体舆论是在集体中占优势，并为多数人赞同的言论和意见。它可以赞扬善良行为，可以谴责丑恶行为，也可以肯定或否定集体的动向和集体成员的言行。健康的集体舆论作为一种潜在的或无形的教育力量，不仅能提高学生辨别是非的能力，形成集体荣誉感和良好习惯，而且能增强个人的教育力量。如果班主任善于创造出健康的集体舆论，把自己对某一学生的关心、表扬、批评，转化为班集体对某一学生的关心、表扬、批评，那么，学生会真切地感到集体的存在，感到自己与集体融为一体，不可分割的联系，因为自己的一言一行都影响着集体，同时也受着集体的注视：有了进步，他会赢得全班同学鼓励的掌声；犯了错误，他会感到全班同学谴责的目光。因此，高明的教育工作者总是把自己的教育意愿以集体舆论的形式表达出来，通过集体去影响每位学生。

健康的集体舆论持久地发生作用，就会养成一种良好的班风；而一旦良好的班风形成，又会同健康的集体舆论互相强化。当然，优良班风的养成和健康的集体舆论的形成一样，都不是一朝一夕所能办到的，而要经过长期的有目的有计划的培养，从一点一滴做起。

培养良好的班风，班主任首先得自己工作积极、认真、团结协作，反之，如果班主任自身习惯不良、品行不端，那就必然会妨碍班风的形成。从这个意义上讲，有什么样的班主任就有什么样的班风。其次，班主任要引导学生制定必要的班级规章制度，如勤学习、守纪律、讲卫生、互帮互助、爱护公物等等。一旦制定，严格执行，

经常检查,及时总结,进行评比。第三,可以利用榜样的方法。班主任要倡导班级经常宣传典型思想、典型人物和典型事件,使班级成员有模仿比照的对象,并把他落实在每一个班级成员的行动上。第四,还必须针对班级及其成员所存在和出现的问题,讲清道理,予以解决,同时要坚决抵制歪风,扶持正气。

不论是通过哪种方式,都应发动集体舆论,得到集体舆论的支持。

四、培养班集体的方法[③]

培养班集体是一项极其复杂的工作,从其实质来讲,是在做人的工作;从其广度来讲,是治理班级社会的工作;从其深度来讲,是一项触及和塑造心灵的工作。再加上,几十个人的一个班,几十颗心集合在一起,它的能动性、可变性和多样性显得特别突出。这些特点,决定了培养班集体的方法具有极大的灵活性和创造性,不可能有固定的方法模式。总结班主任培养班集体的经验,仅例举几种一般的方法。

(一) 合作法

包括:班级老师的合作,达到协调一致的要求学生;班级学生骨干的合作,形成集体的核心,把同学团结在自己的周围;班级间的合作,利用班级间的相互学习,竞争,增强班内凝聚力;班级学生家长的合作,使家长配合班级要求,加强学生行为训练,做到校内外言行一致;班级与学校的合作,借学校东风和压力推动班集体发展;班级与社会教育机关合作,为满足学生需要提供活动条件。所有这些合作,都围绕班级的奋斗目标、规范和舆论进行协作配合,形成合力,统一给学生施加教育影响,发挥整体的教育效应。

(二) 激励法

首先是目标激励法。集体的团结巩固和发展,以有共同的奋斗目标为前提,班主任要根据教育目标,结合形势和班级的实际发展状况,不断的一步步向全班提出明确的目标,使学生在学习、品德修养、工作锻炼等方面有个快乐的前景,让学生个人、集体生活和工作更富有内容、思想和情趣,可以使它们总是因为有美好的期望而活跃向前。其次是竞赛激励法，通过班内竞赛活跃集体生活，通过班级之间争夺"卫生红旗""文明礼貌班"，或各种球类、歌咏等等竞赛，以振奋班集体精神。成功时共享胜利的喜悦，可以给班集体增加感情色彩。失败时如引导得法，可以起到重振旗鼓，以利再战的效果。

（三）规范法

规范是集体生活中不可缺少的准则。班主任要以规范去引导和调节学生的言行，从而推动班集体的形成和发展。规范有国家颁布的学生守则、行为准则和班级自订的规章制度等。对这类成文的规范要认真组织学生学习，深入领会其意义和行为标准，在思想上扎下根，同时，要逐步实施，逐步训练，养成习惯。还有非成文的规范，即集体生活中约定俗成的准则，这类东西得到集体舆论的强有力的支持，带有浓厚的感情色彩，体现出集体生活的特色，往往比成文规范更具有约束力。班主任要有意识地去发现、倡导和培养非成文的规范，借以推动班集体的发展。

（四）示范法

首先是教师要为人师表，在教育、教学过程中，在班级集体生活、活动中要作出示范。这种示范与学生的向师性心理结合，必然产生巨大的引导作用。班级里学生干部和积极分子的带动有其特殊的意义。他们是同龄人，又生活在集体之中，其带头影响不仅形象、生动、具体、有效，而且自然形成一种压力，成为其他学生不可违抗的力量。这对班集体的建设是非常有益的。班主任要通过多种途径和方法，发现、培养、扩大积极分子队伍，积极分子扩大的程度正是班集体形成的程度。借用高年级班的学生来指导、帮助也是一种带动方式，他们将把学校的优良传统介绍给班级，他们还将自己的班风引进到班级里来，他们本身又将以"小老师"身份起示范作用。还有参照群体、先进模范、典型的宣传、启发，无疑也将发挥其带头的作用。

（五）强化法

通过强化手段进行控制和鼓励也是形成班集体不可缺少的方法。强化法通常的方式是批评与表扬。前者是负强化，后者是正强化，二者要配合运用。对青少年宜多采用正强化，宜鼓励为主。通过舆论宣传也是一种强化的方式，例如：利用班会、板报、墙报和晚会等阵地，宣扬集体生活中的好人好事，批评偏离规范的言行；对有典型意义的人物、现象组织学生进行评价，以利提高认识，分清是非，掌握正误界限，达到言行标准统一的目的。

以上培养班集体的方法显然不是孤立的，应该配合运用，方能取得一定的效果。但必须强调指出，把几十个生动活泼、各具特点的学生组织培养成班集体，不能靠任何机械的方法去完成。"教有法，但无定法"，培养班集体有规律可循，有方法可取，但关键在于班主任的教育艺术。也就是说，班主任要能掌握把理论与经验结合起来去解决具体问题的技巧。具有这种技巧的班主任就能把乱班变成好班，把松散的班变成班集体。这是被若干有经验的班主任的实践证明了的。

第三节 少先队

党委托共青团领导的中国少年先锋队，是少年儿童的群众组织，是学习共产主义的学校。班级的少先队组织是班集体的核心，是班级各项活动的积极参与者，它的工作目标与班级的教育目标是一致的。为顺利实现班级教育目标，积极热情地指导和帮助本班少先队组织开展工作，既是培养坚强的学生集体的需要，又是班主任的重要职责，作为班主任，要充分认识这一点，协调好班委会与少先队组织的关系，使之相互配合，协调一致。

一、少先队的性质和任务

（一）少先队的性质

在少先队的章程中明确规定："中国少年先锋队是中国少年儿童的群众组织，是学习共产主义的学校，是建设社会主义和共产主义的预备队。"具体说来，少先队性质有以下三个特点。

1. 具有鲜明的革命性

少先队是具有鲜明革命性的少年儿童的组织。这是因为，少先队有着革命的政治目标。党在创立少先队时，就对少先队提出了"准备着，为共产主义而奋斗！"的目标，并要求少先队以共产主义精神教育少年儿童，使他们从小准备做革命事业的接班人。

2. 具有广泛的群众性

少先队是具有广泛群众性的少年儿童的组织。这是由党建立少先队的目的决定的。早在1949年中国新民主主义青年团中央委员会关于建立少年儿童队的决议中，就明确指出："建队的目的，就是为了组织和教育全体少年儿童。"1956年，根据党中央的指示，在共青团九届二中全会决议中，又明确规定了"把全体少年儿童组织起来"，"必须坚持团结教育全体少年儿童的原则"，"不能把少年儿童组织当作少数先进少年儿童的组织，而把许多少年儿童排除在组织之外"。这一规定充分体现了少先队的群众性。

3. 具有独立自主性

少先队是具有自主性的少年儿童的组织。这是因为少先队是少年儿童自己的组织，少先队员是少先队组织的主人，队的全部工作都应由队员自己来当家作主。具体表现在：少先队有自己一套严密的组织系统，是按照民主集中制的原则组织起来的独立自主的少年儿童群众组织。在少先队里，少年儿童按民主集中制的原则选举自己的领导人；按照自己的兴趣和愿望，用自己的智慧和双手组织多种有趣并富有教育意义的活动；按照队章的规定，表扬、奖励和批评、处分队员；少先队员自愿服从队的决议，积极参加队的活动，认真完成少先队组织交给的任务，学习过民主生活，自己管理自己，自己教育自己。

（二）少先队的基本任务

少先队的章程中明确规定：少先队的基本任务是"团结教育少年儿童，听党的话，爱祖国、爱人民、爱劳动、爱科学、爱护公共财物，努力学习，锻炼身体，培养能力，立志为建设社会主义的现代化强国贡献力量，做共产主义事业的接班人。维护少年儿童的正当权益"。

二、少先队的组织教育

少先队组织教育的内容,是根据少先队的任务和性质,以及少年儿童的特点来确定的。少先队组织教育的基本内容有以下几方面。

(一)入队前的教育

为了把入队的过程变成教育过程,儿童入学后就要对他们进行以"我爱红领巾,准备加入少先队"为内容的入队前的教育,可开展以下两方面的工作。

1. 组织好以少先队的名义欢迎新生的工作

一年级新生入学时,可发动高年级队员搞好迎新活动,如,队员带领新同学认识老师(主要是班主任),找自己班的教室,参观校园、队室、组织游戏,还可以邀请他们参加中、高年级的队活动,使他们初步了解少先队,培养他们向往少先队的感情。

2. 进行队章教育

少先队组织可委托高年级中队选出优秀队员组成队章讲解团,由他们帮助一年级小同学开展生动、形象的学习队章的活动。通过活动让小同学了解队章的主要精神,使他们初步做到"六知四会"(六知:知道队名、队旗、红领巾、队礼的基本含义、队的领导者和队的作风;四会:会戴红领巾、行队礼、唱队歌、呼号)。在此基础上,还要引导小同学开展"一做"活动,即要求他们在入队前要做一件好事或克服某一缺点,争取一点进步,以实际行动争取入队。要把入队教育搞得富有教育意义,给小同学留下深刻的印象。

在进行入队组织教育的基础上,要选择有纪念意义的日子和场所,举行庄严隆重的入队仪式。

(二)经常对队员进行队的组织观念教育

少先队的组织观念教育是为了培养少先队员的热爱队组织的情感,使他们珍惜红领巾的荣誉,自觉主动地履行队员的义务,做一名好队员。少先队对队员进行组织观念教育的内容主要有:要使队员知道中国共产党为什么要创立少先队,少先队为什么以"先锋"命名,了解少先队的光荣历史,进一步认识红领巾、队旗、队礼、呼号的意义,知道少先队作风的含义,明白少先队对队员的基本要求等。

(三) 做好少先队员的奖励和处分工作

为了教育队员，对于在学习、劳动和生活中，表现积极、主动，做出优异成绩或有好的表现的少先队员和优秀集体，要进行表扬和奖励，以增强他们的上进心和荣誉感。

队员犯了错误，经过队组织的多次帮助仍不改正的，应给予处分。处分要按队章的规定办事，不能随便撤销少先队员的职务或摘掉红领巾等。

(四) 做好超龄队员的离队工作

队员满14周岁时，开始进入青年期，少先队的组织和活动已经不能满足他们的要求，这时应当组织他们离队。为了把离队过程也变成教育过程，队员在离队前，可组织他们为少先队或学校做一件好事，或举行"迈好青春第一步"、"争做一名光荣的共青团员"等主题活动。队员离队前，要举行隆重的离队仪式，辅导员要鼓励他们珍惜少先队的荣誉，不断进取。队员离队后，红领巾和队员离队证由本人保存留作纪念。

(五) 少先队的队伍建设

少先队的队伍建设主要是指对小干部的选拔和培养工作。少先队组织的自主性发挥得如何，往往与少先队组织中有没有一批积极向上、充满活力的小干部队伍有关。为此，班主任要配合辅导员选拔和培养一批热心为大家服务、有一定工作能力、富有创造精神的小干部队伍。

第四节　班级教师集体和班级家长集体[④]

班主任工作要取得成功，必须要依靠集体的力量，这种集体力量来自多方面，其中包括班级学生集体的力量、班级教师集体的力量、班级家长集体的力量和少先队的力量。班级家长集体，从根本上说，虽然不能算是一种班级组织，也很难成为集体，但由于近年来家庭教育对孩子的影响作用越来越大，也直接影响班主任工作的成败，因而，我们在讨论班级组织时，也谈到班级家长集体。尽管受经验和理论的局限,我们只能从如何做好家长工作这一个方面来谈,但为了整体上布局的平衡,我们也将它称之为班级家长集体。

一、班级教师集体

班主任在校长、教导主任的领导下,把学校的统一要求,在全班具体化。实现这些具体要求,仅靠班主任一人是不行的。如果班级科任教师都能和班主任通力合作、团结一致,把全校总的要求和本班具体化的规定有机的融化在教学工作中去严格要求学生,那么教育效果将大大超过班主任一人的力量;反之,则会造成学生不知所从。或许正是基于此,马卡连柯指出:"应该有这样的教师集体:有共同的见解,有共同的信念,彼此间互相帮助,彼此间没有猜忌,不追求学生对个人的爱戴。只有这样的集体,才能够教育儿童。"

如何建设班级教师集体?这里提出一些具体措施:

1. 实行班级教导会制度

班主任与科任教师的定期接触可采用班级教导会形式,班级教导会是由班主任召集并主持的该班科任教师的全体会议,一般来说,一个学期要开三次。

第一次是在开学初召集,这时学校的工作计划已经下达,班主任的工作计划已初步拟定出来。会议的内容是班主任向科任教师说明在新学期建设班集体的目标、活动安排、时间和方式,以及班集体建设工作的基本要求和措施,向科任教师介绍班集体的基本情况、个别学生的情况,并提出希望科任教师做哪些配合与协助工作;同时听取科任教师的意见和建议,修订班主任工作计划。

第二次是在期中考试前一周时。会议内容是科任教师谈在班级教学过程中对班级总体的认识,以及部分学生的思想情绪、学习态度、学习成绩等情况。达到科任教师之间及与班主任之间进行教育学生的情况交流的目的,同时以集体的方式检查教育、教学的效果,并及时调整班级教学工作的方式方法和工作重点。

第三次是期末考试前,不要安排在考试后。这次会议的内容,重点是总结班级集体和具体学生的进步,同时找出集体和具体学生的不足。由班主任总结,科任教师加以补充,最后制定出期末巩固进步、克服不足的具体方法和措施。

班级教导会的内容也可以专门分析一个典型的优秀学生成长过程，或讨论转变某一个后进学生，或有关建设班集体过程中某一关键性活动等。班主任定期和不定期的与科任教师的接触，可以更好地发挥班主任的核心作用，也可使科任教师得到关心集体成长、参与班级建设的机会。

2. 建立良好的人际关系

要建立一个真正的高水平的教师集体并不是轻而易举的，它必须有良好的人际关系。

教师间良好的人际关系不是自然形成的，形成后也不是稳固不变的。由于客观的个性差异，各种不良思想的影响，教师之间难免出现矛盾与冲突。运用各种手段来调节教师的人际关系便显得十分重要和必要。

首先，要靠行政手段来进行最基本的调节。如向全体教师明确统一的教育目的和任务，建立岗位责任制等。其次，与教师人际关系相关的许多因素，如教师对工作的态度，自我修养，对人际关系的处理等都难以用行政手段来调节。所以，要形成良好的人际关系，还必须运用好教师道德这个调节手段。

(1) 要融"我"于"我们"之中。由于教师劳动有很强的个体性，往往给人们这样的感觉：每科教师工作的效果都取决于个人的常识和能力。这就会造成过高地评价自己的作用，轻视集体其他成员在整个教学过程中的作用，进而对学校、年级组、教研组、班级等集体的工作和活动不关心，在教育对象学生面前处理不好"我"和"我们"的关系。要解决这类矛盾，就要求每一位教师时刻牢记自己只是整个集体中的一部分，自己不只是以"我"，而应该是以"我们"，以整个教师集体的形象，出现在学生面前。作为集体中的一个成员不能只关心自己的授课，还应关心其他教师授的课；不能只认为自己的教学工作是成功的、正确的，还要看到其他教师的成绩；不能用贬低、轻视其他学科来抬高自己所教学科的成绩，而应该在自己教的课程上向学生提出合适的要求，不至于影响学生学习其他功课。教师还应该认识到，学生在其他学科的学习中如果失败，这种心理体验也会"迁移"到自己所授的学科中来。总之，要把"我"融合到"我们"之中去。

（2）要大事讲原则，小事讲风格。良好的教师间的关系，是靠大家来维护。集体中间应该是大事讲原则，小事讲风格。在有些学校经常可以看到这样的情景：在班级教师群体里，大家缺乏原则性，习惯于说违心的话，看起来"一团和气"，实质上却互不关心，明知有人违反了教育、教学原则，却没有人指出。这样教师集体中就容易产生一些矛盾。参加各种集体活动，增大交往频率，提高交往水平，让自己经常有机会了解集体中其他成员取得的成绩，体验自己与集体其他成员一起努力取得的成功，都是行之有效的办法。

（3）要善于取人之长、补己之短。教师集体是多层次的，一些先进的教师往往是这个集体中的骨干和带头人，但由于教师劳动的集体性，对教师劳动作出即时评价很困难，一些人往往会认为"先进的教师并不见得比自己好多少"，"何况成绩也是大家一起干出来的"。在这种氛围中对先进教师进行表彰就可能会打破某种平衡，导致教师间的矛盾（其实不对先进教师进行表彰，那种平衡也会被打破）。苏联一位教育家说过，"天才的教师以自己的劳动迫使其他人也紧张起来，不让他们安静地生活（安静对于一些人来说乃是幸福和安乐的象征）。"甚至有人会对"天才的教师产生一种莫明其妙的反感，并企图从道德上对这种反感加以解释"。此时，就要求每一个教师做到向先进学习，取人之长，补己之短，使大家认识到和先进教师一起工作，是一种机会，因为与先进教师交往能提高自己的工作水平，而不能采取任何妒忌的态度。

（4）善于转换角色。每个教师都要注意自己的角色地位，不断进行必要的调节。一个普通的老师在学生集体中是以领导者、指导者的身份出现的，而在教师集体中就可能是一个普通成员；一位兼数学课的教导主任，在班级教师集体中可能只是一个普通组员……在建设教师集体的过程中，由于各种原因，一个教师在集体中的地位、角色和所起的作用是在变化中的，这种变化便使人际关系处于不断分化和整合的动态过程之中。所以，每一位教师都应善于调节自己，以满足不同角色的需要，特别要指出的是这种调节对领导尤为重要。

3. 让教师充分展示其个性

让教师展示发挥其个性，这既是教师集体的目的，也是教师集体建设的保证。优良的集体必须是具有较好素质的个体的统一体。在教师集体中，每个成员都有各自的特点和风格。有的性格外向，愉快乐观；有的性格内向，多愁善感；有的在教育岗位上工作多年，经验丰富；有的刚踏上岗位，初出茅庐，跃跃欲试；有的要求严格，严肃认真；有的温柔和蔼，态度随和。不同人物的不同个性不仅没有给建设一个统一的教师集体增加任何难度，相反，正是因为各个教师的各种不同性格，使得集体生活更加丰富多彩，也使得这个集体中蕴藏着丰富的创造潜力，一旦这种潜力被发掘出来，就会变成一种巨大而神奇的力量，而这种力量正是我们克服一切困难，争取出色成绩的保证。不仅如此，个性各不相同的教师组合在一起，才能塑造全面发展又具有独立个性的新一代。建设教师集体，要让每个教师都能在某项活动中展示自己的风采，显露自己的才华，当他成为学生学习榜样的时候，成为学生追求的"标准"的时候，学生的个性才能得到更充分的发展。教师集体、班级集体成了教师、学生个性充分展示的乐园，这样就必然出现高质量的教师集体，高质量的班集体。

让教师的个性得到充分展示的方法，应当是多种多样的，在多种多样的方法中，最重要的方法就是让教师在教育、教学改革中充分显示自己的才能。

为了充分展示教师的个性，还可举行教师教育、教学能力竞赛，如公开课和评课活动；可举办教师教育、教学成果展览，陈列他们的研究成果，获奖奖状、奖品，社会的评价。特别要组织学生参观，让学生了解教师，进而培养尊师情感，树立教师的威信，改善师生关系。这不仅使教师的才华得到展示，而且为教师之间、师生之间的情感交往，开辟了渠道。这一条情感的纽带将大家凝聚在一起，既深感集体的温暖，又使自己的才华得到发挥。这种健康向上的情境陶冶着人们的心灵，促使教师集体和谐、奋进。

4. 组织科研性活动

一个班级教师集体如果不造成一定的科研氛围，就不能稳步提高教学质量，也必然影响到教师集体的建设；而要造成浓郁的科研气氛，就必定要通过共同的教学科研活动，提高教师教学的科学性，进而提高教学质量。

举行公开观摩研究课，不失为一个办法。班级科任教师有计划地开公开课，搞"一人台上讲，大家幕后帮"的集体备课制度，这样让一节课牵住众人心，每个人的积极作用得到充分的发挥。

5. 完善对班级教师集体的评价方法

一个班级的科任教师群体，经过共同努力建设，其发展水平仍属于一般群体，还是已经建成了科任教师集体？是建成了一般集体，还是已经建成了先进集体？这就要对该集体发展水平进行科学的评价。

（1）科任教师集体自评。科任教师集体自评，能充分体现教师在建设集体中的主人翁地位，不仅有利于消除教师在评价中的消极心理；而且有利于科任教师学习和钻研集体建设的科学理论，并激发他们运用理论指导实践的积极性。当然，自评法也有缺点，容易受主观性干扰，难得自知之明，只要教师的自评陈述动机和态度方面稍不端正，就会影响判断集体发展水平的有效性。所以，要将自评与他评结合起来。当然，他评时也要做好思想工作，端正教师的动机和态度，坚持实事求是。

（2）资料分析法。科任教师集体建设的现状，是教师集体建设历史的发展。对教师集体发展水平的评价，应该从该集体历史实情出发。这些历史实情大多存在于该集体建设的资料之中。教师集体建设中所形成的资料，都是集体建设事实的记录和教师们教育思想、教育理论水准、教育教学成果的反映。所以，对班级教师集体建设中的资料进行分析和研究也是必不可少的评价方法。在阅读分析教师集体的建设资料过程中，特别要注意以下两种资料：一是教师集体建设过程中的记事资料，一是教师集体所任课的班集体建设资料和记录该班学生德、智、体、美、劳诸方面发展的资料。

（3）活动评价法。活动是教师集体建设的中介手段，高质量的活动是高质量教师集体建设的重要前提条件，也是充分展示教师个性特点的关键所在。因此,在对班级教师集体进行评价时,要有计划地听课,了解教师授课水平和效果;要参加班级学生活动,了解班级学生德、智、体、美、劳发展现状,学生的学习能力、活动能力、组织能力、交往能力、应变能力等等,从学生这面镜子中看教师集体发展水平。

(4)综合评定法。全面听取各级评价小组汇报,仔细审阅关于教师集体发展水平的资料,认真将现有的教师集体发展水平与标准进行对照;抓住教师集体建设过程,对教师集体建设过程的科学性作出鉴定,结合教师集体建设的结果,作出全面的评价。

二、班级家长集体

马卡连柯曾这样说过:"我们不可以说,家长可以随意教育儿童,我们应当组织家庭教育。而作为国家教育代表者的学校,应当是这种组织的基础。"由此可知,家长工作应当是学校工作的重要组成部分,而班主任是代表学校直接与家长联系的纽带。

如何做好家长工作对班主任来说是一个重要课题。如果把家长工作只局限于一般的联系或交换情况,交换后束之高阁,不研究、不分析、不解决,这种联系是徒劳无益的。

要做好家长工作,必须讲究工作方法。在长期以来的班主任工作中,我们逐渐形成了一套行之有效的方法,比如:家庭访问、召开家长会议、建立家长委员会、书面联系等。

1. 家庭访问

家庭访问,是把学校与家庭,教师、班主任和家长两股教育力量联结起来的方式之一,也是做个别学生家长工作的主要形式。

家访的内容主要包括向家长介绍学生在校的表现。此外,为了更好地教育学生,班主任在家访时还必须访问家长的情况,了解家长的姓名、性别、单位、职务等一般情况,了解家长对教育子女的认识、方法和时间等情况。那也就是说,家访不仅要访学生,还要访家长。只有这样,才能加强班级、学生、班主任、教师和家长的联系,也才能充分发挥家访的作用。

根据家访的目的和要求的不同,可以采取不同的访问方式,比如：普遍访问、重点访问、特别访问。

(1) 普遍访问。它是针对新组建的班而采用的适宜的方式，这种访问的目的，是对全班学生的家庭构成有个大致的了解，以取得第一手资料。由于班上的学生较多，因而访问的时间不必太长。访问的内容可以广泛一些，可以向家长介绍自己的计划、打算和希望，可以了解家长对自己子女的看法，可以了解学生家庭成员的职业、经济状况，学生的学习环境、氛围，也可以向家长汇报学校动态、班级情况、教改信息、课业负担等，可以向家长介绍家庭教育的典型经验，推荐家庭教育的报刊书籍等等。了解之后，可以建立"家访登记卡"，同时，为了再做更深入细致的了解，还要制定以后的工作计划。

(2) 重点访问。它是为了解决学生学习或其它方面所出现的问题而采用的适宜的方式。因为是反映存在的问题，所以，家访一定要及时。同时，为了得到家长的有力配合，访问之前应当了解学生家长平时的家庭教育情况。对于那些经常对学生实行高压，动辄打骂的家长，班主任访问时尤其要慎重考虑谈话的方式，比如：可以先向家长阐明正当的教育方法及积极意义，在家长明白其中道理的时候，再有分寸的反映学生的问题，并说明情况已开始好转，如果家长和学校紧密配合，那么，孩子会得到更快的进步。值得指出的是，进行问题性家访以前，要和学生谈心，让学生清楚班主任家访的目的，不要引起学生误解，甚至产生对抗心理，出现对抗局面。家访时一般应让学生旁听，让他谈看法，即使意见不同，也要耐心听取。这时如果家长训斥子女，则要阻止。要让学生了解，班主任的家访，并不是"登门告状"，而是对自己的关怀和爱护。

(3) 特别访问。是在学校或班级组织一些活动（比如远足、郊游等）而家长心存顾虑所进行的访问；或者是在学生有了重大成绩或显著进步而为了勉励学生、鼓舞家长所进行的访问。前者要注意运用情理交融的方式，避免枯燥乏味的说教方式，后者要注意活跃气氛，要以肯定成绩为主，在肯定成绩的前提下，也适当地指出缺点和不足之处。

最后要说明的一点是，不管是哪种家访方式，班主任都要虚心听取家长对班级、学校教育、教学工作的意见和建议，以便及时改进。

2. 召开家长会议

召开家长会议是班主任对学生家长集体工作的一种重要形式。家长会有全校性的家长会，一个年级的家长会，一个班的家长会。我们这里讨论的主要是班级家长会。

召开一个班的家长会议，是邀请学生家长参加班级教导工作的一种形式。一般是期中或期末举行，有时班上有重大问题出现，需要找家长商量，也可以召开临时家长会议。为了能使家长们都能按时到会，可以在会议召开前一周将会议内容及要求通知家长。通知的方式，最好不要让学生口头转达，而应该印发书面通知邮寄或让学生带回，以示慎重。此外，为了能保证会议开得更成功，可以事先通过家长中的积极分子分头做工作，以达到开会解决某些问题的目的。

班级家长会的主要内容有：班主任向家长报告本班的教育工作情况和打算，向家长提出协同学校教育子女的建议和要求；征求家长对学校和班级教育工作的意见；由学生本人汇报自己的发展状况、优点、不足和决心保证；组织家长座谈，交流家庭教育的经验体会。

按家长会内容的性质可分为以下三种类型：

（1）介绍性家长会。这种性质的家长会一般是安排在新学年开始。为了打消家长"家长会老一套，去不去一个样"的错误认识，要精心设计、组织每一次家长会，使家长每一次都能有所领悟、有所收获、有所提高。如果没有特殊情况，最好让所有的科任老师也参加。

（2）汇报性家长会。此类家长会在期中或期末或一学年结束时举行。主要由班主任向学生家长汇报班级的整体状况。汇报的形式可以灵活多样，如：举行小型的学业成绩展览、生产劳动成果、手工制作品的展览、文艺表演、体育竞赛。为了使家长能更具体详细地了解自己的子女在德、智、体等几方面发展的情况，还可以展出学生的平时作业、试卷、学业成绩对比表、出勤统计表。为了能增强学生的自信心，还可以搞一些特长表演或特色成果展。

(3) 专题性家长会。这类家长会可看作是临时家长会。专题内容视具体情况而定,但一定要注意从实际出发,从学生和家长的切身利益出发。

3. 建立家长委员会

这种组织一般是全校性的,但也有以班级为单位组织起来的。班级家长委员会的任务是协调班主任、科任教师和家长之间的关系,针对具体情况,研究教育方法,配合班主任的工作。班级家长委员会的人选,可以由班主任提名,再通过家长会由家长"自荐"。人选应具有广泛的代表性,可以从学生类型、居住地区、家长职业、性别等不同方面考虑。

由于班级家长委员会本身是一松散的组织形式,为使它能正常地开展工作,应注意:

首先,制定班级家长委员会的章程,明确班级家长委员会的组织形式、工作准则、主要职能。主要职能为:(1) 开展专项调查,为加强家校配合提供资料。(2) 向班级、学校反映家长的意见和建议。(3) 协同学校,指导家庭教育。(4) 帮助解决班级工作中的有关问题。(5) 组织家长进行经验交流。(6) 评选优秀家长。

其次,建立例会制度,每学期召开工作会议,经常地研究情况,商讨对策。

第三,制定切实可行的工作计划。应根据具体情况,确定各学期的工作重点。

4. 书面联系

这种办法主要解决家长离学校太远或工作太忙,不能经常见面,通过信件达到互通情报教育孩子的目的。这种方式不如家长会议和访问及时,所以,应尽量少采用。但是,当学校与家庭相距太远或家长外出,不便于进行家访时,这种联系是很有必要的。

5. 设立"接待家长日"

"接待家长日"是接待家长的日期,由班主任根据自己的任课情况选择固定的时间,以每周1~2个半天为宜。

设立接待家长日制度能提高联系的效果。家长来校后,既可以从班主任那儿得到对学生综合评价的信息,又可以从任课教师那儿听到对学生具体的介绍，便于更好地配合学校开展工作。

设立接待家长日制度也能增进家长与老师、家长与子女之间的沟通。"学校不仅是师生的学校，也是家长的学校。"到校访问老师既是尊师的表现，也是爱子的行动。特别是家长校访后心平气和地和子女交流，充分肯定他的成绩，热情鼓励他的进步，会给学生温暖和力量。

为了使其作用得到充分发挥，须注意：

（1）实行接待家长日制度后，可能出现这样的情况：开始一个时期，家长来访较多，过一段时间后较少了。对此，应由"等上门"变为"请上门"，主动约请家长在接待家长日来访交谈。

（2）实行接待家长日并不意味着削弱家访。班主任应根据班级情况，积极"走上门"。对个别在教育子女态度上"疲软"的家长，班主任不仅应"走进家门"，而且可以"走进厂门"，请有关单位协同教育。

（3）接待家长日的时间，应向家长讲清楚，一旦定下来，不要轻易变动。班主任如有事，前一天一定要通知家长，不能失信于家长。接待家长日的时间安排，同一年级可考虑为同一日。在统一的时间内，家长来访，有利于教师日常事务的处理，可以减少干扰。

（4）实行接待家长日制度后，要认真做好接待工作。班主任与家长交谈时话题要集中，态度要诚恳，要"一视同仁"，不能"厚此薄彼"，并做好记录。对家长所提的意见或建议，班主任不便解决的，应向学校领导汇报。

6. 评选优秀家长

要做好家长工作，还应将激励机制引入操作过程。为此，可开展评选优秀家长活动。

（1）优秀家长的评选标准。评选优秀家长，可有综合的或专项的评选标准。综合的是对家长的全面考评，专项的则结合专题活动拟定。

优秀家长的评选标准可由学生先行提出初稿，因为学生提出的标准反映了教育对象对教育者的期望，能引起家长的兴趣和重视，然后由班级家长委员会讨论审定。

这里，向班主任推荐几条标准：①从思想上关心子女，经常与子女谈心，引导子女积极求上进。②从学习上关心子女，鼓励子女刻苦学习，但不是简单地看分数、看名次。当子女考得不好时，能积极帮助分析原因，予以热情鼓励。③从生活上关心子女，使子女健康地成长。④既注意子女的"健康投资"，又注意子女的"智力投资"，经常为子女购买有益的课外读物，支持子女开展科技活动。⑤正确对待子女的要求，不是粗暴反对，也不轻易许诺。⑥教育子女学习和从事一些力所能及的家务，不娇纵子女。⑦在家庭中能倡导民主、团结的气氛，让子女有发言权，允许子女与家长争论。⑧子女做错事时，能了解原因，耐心说服教育，不粗暴打骂。⑨严于律己，以身作则，注意学习，努力做好本职工作，做子女的表率。⑩尊重老人，夫妻互敬，邻里和睦。

（2）优秀家长的评选方法。优秀家长评选标准确定后，应向家长作广泛的宣传。

评选优秀家长，可分综合评选或专项评选。综合评选每学年举行一次。这样，通过一段时间的考查，既可以比较准确地反映家庭教育的水平，又能激励家长互相学习，取长补短。专项评选每学期举行一次，结合专题活动进行，可进一步推动专题活动的开展。

评选时，先由学生自荐，接着可由学生按地区组成小组评比，因为按地区组成的小组彼此比较了解，也可由家长委员会组织家长进行经验交流，然后，由班委会对初选出的家长进行"考查"，最后由班级家长委员会审定。

（3）优秀家长的表扬方法。对评选出的优秀家长，班级应运用多种方式予以表扬。如在黑板报上介绍优秀家长的事迹，在家长会上举行热烈的颁奖活动（班级经费有限，可向家长赠送题有"赠优秀家长"的宣传画），向报社、电台投稿宣传优秀家长的事迹，也可由班委会或班级家长委员会致函有关单位的党支部、工会建议表扬奖励。

本章注释：

① 参阅白铭欣著. 班主任的科学与艺术. 华龄出版社, 1996. 12～22

② 参阅蒋自立主编. 班主任工作指导. 湖北少年儿童出版社, 1994. 65～72

③ 参阅张庆远等主编. 班主任大全. 四川大学出版社, 1990. 129～132

④ 参阅蒋自立主编. 班主任工作指导. 湖北少年儿童出版社, 1994. 490～537

第五章 班级管理

班级管理是学校内部的基层管理。学校工作计划的实施,要靠班级管理来贯彻;学校管理活动的开展,要靠班级管理来落实。班级管理直接影响着学校教育、教学、管理各项工作的实施和开展。班主任作为班级管理的组织者、领导者和参与者,就更应该搞好班级管理,保障学校各项工作的贯彻和落实。

第一节 班级管理的任务、内容和过程

一、班级管理及其任务

班级管理是指班主任按照一定的原则和具体要求,采取适当的方法,组织、指导、协调各种因素,为构建良好的班集体以及实现各种共同目标而进行的综合性活动。简单地说,班级管理是指班主任对全班学生的思想、学习、劳动、生活等各项工作的管理。

班级管理的最终目的是为了培养和教育学生成为合格的人才,所以,班级管理应该在学校的统一领导下,按照学校管理目标的要求,结合本班的实际情况,全面开展各项管理活动。其基本任务是:

(一)建设良好的班集体

班集体既是班级管理发挥作用的基础,又是班级管理的对象。建设一个良好的班集体,始终是班主任的中心工作,班主任应该把主要精力投入到班集体的建设中去,这也是班级管理的重要任务。

(二)组织好班级教师集体和班级家长集体

班级管理工作,主要是班主任来进行和完成的,但有许多工作必须通过班级科任教师和班级学生家长的配合来完成。班主任不能

"单枪匹马"，而应团结，依靠班级科任教师和班级学生家长，并且形成一个以班主任为核心的、有统一目标的班级教师集体和班级家长集体，共同管好班集体。

（三）落实学校管理目标，制定班级工作计划

班级管理是一种有目的的活动。班主任要根据我国的教育目的和学校管理目标的要求，从本班的实际出发，组织学生干部讨论，提出全班共同奋斗目标和具体措施，制定出每学期切实可行的班级工作计划，不断地引导学生前进。

（四）做好班级常规管理工作

班级常规管理工作不仅是落实班级工作计划的一个具体的环节，也是使班集体能正常工作的必要条件。忽视班级常规管理工作，必然会造成班集体的混乱和不协调，进而影响班级管理目标的实现。

二、班级管理的内容

班级管理应该从哪些方面来管，或者说管些什么具体工作，这就涉及到班级管理的内容。班级管理在学校统一管理的前提下，主要管好以下几个方面的工作。

（一）对学生思想品德教育的管理

班主任要加强日常的思想品德教育和行为规范的训练，建立良好的班风。这是班级管理的主要内容。

（二）对学生学习的指导

学习是学生的基本任务，对学生学习的指导是班级管理的重要内容。学习指导的根本目的，在于提高学生的学习质量。为此，班主任要加强对学生学习目的的教育，端正学习态度，掌握学习方法，分析学习质量，严格学习纪律，建立学习制度，培养学习习惯，使学生树立勤奋好学的学风。

（三）对学生参加生产劳动的管理

教育同生产劳动相结合，是马列主义教育思想的一个基本原理，是我国教育方针的重要内容，也是世界教育发展的共同趋势。班主任要根据学校的安排和学生的特点，加强学生劳动技术教育的管理和组织学生参加勤工俭学活动的管理。

（四）对学生课外活动的管理

课外活动是学校或校外教育机关，在现行教育大纲和教育计划之外，对学生进行多种多样的教育活动。班级课外活动的管理，包括两个方面：一是校内课外活动的管理，二是校外活动的管理。课外活动管理的指导思想，在于巩固和扩大课堂教学效果，充分开发学生的智力，提高教育质量。

（五）对学生体育、卫生的管理

班级体育、卫生的管理，包括体育运动和卫生保健的管理。体育运动是增强学生身体素质的重要途径，卫生保健是保护学生身心健康的必要手段。二者相互促进，共同提高学生的健康水平。班主任对体育运动的管理，主要是督促学生上好体育课，组织学生参加早操、课间操和课外锻炼活动、竞赛活动等。班主任对卫生的管理，主要是教育和督促学生遵守学校的作息制度，组织学生做好教室、寝室和个人卫生，培养良好的卫生习惯，还要加强安全教育。

（六）对教室设备的管理

教学设备是办学的物质基础，班主任对教室设备的管理，主要是对教室内的桌凳、灯光、电教设备等的管理。

（七）生活指导

生活指导是指通过必要生活知识的传授和必要生活技能的培养，使学生能更好地适应社会生活，能很好地独立生活，能理解生活的意义，能创造和享受自己健全的、完美的人生。就其教育意义而言，班主任对学生进行生活指导，可以使学生生活内容更加丰富多彩，从而增强班级集体的吸引力，充分发挥教育的作用。

总之，班级管理的内容较多，而且具体。它包括对班级各项工作进行有效的规划、组织、指导和控制，以求得班级管理工作的最优化。

三、班级管理过程的基本环节

班级管理的过程由计划、实施、检查、总结四个环节组成，班级管理的过程就是这四个环节的循环推进过程。

（一）班级管理的计划

班级管理的计划是指确定班级管理的目标和选择实现目标的方案、手段、方法、措施，是计划职能在班级管理活动中的体现，也是班级管理过程的起点。

班级管理的计划是班级管理过程的首要环节，也是班级组织内部成员的行动纲领和方案。它具有统一班级组织内部成员的动机和激励作用。它还具有协调班级管理中各要素的作用，并使人力、物力、财力等有效的班级资源得以充分地利用，从而发挥整体优化功能。

（二）班级管理的实施

班级管理的实施，是把班级管理的计划付诸实行，落实为管理的行为，以实现班级管理的预期目标。

班级管理的实施是班级管理过程的中心环节。它的主要内容有：

1. 组织

即把班级管理的人、财、物合理配置起来，建立有明确分工的班级组织机构；设立班级管理的各项规章制度；明确班级管理各项工作的进度和程序。

2. 指导

班主任对班级组织内部各成员进行引导、指示。

3. 协调

班主任在实施环节的全过程中，依据实际情况，不断协调各种关系，减少内耗，提高效率。

（三）班级管理的检查

班级管理的检查是对班级管理计划执行情况的监督和价值判断。它是班级管理过程中的中介环节。尤其值得注意的是，检查必须有明确的目的和统一的标准。

（四）班级管理的总结

班级管理的总结，是指对班级管理过程中某一阶段，某一周期的工作总的分析和总的评价，作出结论，肯定成绩，找出缺点，并把总结出的结论、经验和教训，渗透到下一阶段、下一周期的工作中去，提出下一管理周期的努力方向和改进内容。

班级管理的总结是班级管理过程中的最后一个环节，同时，又是承上启下的环节,是下一步管理工作的重要依据。此外,班级管理的总结不仅具有提高认识的作用,能使经验和教训加以升华,提高班级管理的水平;而且具有激励的作用,能使人们增强信心,增强责任感,提高组织士气。

第二节 班级常规管理工作[①]

班级常规管理是指通过制定和执行规章制度来管理班级的方法。由于班级常规管理是班主任运用班级规章制度来管理班级的经常性工作,因而单列一节具体叙述。

一、班级工作计划

班级工作计划是开展班级管理工作之前预先拟定的具体要求、内容、步骤和方法。从时间上分,有学期班级工作计划和学年班级工作计划;从内容上分,有综合的班级工作计划和单项班级工作计划。

班级工作计划是班主任工作的起点和归宿,也是班级管理的准绳、依据和重要手段。一个优秀的班主任,在工作中心里总是有谱,对工作的进程总是把握得有条不紊,对班级开展的活动总是活而不乱,对学生的管理教育工作总是协调有致、目标明确,究其原因就是他们的工作计划制定得体、实施计划认真。制定班级工作计划,不仅能够把握班级各方面的工作,还有利于班级工作的评价和落实,也有利于调节诸多方面的工作。

(一)制定班级工作计划的依据

1. 学校工作目标和工作计划

班级工作是学校整体工作的一个组成部分,因此班级工作计划的制定必须按学校工作的要求,并给予具体化。学校工作计划中对班主任工作、对学生都有明确的要求,班级工作必须按着学校总体要求去做,所以在班级工作计划中,就必须要体现学校的要求。一般情况下,学校工作计划都是学校工作的整体要求,而班级工作计划却要结合班级工作特点,用比较具体的内容反映学校的要求。离开学校工作计划，另行规定其它一些内容是不可取的，也是不允许的。

2. 依据班级集体的实际

制定班级工作计划必须把握班级集体的实际，针对班级集体的实际；离开班级实际，班级计划就成为一纸空文。依据班级实际是指按照班级集体的现实状况作为制定计划的起点，不能拔高也不能降低。其合适的尺度是经过一定的努力能够完满做到；过高，做不到，过低，没意义。依据班级实际还是指把握班级集体的现有的潜力。计划是体现一定追求的目标和为此采取的措施，这种追求可高可低，可多可少，其实现程度决定于集体潜力的发挥。所以，班主任在制定计划时，一定要充分了解学生，充分估测学生的潜力，这样才能够使班级工作计划既有一定的高度，又确实能够实现。依据班级实际是个较为复杂的问题，要求班主任真正能对班级集体有较充分的了解，也要求班主任从多方面、多角度去把握班级集体，凭主观臆测或以某一方面的情况作为依据都是不可取的。

（二）制定班级工作计划的基本要求

1. 要有正确的方向性

班级工作计划是班主任与学生共同实施的活动要求和工作指南，它引导和要求着学生的进取方向。所以，班级工作计划必须有正确的方向性，它的主旨必须是健康的、符合社会正确方向的、引导学生健康成长的。从大的方向看，班级工作计划必须符合使学生品德、智力、体质等方面都得到充分发展的目标要求。从具体活动上看，班级工作计划，又必须是正面积极的、有利于学生成长、符合教育规律的。

2. 要有前后的连续性

制定班级工作计划，必须是在总结前期工作基础上进行。在前期工作的基础上提高。上期未完成的工作要继续抓，完成的不够好的工作要深入抓，已完成的工作要提出新要求，要抓出成绩，取得经验，不能抓一个丢一个。

3. 要有不断的创造性

班级工作计划不是原计划的翻版，要不断有所创新，有所突破，推动班级管理工作不断前进。

4. 要有切实的可行性

班级工作计划不能只提出一些空洞的条文，一般化的号召，而应正确提出任务，明确要求，有切实可行的措施。制定计划时，应实事求是，根据班级实际，反映班级特点，既照顾全面，又突出重点，特别要注意班级工作的薄弱环节；既要有新要求，又要留有余地，把计划建立在积极稳妥、切实可行的基础上。

5. 要有检查的可能性

班级工作计划是微观计划，要求是什么，重点是什么，如何完成，何时完成，谁去完成，都要具体明确；最好能按周次排列出来，以便执行和检查，保证计划的实现。

（三）班级工作计划的基本内容

1. 班级基本情况

了解的主要对象是以前的老师、家长、同学。对了解到的情况要作认真的分析，不可听什么就"相信"什么。对一些问题学生和特殊的学生，还要设法多与他们接触，要去寻找他们的闪光点和矛盾点。在明了情况的基础上，班主任要做出概括分析，这种分析越准确，拟订计划就会越切实可行。

2. 管理目标

班级管理目标是班级管理活动所要预期达到的结果，或要预期完成的具体任务．它是班级计划的核心，是班级管理活动的出发点和终点。

3. 实施计划的具体措施

即为完成管理目标而采取的办法手段。这些措施包括完成计划的具体责任者、活动范围、活动时间、活动安排、活动方法、活动所要达到的目的要求以及这一活动与其他活动的协调等。

4. 实施计划的检查和评估

为确保班级工作计划能够实施并达到预期的目的，在班级工作的计划的内容上应写上评估和检查的方式、时间、责任人和奖惩的办法。这样的内容写在计划内，一方面会使班主任与学生都会增强执行计划的积极意识；另一方面在不断地评估检查中，能做到对计划的执行心中有数，同时也易于评价优劣和调整计划中不适当的内容。

(四) 制定班级工作计划的步骤

1. 准备阶段

制定计划前的准备工作，一是要收集有关信息资料，掌握国家和上级教育行政部门有关教育方针、政策和指示精神，学习教育管理的理论知识，了解当前班级工作的先进经验；二是要细心研究学校工作计划。班级工作计划是学校全面工作计划的局部计划，局部计划一定要贯彻落实全部设想。

2. 写出计划草案阶段

这是关键的一步。制定班级工作计划，必须发扬民主，师生结合，贯彻"从群众中来，到群众中去"的原则，这就要发动班上干部和学生广泛参与，反复讨论，并在此基础上确定管理目标和任务，写出计划草案。

3. 确定计划阶段

这一阶段主要是班主任在组织学生讨论和写出计划草案的基础上，最后审定班级工作计划。

二、班级工作总结

班级工作总结的质量如何，直接影响着班级工作计划的进一步开展，也最终影响班级管理水平的提高。

(一) 班级工作总结的基本要求

1. 要以班级工作计划所制定的目标为标准

班级工作总结中容易出现的问题是就事论事的总结，或是离开班级工作的宏观状况去"做总结"。这样做往往会偏离班级管理的总目标，也会与班级管理计划相脱节，最终会对班级管理的整体工作产生影响。从这个意义上讲，班级工作总结是与班级工作计划相对应的，或是说班级工作总结是班级工作计划的终点的反映。所以做好班级工作总结，使班级工作总结有据、有理、有内容，必须以班级工作计划目标为基准。

2. 要让学生参与

班级工作总结是做好班级工作的需要，也是管理和教育学生的重要手段。班级工作总结是对前一段班级总体工作或某项工作的检查和评估，学生的成绩和差距自然表现其中；通过总结，学生能认识到应该如何去做，怎样去做，所以，应该让学生参与。其次，班主任工作总结也是下一轮班级工作的开始，这就必然涉及学生的进一步培养方向、培养目标以及德、智、体等各方面的具体发展，所以，为了调动学生参与班级工作的积极性，增强学生的主人翁责任感，应该让学生参与。

3. 要用"两点论"的思想作指导

任何工作的"结果"都不可能是绝对的，都有成绩的一面，也有不足的一面，所以班级工作总结，要反对一点论，要求两点论。当做某项工作总结时，往往在取得的成绩面前，忽视了不足的地方；或是只看到不足，又忽视了积极的因素。这种状况在班级具体工作总结时容易出现，这样既不利于从工作总结中汲取经验教训，也不利于"以后"工作的开展。班级工作总结中做到"两点论"，能增强学生前进的信心，使他们受到鼓舞，同时也在这样的基础上，认识缺点和不足，又使他们容易接受，不背包袱。

（二）班级工作总结的方法

1. 回顾班级工作计划，明确工作总结的指导思想

做工作总结先要师生明确总结的目的和标准，做到大家认识一致、心中有底。做到这点最基本的要求就是对班级工作进行回顾，重温计划的目标和要求，并以此作为总结的依据。对工作计划的回顾又要明确工作总结的指导思想并用这种指导思想评价工作计划执行的过程和得失。这样就能站得更高，避免就事论事。在班级进行工作总结时，班主任要组织学生进行有关的学习，围绕总结的要求，提高学生的认识，再进行具体工作的总结。学生围绕总结工作所进行的学习，其内容必须是能够提高对"总结内容"的认识的，必须是对学生开拓思路，有所启发的。这种学习材料的选择，对能否做好总结，对能否使总结有一定的高度，能否形成正确的指导思想有重要的意义，班主任必须认真加以选择。

2. "由下而上"，做到学生与班主任相结合

在明确指导思想的基础上，由学生开始进行总结活动。具体做法是由学生根据班级工作计划，谈个人的成长感受和体验、谈其他同学贯彻计划的表现，谈班主任和班级工作，谈典型事例，谈最突出的活动和收获，谈经验和不足，谈今后的努力方向。这个"谈"的过程就是学生参与总结的过程，就是通过总结实现的教育过程，当然也是班主任集思广益的过程。这个过程是班级总结的关键一环，有经验的班主任都充分动员学生。学生参与得越投入，班级工作总结的内容就越丰富，学生通过工作总结会受到更深刻的教育。学生的总结毕竟是从个人认识和了解的情况出发，往往有一定的局限性，这就要把学生的总结与班主任的总结结合起来，形成由下而上，上下结合，最后由班主任汇总，形成比较全面的、更为深刻的班级工作总结。

3. 宣传典型、确定努力方向

在群众性的总结活动中，必定会涉及到某些具体的人和具体的事例。对这些在群众性工作总结中提出的人和事，班主任都要给予肯定和鼓励。鼓励这些取得成绩的同学，往往会使这些同学发挥更大的积极性，也往往会成为推动班级工作的新起点。即使在班级总结中提到的人和事不那么突出，班主任也要表示关注和肯定。一些在工作总结中被人提出表扬的学生，哪怕他们的事迹微不足道，班主任也要热情鼓励。任何冷漠的态度，都会挫伤这些学生的积极性，而且会使他们产生对班主任的不信任感或不协调的情绪。

对在班级工作总结中大家都认为很突出的学生，班主任要在同学们提供的事例基础上，总结他们的事例，树立典型。在工作总结中树立典型一定要有群众基础，班主任要相信学生、尊重学生的选择。这时候班主任容易出现的问题是强调个人的选择，强调自己要树立的典型，甚至不顾及学生的意见。这样做必定会产生负效果。会脱离多数学生，也会伤害班主任要树立的典型学生。有时候班主任选择的典型确实很值得表扬和学习，但却为一些学生所不容，在这种情况下，班主任要冷静分析原因，不能把典型强加给学生，同时又要做好教育工作。对有些与班主任关系很好，但却与同学关系不和谐的学生，不宜于树为典型，并且还要加强对他们的教育工作。对在班级工作总结中为大多数学生所赞扬，但却与班主任看法不相一致的学生，班主任也要分析原因，假如是自己看法片面，一定要遵从大家的意见。总之，在班级工作总结中，树立典型是重要的、易发生矛盾的工作，班主任当谨慎对待。

宣传学习典型学生，也要留有余地，不能把话说绝，不能溢美和拔高。宣传学习典型学生，是班级工作总结的一个环节和组成部分，但要坚持实事求是，恰到好处。宣传学习典型要与班级工作计划结合起来，宣传这些学生是如何执行计划的，是如何一步步的做出成绩的。这样就能把全班学生"带回"执行班级计划的过程中，又会使同学们感受到在同样过程中自己有哪些成绩和不足，如何向典型学生学习。这样的教育是有的放矢的，教育效果必定是深刻的。宣传学习典型是在工作总结中进行的，为了扩大教育效果，可以在同学中进行某些强化，如开讲演会、座谈会、组织学生写"典型"事迹等，但切忌不要搞成运动。须知对典型学生的宣传过于"强化"，其实就是"淡化"的结局。

班级工作总结主要是为"以后"服务的。其主要意义也是通过总结给学生指出努力方向，使班级工作更前进一步。所以在班级工作总结时，不能顾前不顾后，始终要把握"推动"学生进步这一条，使大家明确努力方向。

三、班级档案制度

班级档案制度是对每个学生包括德、智、体、美、劳等诸方面的情况进行认真的考察和记载，并对这些第一手的数据和资料进行科学的分析和研究，从中找出班级管理的规律性，以达到完善班级管理的目的。

班级档案由班主任填写，它的具体内容，有的学校有具体的规定，有的学校是由班主任设计，项目大致有以下几个方面：

——班级简况、学生名册（包括年龄、性别、民族、家庭简况等）。

——学生各种成绩（包括各种比赛成绩）记载。

——学生的课程安排及变动情况。

——学生出勤登记。

——班级各项工作负责学生的简表。

——学生情况记载：平时学习成绩，考试成绩；体育达标情况；学生身体和生理情况；学生家庭情况、家庭变动情况、所受家庭的影响的主要方面等；学生有无经常性的社会交往；学生的特长、爱好；奖惩情况等。

——班级学习考试成绩（期中、期末考试）质量分析。平均分数、高低分数、及格人数、及格率、不及格人数、不及格率，与上次考试对比，得失的原因等。

——班级集体组织的大活动的记录，活动内容、参加人数、活动状况、得失分析、学生反映等。

——学生品德表现记载。突出品德表现、不良品德表现、外部对本班学生品德表现的反映，重大的品德事件、偶发事件等。

——班会记载。

——教室记载。

——班主任家访记录、与家长联系及家长来访记录、家长会议情况记录。

——学生参加社会实践活动记载、班级与外界交往记载。

——其它。

班级档案有列表式、陈述式等，班主任最好根据自己的需要和使用方便来设计。主要立足于内容全面、使用价值高、方便实用。班级档案也可以体现班主任工作的走向以及班主任工作的成果，可以永久保存，以便总结和积累经验。

班级档案中一项重要部分是学生的个人档案，学生档案可单独使用和保存，其最简括的形式是"学籍卡片"，交由学校主管学生的部门保存。班主任使用的学生档案应该列入更多的内容，是为了班主任教育学生作为参考的材料。学生档案一般记载下列内容：

——学籍记载。入学年月，出生年月，性别，入本班前的学习成绩、健康状况、品德表现、受奖惩情况、家庭情况。

——学生生理心理的主要状况、生理发育障碍、心理障碍、性格、兴趣、特长等。

——学生智力状况，智商，一般智力发展水平，学习能力及学习问题等。
——非智力因素状况。
——考试成绩。
——考勤记载。
——品德表现记载、受奖惩记载。
——在家庭中的表现。
——生活作风、劳动态度、人际关系、社会活动能力。
——身体素质，健康状况，参加体育锻炼及体育项目达标状况。
——家庭记载。
——偶发事件记载。
——在班级活动中学生的表现。
——学生特殊情况、特殊表现记载。
——其它。

学生档案可用陈述式、列表式的形式，要每人一份，全班合订成册。班主任要经常翻阅学生档案，要经常填进新内容，要注意分析学生的情况，把学生档案用好、用活。

建立学生档案主要是为了更好地教育学生，并用做班主任对学生的情况的掌握，以帮助班主任分析学生的成长进步，定夺教育手段。学生档案决不是给学生"记账"或用来做整学生的材料。当然，学生档案是班主任所使用和保管的，不能在学生中被传看，更不宜由学生来填写。

四、班务日记

班务日记是由值日的班委会干部填写的，记载班级一天德、智、体、美、劳所有情况的反映表格。其内容如下：

1. 学生出勤

（1）迟到。（2）早退。（3）病假。（4）事假。（5）旷课。

2. 课堂情况反映

（1）任课教师姓名。（2）学生上课人数。（3）教学内容。（4）课堂纪律情况。（5）老师课堂评分。

3. 两操情况记载

(1) 早操。(2) 课间操。

4. 体育活动记载。

(1) 早锻炼情况。(2) 课外活动情况。

5. 班级一日中重要活动记载

6. 班级一日中好人好事记载

7. 班级一日中偶发事件记载

8. 班级卫生情况记载

填写班务日记要认真，反映情况要属实，这样，班主任看后就能了解情况，学校领导看后，亦可洞察班级的一日概貌。积累起来就是班级的重要档案材料之一，既便于班主任分析总结班级情况，寻求新的教育方法；也便于学校对各个班级进行评估。

五、班级体育锻炼

班级体育锻炼是指以班为单位，以锻炼小组的形式，在班主任的组织和领导下，由班干部或体育小组长直接负责开展的一种体育活动，其基本内容是：

(一) 两操

两操是指早操和课间操。早操是在早晨或早自习以前进行的体育锻炼，又叫早锻炼、课前操；课间操是在上午第二节课和第三节课之间进行的体育锻炼，它分两种形式，一种是广播操，亦即全班学生集中在一起跟随广播指挥和音乐节奏做徒手操，其次是做眼保健操。两操是学生经常性体育锻炼的重要内容之一，按国家统一规定，正式安排在学生的作息制度中，要求每个学生都必须积极参加。

通过早操，学生们可以呼吸到新鲜空气，使氧的摄取量增加，加速血液循环，促进新陈代谢，增进人体健康；使人从睡眠的抑制状态转入到兴奋状态，使人保持头脑清醒、精神振奋，从而提高一天的学习效率。通过课间操，学生们可以舒展四肢；沐浴阳光，调节用眼方式，保护视力，防止身体畸形发展；此外，课间操还可以帮助学生调节情感，放松情绪，有利于提高下几节课的学习效率。

班主任应让学生明了两操的作用，并亲自指导，以加强对两操的管理。要制定班级对两操量化考核的具体要求；要制定对学生纪律和动作的要求；要准确地掌握每位学生考勤和出操情况，及时检查、评价，落实到人，奖罚分明。此外，班主任还可以利用课外活动时间组织全班性比赛，对各组完成动作的规范化程度和整体印象给予集体评价，这样，既激发了学生对两操的热情，也提高了两操的质量，收到了实效。

（二）课外体育锻炼

课外体育锻炼是以班或锻炼小组为单位，在班主任或体育老师的指导帮助下，由班体育委员或锻炼小组长主持进行的锻炼。

课外锻炼的主要内容，除《国家体育锻炼标准》规定的项目和体育课上所学的基本知识、运动技能外，还可以结合学校实际，开展一些传统的体育项目。课外体育锻炼的组织形式可以灵活多样，可以根据体育达标项目进行个人单项训练，可以按性别、兴趣、爱好组织班级训练队；还可以结合军训组织全班性的队列训练、汇操、武术以及踢毽子、跳绳、拔河等表演赛。

班主任要做好学生的思想工作，培养体育骨干，妥善处理学科教学与学生参加课外体育锻炼在时间上的矛盾，以保证学生都能参与。此外，还要注意活动的安全，活动前要作准备，活动中要有学生干部负责，对可能发生的事故要有预防。

（三）运动竞赛

运动竞赛是各项运动比赛的总称，是学校体育工作和学校文化教育活动的一部分，也是班级体育锻炼的重要内容之一。通过竞赛可以全面检查各班平时体育锻炼开展的情况，检阅班级学生体育锻炼的成果，可以相互交流经验，学习切磋，提高运动水平；可以推动班级体育活动的开展，丰富、活跃班级的文化生活，促进班集体里学生间的团结、友爱、合作，提高班集体的向心力、凝聚力和战斗力。

班主任可以利用课外活动时间，组织本班学生开展各种单项比赛、班级比赛或富有魅力的班级运动会。尤其要注意的是，班主任应努力做到使每一个学生都有自己感兴趣的项目，有自己通过努力可以取胜的项目。另外，班主任应宣传、鼓励、号召全班学生积极参加学校每年春、秋两季举行的运动会。

六、班级卫生保健

班级卫生保健是指班主任协助保健教师和体育教师一道进行的卫生保健工作。它的具体内容是：

（一）作息制度

作息制度一般是指对学习、劳动、课外活动、进餐、睡眠和休息合理地规定其时间分配和安排的顺序。班主任的责任：

1. 教育和督促全班学生严格遵守作息制度，养成良好的集体生活习惯；

2. 争取本班各科教师的协助，共同遵守学校的学习制度，不任意增加课时，不变相占用学生课间休息，不给学生超量的课外作业；

3. 争取学生家长的配合，保证学生有足够的睡眠和休息时间。

（二）班级教室卫生

教室卫生包括教室建筑卫生和教室设备卫生。其目的是给学生创造一个有利于学习、有利于健康成长的物质环境。班主任应在自己力所能及的条件下，尽可能地为自己所负责的班级创造一个合乎卫生要求的学习场所。

1. 教育和督促学生经常保持教室、墙壁洁白，教室地面干净、干燥，黑板平坦、色黑。

2. 教室要明亮，窗外不应有高大的物，自然采光要光线均匀，要求窗的透光面积与教室地面面积之比大于 1∶6，如果达不到此要求，应增加亮瓦或增加侧窗。每个学生课桌面的照度为 100～150 米烛光为合宜，一间标准教室（9×6 平方米）应安装 100 瓦灯泡 6 只，或 40 瓦日光灯 6 只。安装要合理，照度才均匀，每个学生学习时光线才充足。

3. 教室要有足量的新鲜空气。教室面积为 54 平方米，教室层高为 3.6～3.9 米，中、小学生一般是 50～54 人一个班，按每个学生所占教室容积为 4 立方米，则每小时要换气 4 次，才能满足学生对新鲜空气的要求。只要将墙窗和对侧门上窗全部打开，形成空气对流，教室内就可以满足学生对新鲜空气的要求；如果空气不流通，换气不够，教室里空气会被二氧化碳污染，不仅影响学生学习，还有害学生的健康。冬天由于取暖和保持教室内一定的温度的需要（平均室温为16~18℃为宜）不能开大窗，也要开大窗上面的小窗，既维持教室适宜的温度，又使教室有足够量的新鲜空气。

4. 教室要有卫生设备。应配备痰盂、纸篓、扫帚、拖布、洒水壶、畚箕、抹布、水桶。并督促学生做好教室的清洁，并经常保持教室清洁卫生。

（三）教学卫生

教学卫生是班级卫生保健的重要内容。它包括教的卫生和学的卫生，即整个教和学的过程中，师生都应该遵循卫生原则，有利于增进学生健康。具体内容是：

1. 课程的安排要符合学生生理和心理特点。根据学生脑力变化情况，每天上午第1~3节课，脑力处于上升阶段，应安排脑力较难的课，第4节课脑力下降，容易疲劳，宜安排体育课。下午第一节课脑力有所回升，但第二节课以后，脑力下降，不宜于脑力较难的课。同时，课程安排也要针对学生的心理特点，比如注意课程内容的调换，不使学生感到单调和枯燥。

2. 严格控制学生的学习负担，切实控制学生的学习时间。要协同该班所有任课教师，严格按规定控制学生课外作业量，不变相占用学生课间休息的时间。

3. 培养学生符合卫生要求的坐、读、写姿势和习惯。

（四）保护学生视力

保护学生视力是班级卫生保健工作的重要内容。班主任要重视学生视力保护，防治学生近视眼。

1. 班主任在积极落实教室卫生、教学卫生的同时，要积极开展防近视的教育。培养学生良好的用眼卫生习惯，要求做到"读写姿势端正，眼睛距书本一市尺；看书、写字半小时到一小时，要休息片刻；不躺在床上看书、写字"。"使用的铅笔要色泽饱和浓淡适中，勿削过细过尖。学生书写字体不宜过小；拿笔的手指离笔要有一寸左右，以免遮挡光线，胸部离课桌边一拳头，以免胸部受压。"

2. 督促学生每日上下午认真做眼保健操一次，以预防和治疗近视，提高视力。

3. 向家长进行保护视力的宣传工作，使家长配合教育并为学生创造良好的学习条件，以养成学生良好的用眼习惯。

4. 取得校医的协助，定期对全班学生视力进行检查，分析学生视力变化的情况及原因，及时采取对策，严防学生视力下降。

（五）良好卫生习惯的培养

卫生习惯是指学生通过学习和训练把爱清洁、讲卫生变成自动化的动作需要。学生良好卫生习惯的养成是长期教育的结果，它对学生预防疾病、身体健康、增强体质、全面发展有着深远的积极作用。在培养学生卫生习惯上，班主任应注意如下几个方面：

1. 循序渐进，先易后难

学生的卫生习惯，包括个人清洁卫生、作息卫生、饮食卫生、用眼卫生。针对学生特点，提出不同的要求，由简单的、容易的开始，逐步培养。

2. 要加强思想教育，又要具体督促

班主任要加强卫生宣传教育，给学生讲卫生习惯的意义和作用，变教师的要求，为学生自身的需要，自觉积极地按卫生要求做。同时，要具体督促，建立班级卫生检查制度、卫生检查岗，促使学生由被动变为主动。

3. 协同各方，密切配合

同各科教师和家长协同一致，督促学生；同时，要求家庭为培养学生的卫生习惯提供条件和环境。

七、班级劳动

（一）自我服务劳动

《全日制小学劳动课教学大纲》（试行草案）中规定要"使学生初步掌握自我服务劳动和一般家务劳动的基本技能"。低年级自我服务的要求是："学会洗手、洗脸、刷牙、洗脚、剪指甲等，能初步搞好个人卫生。能穿脱衣服、系鞋带；会洗小件衣物。学会削铅笔、钉本子、包书皮等，能对自己学习用品进行分类整理和保管。"对中年级学生的要求是："能自己洗头、洗澡、洗小件衣物。学习使用针线、剪刀、钉纽扣等,会使用小刀,按要求把纸裁整齐。"家务劳动一般是指家庭日常生活中带有事务性的劳动,是家庭每个成员都应尽力分担的义务,对学生来说,分担自己力所能及的家务劳动也属自我服务劳动。大纲要求低年级学生"学会铺床、叠被、刷洗碗筷、茶杯等,能帮助家长做些力所能及的事情"。中年级学生要"了解厨房的卫生常识,学会洗刷餐具、茶具,会择菜、洗菜、淘米等。在家长指导下,学会安全使用炉具,能烧开水和给饭菜加热"。对高年级的学生的要求是"能有条理地放置、摆设室内小件物品,会晒被褥和叠放衣服,能洗外衣、毛衣等衣物"。通过以上这些自我服务劳动和家务劳动,培养学生的劳动习惯和独立生活的能力;培养学生认真负责、勤于自理、乐于奉献、尊重人、体贴人等优良品质。

  班主任首先要结合教学开展生动活泼的课外活动或主题班会,提高学生从事自我服务劳动和家务劳动的自觉性和积极性。如开展"谁有一双巧手"、"劳动光荣的小红花"、"爱劳动的好孩子"等主题活动;举行叠衣服、钉纽扣等比赛,激发学生的劳动热情。其次要建立合理的考核制度,并争取家长的配合。为家长专门召开"让孩子学会自己照料自己"、"学做家务"等专题讲座,提高家长的认识,并同家长一道提出培养计划及步骤;设立"家务劳动记录卡",由家长记录学生的劳动表现,定期交班主任或学习小组;学期末进行考核和评定。

  (二)公益劳动

  公益劳动具有两个特点:一是对社会、对人民大众有益的劳动,是服务于社会的;一是没有报酬的无偿劳动。公益劳动有利于培养学生自觉自愿地为公共利益而不计报酬的劳动态度,以及助人为乐的品质。《全日制小学劳动课教学大纲》(试行草案)中对低年级学生公益劳动的要求是:"学会擦黑板、玻璃,扫地,抹桌椅,开关门窗,在老师的指导下当好值日生,搞好室内外公共卫生。"对中年级学生的要求是:"会使用简单工具搞好绿化、美化学校环境,帮助烈属、军属、残疾人和孤寡老人打扫庭院或干一些力所能及的事情。"对高年级学生的要求是:"继续参加中年级安排的各项公益劳动,并适当提高要求。"

在组织学生参加公益劳动时，班主任要：(1) 从本地区和本校的实际出发，最好是从事为社会公众所急需的劳动。(2) 从学生的实际出发，结合劳动基础知识和技能，让学生参加力所能及的劳动。(3) 从建设、美化校园环境入手，将环境保护落到实处。基于我国目前公益劳动和环境保护的现状，有必要在学校尤其是小学开展以环境保护为主题的公益劳动。

（三）勤工俭学活动

它既是一种劳动教育，又可为社会创造财富，还可以增加经济收益，改善办学条件。通过勤工俭学，使学生热爱劳动，养成劳动习惯和正确的劳动态度；使学生体验劳动的价值，养成自立、自强，艰苦奋斗的好思想好作风。学校应把勤工俭学列入工作内容，班主任也要将它列入工作计划，认真做好这项工作。勤工俭学中要强调发扬集体主义精神，最好让学生参加集体劳动，以便于集中领导和开展教育活动。此外，勤工俭学要适度，要以育人为主要目的。

八、学生操行的评定和"三好"学生的评选

评定学生操行和评选"三好"学生，是班主任对学生进行教育的重要方法之一，是班主任工作的重要内容。但是，班主任能否认真坚持把握标准，把握好分寸，做到科学地评定，则直接关系到这项工作的成败。

（一）学生操行的评定

1. 学生操行评定标准的制定和指标体系的确立

学生操行评定标准的制定，一要依据党在新时期的教育目的，即"四有"（有理想、有道德、有文化、有纪律），"两热爱"（热爱社会主义祖国，热爱社会主义事业），"两精神"（为祖国富强和人民富裕而艰苦奋斗的献身精神；不断追求新知，具有实事求是、独立思考、勇于创新的科学精神）。二要依据《小学生守则》的各项要求。

指标体系，主要是把学生的操行要素分解为若干指标项目，并按一定层次分类，使之有纲目，有主次。指标体系一般要求能大体地覆盖学生操行的各个方面，又能切合学生各年级特点，做到简明清楚，量化准确。

2. 学生操行评定的基本要求

每个班主任都在给学生做操行评定，可其效果却并不一样。做好操行评定与班主任的自身素养，与班主任了解学生的程度，与班主任对工作的责任心等都有密切的关系。做好操行评定除要求班主任做好以上几方面以外，还需做到以下几点：

第一，有明确的操行评定标准和指标体系。操行评定的工作很难量化，因此确立评定的标准和指标体系就十分重要。班主任要在"标准"和"指标体系"的尺度上衡量与评定学生，这样既能做到客观，也容易使学生接受。在操行评定中，班主任要尽量少些主观的东西，但也可以在不背离其主旨的情况下予以适当的变动。凡是属于操行评定标准和指标体系的内容，都要组织学生学习，使学生熟悉和认同。对不同年级、不同情况的学生可采用不同的学习方法，但要联系实际，使其尽量与学生的行为表现联系起来。总之，操行评定要有标准，但又不是"死标准"。

第二，操行评定必须实事求是，把握学生的主流。在操行评定中，展现在班主任面前的学生是立体的、多面的、优缺点俱在的。而班主任看待和评价学生时由于对学生了解的程度不同，由于主观上已经形成的某种"看法"，由于与学生情感关系协调的程度，还由于其它种种原因，往往会不够客观，往往会把学生的某些"问题"看得太"重"，或把某些"问题"看得太"轻"，这样就容易使操行评定"失准"，或是产生"误评"。为了防止这种情况出现，班主任要深入了解情况，对学生的表现要深入到动机与效果、一贯与偶然、心理问题还是其它问题中去分析评价。了解，是操行评定能实事求是的前提，热爱学生、对学生负责是实事求是的基础。绝大多数学生的主导方面是好的，他们的主流应该是健康和积极的。有些问题学生，他们暂时处在更多的矛盾当中，但他们内心是希望成为好学生的。班主任要看到他们难教育的一面，更要看到或去发掘他们的潜在的动力和闪光点。在操行评定中，这是一个比较难处理的问题，其原因应该从更深的层次去寻找，即能否从本质上去看他们，从潜在的发展点去看他们。在操行评定中，始终要把握学生的主流，如果不能做到实事求是，或是把学生偶然发生的问题当成一贯表现作出评定，会给学生带来较大的刺激和不满，甚至会因此影响他们的上进心和正常的情绪，对此，班主任切勿掉以轻心，评定时应慎而又慎。

第三，坚持民主评定。操行评定是对学生的全面考核和评定，因此，班主任一定要听取对被评定者的意见。操行评定是一种教育手段，想要达到教育的目的，就必须准确地反映被评定者的情况，而做到这一点只靠班主任自身对学生的了解是不够的。学生毕竟有他们自己的生活天地，有他们个人的思想和个人的活动，他们的表现是在多种状态下反映出来的。班主任要想从多方面把握学生的表现，就必须听取其他同学的意见。学生对学生的了解和评价不一定完全准确，但这毕竟是他们自己的一种"看法"，班主任应该听取而且要认真对待。所以，在操行评定中要充分发扬民主，在大家都对评定标准有统一认识的基础上，由学生根据标准自评，由同学之间互评，再征求各科教师的意见。要做好这一点，班主任必须教育学生团结友爱、正直坦诚、与人为善，否则就会引起矛盾，达不到民主评定的目的。

第四，操行评定要言之有物。操行评定空洞无物，大致不外三点原因：一是班主任对学生没有明确的教育要求；二是班主任对学生没有深入的了解；三是班主任对操行评定的责任心差。避免这种情况发生，班主任要加强责任感，做到始终对学生有明确的要求，同时也要深入了解学生。在班主任心目中，学生的形象应该是具体的、丰满的、有特点的。在这种情况下，操行评定就会言之有物；就能突出学生的主流和成绩；就能指出学生真正的不足；就能给学生以明确的努力方向。有些班主任在进行操行评定时，觉得无"话"可说，学生在他们脑海中是平面的，甚至是模糊的，这样势必会使操行评定空洞无物，或者千篇一律。有少数班主任对操行评定很不重视，甚至认为是期末的一个负担，于是他们写类似的评语，即把学生分成几大类，各类一式，照抄不误，其结果可想而知。

这些年来，评语的改革成为小学教育改革的一个突破口，很多学校作出了可贵的尝试。下面是一位四年级的班主任给学生写的评语，供大家参考。

"小家伙，你的画棒极了！教师节时，你送给老师的'礼物'，我至今还挂在书桌前，每当看到它就似乎看到了你天真的大眼睛。每天中午我总是默默的观察你分饭时那不太熟练的动作，那认真的表情和穿梭于食堂与班级的忙碌的身影，你总是最后一个才吃饭。一个学期过去了，孩子你辛苦了！郑老师多希望你在学习上也能像画画一样专心，成绩也像画画一样出色，对待学习也能像分饭一样认真，那你远在日本的父母和养育你多年的祖父母将多高兴啊。"

（二）"三好"学生的评选

评选"三好"学生，是一种总结性的全面评比活动。一般一学期一次。当选者发给奖品、奖状，并记入学生档案。有些学校和地方还采取逐级评选的方法，分别评出班级"三好"学生，校"三好"学生，县、市"三好"学生。有些省市还召开"三好"学生代表会，选出代表，在更大规模的范围内给以表彰。

评选"三好"学生是班主任的一项重要工作，每位班主任应高度重视，认真负责，力求使其科学化、艺术化。根据优秀班主任的经验，必须做到几点：

1. 深入动员，坚持标准

评选"三好"学生，班主任首先要搞好动员工作，动员工作主要是宣布评比条件，提出评比要求，使全班同学逐条学习，深刻理解评选"三好"学生的意义和要求，从而明确目的，端正态度，实事求是，客观公正地把真正优秀的学生评选出来。同时，要注意发挥干部的骨干带头作用，组织团队干部和班委进行认真讨论，并在评选中起模范带头作用。

在评选过程中，必须掌握原则，坚持标准。如前所述，"三好"的内容是思想品德好、学习好、身体好，实际就是德、智、体三个方面。班主任应严格掌握标准，真正组织学生评选出符合标准的优秀学生来。否则，要求过高过严或过低过宽；或以一好代三好，强调某一方面；或主观片面，凭个人好恶草率行事；或走走过场，不吸取学生意见，都将使评选工作失去意义，并给学生造成不良影响。

2. 抓好总结，搞好互评

评选"三好"学生的过程是对学生进行思想教育的过程，对每个学生都是一次全面的检查。班主任应使评比活动成为一次群众性的自我教育活动。因此，评选"三好"学生决不能简单地采用班主任提名宣布这种包办代替、独断专行的做法，而应该发动全班同学认真地实事求是地进行个人总结，肯定成绩，找出缺点，明确差距，争取进步。在个人总结的基础上进行评选。

在评选过程中，班主任应充分发扬民主，先让学生互评互比，即个人小结之后，进行小组讨论，酝酿提名，对照评比条件，提出"三好"学生的名单。各小组提出的名单，要经过班委会、少先队干部讨论，还要广泛征求科任教师的意见。班主任要善于归纳各方面的意见，提出经过各方面讨论后的"三好"学生名单，再让全班同学表决通过，真正做到既有民主，又有集中，人人心情舒畅，使评选过程变成一次思想教育的过程。

3. 表彰先进，搞好善后

"三好"学生评出后并不算完事，班主任还要表扬先进，掀起赶追先进的高潮。除由学校召开大会，给"三好"学生发奖状和奖品外，有经验的班主任还善于在教室里布置"三好"光荣榜。为全班学生树立榜样，使全班掀起学先进、赶先进的高潮，造成一个为争当"三好"而努力的风气。

班主任还应做好评后的善后工作，即要及时做好各类学生的思想工作。对评上"三好"的，要教育他们戒骄戒躁，继续努力；对只在小组提名而未在班上通过的，要提名表扬，鼓励下次争取被评上；对没有被提名的多数学生，要教育他们向"三好"学生学习，找出自己的差距，争取下次做一个"三好"学生。

九、班级学生学习管理②

（一）建立学习检查制度

定期的学习检查，既能保证班级有正常的教学秩序，又有利于培养学生重视学业、遵守制度、珍惜时间的良好习惯与作风。检查学习的内容包括：

1. 学习任务的完成情况
2. 学习纪律的执行情况

3. 学习成绩的升降情况

以上检查要经常和定期进行，使之制度化。

（二）建立学习经验交流制度

交流学习经验是形成班级良好学风，学生掌握学习方法的一个途径。学习经验交流，小范围的可以经常化，全班性的以一学期举行1～2次为宜。

（三）建立学习奖励制度

班级要设立"学习进步奖"。学生在原有基础上，在学习的各个方面有所长进，就应及时鼓励。如学习成绩的提高（包括不及格课程的减少，不及格成绩的上升），学习态度的转变，学习纪律的遵守，等等。有的进步即使不巩固、不明显，也要及时肯定。对学习进步的表扬与奖励，要逐步提高要求，且要经常进行。比较大的奖励可以同学习经验交流结合起来。此外，班级学习管理要同学生自我管理相结合，才能取得最佳效果。

本章注释：

① 参阅白铭欣著. 班主任的科学与艺术. 华龄出版社，1996. 460～487

② 参阅刘福国主编. 班主任工作概论. 重庆出版社，1991. 155～156

第六章　班级活动

喜爱活动是小学生的天性,活动可以给他们快乐、知识、经验和健康,丰富他们的精神生活。认真组织和积极开展班级活动,是班主任工作的一个重要内容。

第一节　班级活动概述

一、班级活动的含义和特点

（一）含义

班级活动是一个班级的成员参加的集体教育活动。它有广义和狭义之分,广义的班级活动是指在教育者的组织和领导下,为实现我国总的教育目的和小学教育目标,完成学校的教育工作计划,组织班集体成员参加的一切教育活动。它包括班级的教学活动、课余活动等。狭义的班级活动则是在班主任的组织和领导下,或在班主任的指导下由学生自己组织的,为实现班级教育目标而进行的除课堂教学以外的各种教育活动。它是班主任对班级里的学生进行集体教育和个别教育、培养学生素质基础的基本形式;是班主任组织建设学生集体,并通过学生集体来教育和影响学生个体的一种较为普遍采用的教育形式;也是学生个体自我教育的一种行之有效的方式。本章着重阐述的是狭义的班级活动,亦称班级课外活动。在班级活动过程中,班主任可吸收科任教师和其他人员参与领导、组织班级活动。

通过班级活动来教育学生,是班主任工作的重要特点,也是班主任工作行之有效的方法。班主任工作的任务和要求决定了班主任主要是通过各种教育形式和手段来促进学生的全面发展、打好素质基础。班主任应根据小学生的身心发展特点，尽可能多地组织开展各种教育活动，在活动之中对学生进行生动、形象、具体和有针对性的教育。

通过班级活动来教育学生，是小学生身心发展特点所规定的。小学生的身心发展特点决定了他们精力旺盛、兴趣广泛、活泼、好动、好奇、好问、好胜、好模仿和好学习等，他们喜爱活动，在活动中表现自己和通过活动满足成长的需要。从生理上看，他们正处于身体发育时期，精力旺盛，活泼好动，喜欢显示力量。从心理上看，他们求知欲强烈，有各种各样的兴趣爱好，喜欢亲自探索，亲自实践。从思想行为上看，他们的思想尚未定型，行动也未"习惯化"、"自动化"，可塑性很强。由于学生是发展中的尚未完全成熟的人，其知识经验或缺乏或有缺陷，理性思维发展水平不高，对生动的、形象的、感性的、新颖的东西更容易接受，更容易在思想上留下烙印。这就要求班主任在进行教育时，要多开展一些丰富多彩的活动，使学生通过活动受到教育。苏霍姆林斯基认为，活动是学生"个性发展的一个重要条件"，"离开活动去谈论全面发展，谈论培养素质、爱好和天赋才能，只不过是一些空话而已"。所以，班主任应高度重视、运用班级活动这一方式来教育学生、建设集体。

（二）特点

班级活动与其它教育形式一样，都是为了促进学生的全面发展，实现小学教育目标。它有其固有的特点，班主任只有把握这些特点去组织开展班级活动，才能充分发挥其作用。

1. 自愿性和指导性

学生可以根据自己的兴趣、爱好、特长，自由选择、自愿参加各项活动。一般来说，学生自愿选择参加某项活动，就会自觉地遵守有关纪律。学生在活动中自主、自治，表现出主体的作用。但由于小学生身心发展的不确定性、不稳定性，活动须由班主任组织领导，或在班主任指导下学生自己组织进行。小学生的班级活动是自愿与指导相结合的。

2. 灵活性和综合性

活动的内容、形式和效果的表现方法，灵活多样。活动的内容可根据参加者的愿望、班主任的要求来确定，内容可深可浅，可多可少；活动的形式如活动规模的大小、活动时间的长短、活动的方式等可根据学生的年龄特征、知识水平、指导力量和设备条件确定；活动质量效果的检查评定方式也是多种多样的，可采取展览、汇演、报告、讨论、交流等多种形式表现出来。同时，活动能为学生提供同时运用和发展多种学科的知识、多方面的智力才能的机会，学生在活动中既表现出知识技能的综合运用，又通过活动接受多方面的综合影响，从而促进其全面发展。

3. 开放性和实践性

活动是学生与生活、学校与社会进行联系的纽带，它不受教学计划和学校围墙的限制，活动的内容和形式更接近现实、贴近生活，富有新鲜的气息，为学生打开了广阔的生活领域。它还能及时引入社会信息，协调家庭、社会、学校对学生的教育影响，形成一致的教育合力；沟通学生之间的交往和联系，有力地克服学校的闭塞状态。并且，所有的班级活动都需要学生付出自己的智力和体力，活动较多，给学生动脑、动手的机会也多，为培养学生的实践能力提供了极有利的条件，它是学生重要的实践活动形式。

二、班级活动的意义

班级活动对促进全体学生德、智、体、美、劳诸方面全面发展，为其接受进一步的专业学习和提高全民族的素质打基础，实现我国总的教育目的和小学教育目标有着非常重要的意义。

（一）班级活动是促进班级全体学生德、智、体、美、劳全面发展、打好素质基础的重要形式、途径和方法

第一，班级活动为学生思想品德的成长提供了实践的条件和生活经验的基础。班级活动，充实了学生的生活，密切了学生与社会之间的联系，使学生更多地体验个人同他人、集体、社会的复杂关系，并在实践活动中履行所掌握的品德规范，丰富学生的精神世界，把小学生旺盛的精力、浓厚的兴趣、广泛的爱好引导到健康发展的

轨道。

第二，班级活动使学生学习的领域扩大了，学习机会增多了，有效地激发求知的兴趣，这对促进智能的发展有很大帮助。

第三，班级活动使学生不仅动脑动口，而且动手动脚，全身运动，身心处于紧张热烈而又轻松愉快的兴奋状态，从而有助于学生身心健康水平的提高。并可使学生受到审美教育，培养劳动观点和习惯。

第四，班级活动促进学生特长和能力的发展。在活动中，学生根据自己的兴趣、爱好和特长，自愿地去选择自己感兴趣又适合自己的活动，这样学生就可以按兴趣、爱好、特长组织在一起，共同促进，使特长和能力得到充分的发挥。而这也有利于班主任因材施教，促进学生特长和能力的发展。

第五，班级活动有助于学生主创精神的培养。学生是班级活动的主人，有的班级活动需要由他们自己来设计、组织、管理，即便是以班主任为主组织、领导的班级活动，同样需要学生积极参与设计、管理，这些对学生独立工作能力的培养和锻炼都有积极的作用。有不少的班级活动充满着创造的因素，通过这些活动的构思、设计、组织、表达等过程，就使学生的主动精神、创造精神、开拓精神得以培养。

第六，班级活动还可以满足学生交往的需要，使他们在交往中培养起健康的、丰富的感情，学会处理各种人际关系。

总之，每一个学生的成长、每一个班集体的组织与建设都不是在静止的状态中进行和完成的，而是在活动的状态下进行和完成的。因此，班主任都应当重视班级活动的研究，并组织学生经常开展丰富多彩的活动。

（二）班级活动是组织、建设良好班集体的有效方法

第一，班级活动有助于班集体的形成。一般说来，组织、形成班集体总是以协调一致的集体工作和有益的班级活动开始的。如果一个班级不开展或很少开展活动，是永远也不可能成为一个真正的集体的。

第二，班级活动有助于实现班级教育目标，培养学生的集体荣

誉感和责任感，从而促进班集体的发展与完善。班集体是在实现班级的奋斗目标的实践活动中发展和巩固起来的。目标是班集体发展的方向和动力，而组织相应的具体活动则是班集体向着既定目标前进的重要形式。只有在班级活动中，学生才能正确认识个人与集体、个人与他人的关系，培养集体主义精神和对集体的责任感、义务感。如果没有活动，学生就不会感觉到集体的存在，也就不会主动地去关心集体，为集体的利益而奋斗；而有了活动，学生则会精神焕发，并促进学生间的交往、团结和班集体的巩固与发展。

第三，班级活动有助于形成正确的集体舆论和良好的班风。在健康、有益的班级活动中，正确的、合理的东西得到肯定、弘扬，错误的、不良的东西则为大家所不齿。这样，正确的舆论和班风就会逐步形成、发展起来。所以说班级活动是创建班集体的血液，是形成集体主义思想的摇篮，没有活动就没有集体。

三、班级活动的内容和形式

（一）班级活动的内容

班级活动的内容十分丰富，有思想品德活动、科技活动、文学艺术活动、体育娱乐活动、社会公益活动（劳动）、课外阅读活动等等。

1. 思想品德活动

这是以对学生进行思想政治教育和品德教育为主要目的的活动，如各种内容的报告会、社会宣传、社会调查、参观博物馆、祭扫烈士陵园等。

2. 科技活动

这是以培养学生运用知识和实际动手操作能力，发展创造才能，激发对科学技术的兴趣和爱好为主要目的的活动。包括数学、生物、自然等学科活动，以及标本制作、植物栽培、动物饲养、考察家乡、开展小发明、小创造活动等。有条件的学校和地方，还可以开展如计算机等学科爱好小组活动、举办科技讲座等。

3. 文学艺术活动

这是以丰富学生文化生活、陶冶情操、培养艺术欣赏和创造能力为主要目的的活动。如美术、书法、歌咏、舞蹈、戏剧、器乐以及文艺作品欣赏、参观展览等。

4. 体育娱乐活动

这是以增强学生体质,提高运动水平,培养学生的审美情趣,获得身心愉悦满足,培养各种优良品质为主要目的的活动。如各种球类、棋类、田径、游泳、体操、拔河、爬山、游戏等。

5. 社会公益活动(劳动)

这是以学习有关劳动的知识技能,培养劳动观点和习惯,培养社会责任感和义务感为主要目的的活动。如绿化校园、卫生扫除、植树造林、维护交通秩序、拥军优属、照顾病残老弱、宣传时事政策等。

6. 课外阅读活动

这是以开阔学生视野、补充新知识、提高阅读能力为主要目的的活动。这类活动有读书报告会、讨论会、朗诵会、演讲会、知识竞赛、写读书笔记等。

所有这些活动,都有培养和教育的因素,都包含有促进学生全面发展和培养素质基础方面的内容。

(二) 班级活动的形式

班级活动的形式是多种多样的,从参加活动者规模来看,可分为三大类:班级集体活动,小组活动与个人活动。

1. 班级集体活动

是在班主任的直接领导或指导下由班委会、少先队组织开展的。这类活动吸收全班同学参加,有利于活动的普及,同时也为活动的提高提供基础。它可以在单位时间内使班级全体学生受到教育,对活跃班级学生很有帮助。具体活动方式,有各种报告会和座谈会、演讲会、纪念会、联欢会、游园会、夏令营、参观、访问、各种体育竞赛、办墙报或板报、看电影和电视、公益劳动和社会服务,以及开展小发明小创造比赛等。班级集体活动要有明确的目的,严密的组织,充分的准备,以及事后详细的记录和总结。班级集体活动中,比较普遍的有班会活动、少先队活动、劳动、节日活动等。

2. 小组活动

是班级活动的基本组织形式，它机动灵活，小型多样，能照顾学生不同的兴趣、爱好，使学生得到更多的学习和锻炼机会，有利于发展学生的个性、才能。它分学科小组、科技小组、文艺小组、体育锻炼小组、公益服务小组、家庭学习小组等。活动小组可以根据学生的要求和学校的条件组织。小组的人数不宜过多，成员应是对这项活动有兴趣爱好的学生，要确定专人指导。小组开展活动要制定计划和必要的规章制度。小组活动的成绩，要注意总结，可以通过汇报、展览等形式展示出来，以巩固成果，增进信心，推动活动的发展。在小学里，比较普遍的小组活动主要有科技小组活动、文体小组活动、服务小组活动等。

3. 个人活动

这是学生在班主任指导下进行的独立活动。有时也与小组活动或集体活动结合进行。它包括阅读、观察、练习创作、书画、模型制作等等。这种活动能充分发挥每个学生的主动性、积极性和创造性，培养和锻炼学生独立工作能力和自学能力，使有特殊才能的学生得到充分的发展。班主任对学生的个人活动要加强指导，有布置、有检查，使之收到良好的效果。在个人活动中占有重要位置的是课外阅读活动。

对班主任来说，无论什么内容和形式的班级活动，都必须根据班级学生个性发展的需要，班级、学校和社会的可利用条件来加以组织安排。经验证明，在小学里，不论客观条件如何，班级活动开展得好不好，班主任的主观努力是起决定作用的。班主任充分认识班级活动的意义，因地因时制宜地精心组织开展各种活动，是会取得良好的效果的。

在本章以后的几节将具体介绍小学里比较普遍而重要的几种班级活动。

四、班级活动与教学活动的关系

课内教学活动与班级活动是教育培养学生的两个重要渠道，它们的目标一致，都是为了提高学生的质量，都是为了促进学生的全面发展。要充分发挥这两个渠道的教育功能，提高教育效果，必须正确处理好二者之间的关系。

就学校教育教学工作的时间或侧重点而言，课内教学是基本的和基础的，就对培养全面发展人才的重要性而言，两者缺一不可，教学侧重于理论，侧重于学科知识；活动侧重于实践，侧重于学科知识的综合运用，这样纵横交错，理论与实践结合，左右脑功能同时开发，才能在教育教学工作中既为学生打好坚实的学科知识基础，又培养和发展各种能力。班级活动与教学一道是全面发展教育的重要途径。班级活动有利于课堂教学。有效的班级活动能激发起学生潜在的求知欲望和学习的兴趣，唤起学生学习的积极性和动力。同时，课堂教学又可丰富班级活动，从内容、形式、时间、质量等方面都会对班级活动产生影响。二者是相互促进的。所以，班级活动既要保持自己的独立性和特点，不能把活动变成是教学的继续或补充；又要有利于促进教学质量的提高。

强调活动的重要性是因为活动的重要地位和作用仍未引起人们的充分的注意，但这并不意味着可以削弱课内教学，恰恰相反，只有切实改进课内教学，提高课内教学效率，才能真正减轻学生的负担，使班级活动得以正常进行。

在有的人看来，既然班级活动应该有利于课堂教学，就应该把活动当作是教学的延伸或补充。这种看法是错误的。课堂教学更主要地是发展学生的智能素质，而班级活动不仅要培养学生的智能素质，而且还要培养其品德素质，身心素质，审美情趣等多方面的综合素质。即使是以培养学生智能素质为主的、与教学学科知识相关的班级活动，固然要以巩固教学知识为主，但它也不是简单的重复和补充。班级活动与学生的社会生活实践贴近，受影响因素增多，对知识的深度和广度无疑都有拓展。班级活动充分发挥学生个体的主动性和独立性，教师只起指导、咨询、启发帮助的作用，这不同于课堂教学以教师为主导的单一方式。所以，班级活动与课堂教学是相对独立地影响学生的两大教育途径，各自的作用机理、方式、目的是不完全相同的，二者应该区别对待。

也有人担心，学生参加班级活动，花费了时间和精力去学习一些与考试没有直接关系的内容会影响学习成绩，影响教学。这种担心是可以理解的。但是这种疑虑是多余的,班级活动的有效开展会提高学生活动中求知的兴趣、欲望和学习的纪律性、意志品德,这些都会迁移到课堂教学,有利于学生的学习。特别是当前我国正在从应试教育向素质教育转轨,提倡培养学生的综合素质,强调基础知识和基本技能的掌握和运用,而活动又是以教学的知识为主要背景的,这无疑也反映了班级活动与课堂教学是相互联系、相互渗透的,活动是能促进学生的学习、有利于教学的。所以班级活动与教学活动是不可截然分离的。二者相互促进、相互丰富。

第二节 班会活动

在小学,一般地,每周都安排了固定的时间给班级进行集体活动,并要求至少两周举行一次班会活动。班会是以班级集体为单位、以一定的目的为指向对学生进行教育和开展工作的有效形式,也是学生进行自我教育的有效方式。班会围绕一定的主题进行即为主题班会。班主任如果能充分发挥学生的主动性,有计划地举行一些自己指导下的由班委会或其他学生组织的主题班会,并因势利导,既可以达到使学生提高认识、发展个性、愉悦生活的目的,又可以培养、锻炼学生自理、自治能力,从而达到巩固班集体和形成良好班风的目的。在小学里,开展得比较多的基本上是主题班会。

一、班会的意义

班会有鲜明的主题和明确的目的,既是对学生进行教育的活动形式,又是使学生得到锻炼的活动方式,也是班主任实施教育的重要手段。当然这种教育的力度强弱以及效果的大小,取决于班主任设计组织班会的能力,取决于班会主题的准确性及针对性。班会的活动一般是由学生主持,从准备到开展活动,都要求班级全体学生参与,这给学生提供了锻炼的机会和场所。有经验的班主任每次班会都力求使不同的学生得到锻炼,促使他们增强活动的能力。

班会的作用主要表现在以下几个方面:
(一)班会有利于提高学生的认识能力

从班会的教育意义上讲，主要是使学生通过班会明确、统一、强化对某个问题的认识。班会活动都有个教育的主题，这种主题都是为了提高学生认识而确立的。班会的认识作用主要表现在使学生提高思想认识、道德观念、审美观念等；增强学生思想上正确与错误的判断能力；道德上对善恶的识别能力；审美活动上的认识美丑的能力。这些认识能力的提高来源于班会活动中的以某种主题为中心的积极的教育影响。

（二）班会有利于提高学生的自我教育的能力

一个完整的班会，从设计到实施都要发动学生去参与；比较成熟的班级集体，学生在班会活动中可以"唱主角"，这使学生的创造能力、组织能力、活动能力能够极大地发挥。有经验的班主任总是把班会的意图告诉学生，启发调动大多数同学去动脑筋、去发挥聪明才智；并在关键处给予指点。这样做既能把握住班会的指向，不至于使班会偏离既定的目的，又能给学生施展发挥才能的余地，体现出主体的能动性。自我要求，自我完善，自我进取的精神就会不断增强，这样就能达到自我教育的效果。

（三）班会有利于班级集体的建设

建设一个良好的班级集体要通过各种活动来实现，而班会活动就是其中一项重要内容。首先班会可以产生凝聚力，起到促进班级学生团结的作用。组织得当的班会，对学生有很强的吸引力，通过班会使学生的目标能更为一致，这是团结的基础。在班会活动中，学生的主人翁意识能得到增强，人人都觉得应该对集体负责任，这样学生中间共同的东西多了，会形成很强的向心力和向上的意识，这又是增强班级团结的动力。因此，班主任要注意通过班会达到这种目的。

班会活动可以起到改变集体面貌的作用。组织良好的班会，会有力地调动学生的积极性。班会活动的过程，是每个学生都发挥主体积极性的过程，能使不同的学生不仅受到教育，而且能够按集体的要求"重塑"自己，并由此能够有所进步。好的班会，都会使学生的面貌发生变化，有的班会甚至是某些问题学生转化的契机。当然，学生个体的变化，势必会影响到集体，使班级集体面貌发生变化。这些变化主要表现在集体的精神面貌上,比如更加朝气蓬勃,更加积极向上,更能为集体荣誉感所驱动,表现出强烈的竞争精神等。

班会对建设班级集体的作用还表现在师生关系上。班会活动,实际上是一种师生共同活动的过程,组织班会的过程,应该是师生交融的过程,应该是彼此加深了解的过程。班会活动,是形成师生间不断建立亲密关系的一种纽带。每次成功的班会,都是这种建立亲密师生关系的"积累",都会是对建立和谐师生关系的一种促进。所以,班会活动又有促进班主任与学生建立良好关系的作用;而这种良好的关系,又是建设一个良好的班级集体所不可缺少的。

班会的作用是多方面的,多角度的,同时也是持续的。有时候一次开展得好的班会,常常使学生终生不忘,留有深刻的记忆。这是因为这种班会真正触及到学生灵魂,真正为他们的成长注入了营养,真正在他们饥渴的时候得到了甘露。

二、班会的组织、开展

(一) 主题的确定与设计

主题班会是建设班集体和运用集体的力量对学生进行教育的一项重要活动,有着深刻的教育意义。主题班会要取得效果,首先就是要确定和设计好主题。主题的确定与设计,具有方向性的指导作用,它将引导班会向预定的方向发展,并达到预期的目的。

1. 确定主题的原则

(1) 教育性原则。班会活动是为了教育学生,其主题本身就应该具有教育性,不能出现负效应。同时,要注意教育的深刻性,不能浮光掠影,没有实际内涵。确定的主题必须具有明确的教育目的,如思想观点、政治立场、道德品质方面的教育,端正学习目的、态度的教育,创"三好",争先进的教育等等。班主任在确定主题时,必须明确知道主要是解决什么样的教育问题,怎样贯彻教育性,达到教育目的。只有这样,主题班会才会有实效。

(2) 针对性原则。主题的内涵要符合小学生的身心发展特点,反映社会发展的客观要求。确定主题一是要从本班学生思想反映中带有共同倾向性、普遍存在的问题出发;二是要抓住某一时期的社会倾向、时代特征、校内外重大事件联系实际问题出发。这样，活动才会有针对性。例如，根据学生中不少人学习目的不明确、缺乏理想这一情况，可组织学生开展"读书为了什么"、"我长大了做什么"等主题班会。可以想象，当同学们满怀敬意，讲述毛泽东主席在湖南第一师范学校为寻求救国之道而奋发苦读，讲述周恩来总理在沈阳第二小学、天津南开中学"为中华之崛起而读书"的时候，他们能不激发起读书的热情和理想吗？

（3）创造性原则。主题的设计应力求新颖，给学生以新奇感，有强烈的吸引力，能充分调动学生的兴趣和参与热情，不能年年一个样。这就要求班主任有敏锐的思考、深入的分析，广泛地征求意见，博采众长，从而不断推陈出新。

2. 确定主题的步骤

（1）了解学生的身心发展特点，掌握学生的现实状况。作为班主任，首先必须了解本班学生身心发展的年龄特征及社会对人的发展的客观要求；其次对本班学生的具体现状如学生的精神状态、学习风气、健康状况、班级舆论、班风和传统、当前班级及学生存在的主要问题都要做到心中有数，清楚明了。只有这样，班主任才能摸清学生的实际情况，抓住当前需要解决的主要问题，确定班会的主题才会有针对性。

（2）拟题酝酿，调动学生的积极性。班会的主题根据班主任对学生情况的了解和掌握，可先由班主任划定一个大致范围，然后由学生揭示；也可由教师个别征询得出；或由班干部在广泛听取同学意见的基础上拟定。不管采用哪种方法，所拟题目都应是具有普遍性的问题，这样才能使大多数同学从活动中受到启发和教育。对同学们所拟的题目，还应有一个酝酿的阶段，由全班学生对这些题目进行筛选，确定要解决的问题。这样做，可以调动学生参与的积极性，为活动的正式进行奠定心理基础。酝酿的过程实质上也是教育的过程。

（3）博采众长，集思广益，确定主题。在学生酝酿的基础上，班主任应召集学生干部最后确定主题。确定主题，既要符合当时的形势和学校教育工作计划的要求，又要结合学生的思想实际、年龄特征和班集体中存在的普遍性问题,使活动能切实地起到解决学生中普遍存在的、有代表性的典型问题的作用。

(4)偶发事件中的主题确定。有的偶发事件,在意想不到中提供了教育的良好契机。如果时间久了,则可能会失去利用这一契机教育的机会。所以,面对偶发事件,班主任要灵活机动,反应敏捷,果断决策,及时确定主题。

3. 主题的种类

(1)季节性主题。是按照季节、节日与纪念日选定的主题。许多季节、节日、纪念日已成为对学生进行思想、政治、道德、行为等教育的最佳时机。如在端午节以"由屈原想到的……"的爱国主义教育为主题;"五一劳动节"和"植树节"的劳动教育主题;"文明礼貌月"的行为教育主题;在"六一"以立志教育为主题,等等。

(2)问题性主题。是针对学生中普遍存在的共同性问题而设计的教育性较强的主题。学生在学习、生活、成长过程中,不可避免地会出现各种各样的问题,如不懂得珍惜时间,不会抓紧时间学习,不懂得人生的真正价值,不会处理人际关系以及个人与集体的关系等等。针对这些问题确定主题,展开教育活动。

(3)模拟性主题。根据学校和班集体在一定时期的教育要求,以模仿某种具体的生活情境为主题,旨在组织学生扮演生活中的角色,让他们身临其境地感受到生活的丰富多彩和绚丽多姿,从中接受感染、启迪、教育。如设计"道德门诊"、"在公共汽车上"、"小邮局"、"小银行"等,引导学生去深入观察、体验、分析社会生活。

(4)知识性主题。寓教育于文化科学知识的学习过程之中,用知识来充实活动,使学生既能受到深刻的教育,又可获得一定的知识。如设计以"学习秘方"、"我最喜爱的一本书"、"祖国之最"为主题的演讲或竞赛活动,既丰富学生的知识,又能从中受到感染教育。

(5)系列性主题。围绕一个总的教育主题而设计的多层次、多侧面的相互关联的分主题系列,给学生以多样的、系统的、持续的、全面的影响。如在三月份以"今年春更美"为总主题,可设计"寒假风采"、"雷锋叔叔在我身边"、"与小树一起成长"为主题的展览、演讲、实地劳动等活动,培养学生乐于为社会、为祖国献一份美的思想。

(6)即兴性主题。是利用教育实践过程中围绕具有突出教育意义的偶发事件而设计的主题。在日常生活和教育工作中,常常会出现意料不到的偶发事件,可能成为对学生进行教育的有利机会,要求班主任具有较高的教育机智,善于抓住这些有利的教育时机,做出果断而细致的教育工作。

(7)实践性主题。是需要学生利用自己的实际行动来实现的主题。如"我为教室添色彩",让学生运用自己的双手和智慧,装扮教室环境,在美的实践中培养一份对集体的爱心。

(二)活动的准备与实施

班会活动确定和设计好主题之后,接下来就是准备和实践的问题了。

1. 做好充分的准备工作

确定班会活动的主题之后,就要围绕着主题,做好一系列的准备工作。准备分为精神的和物质的两个方面。精神方面,除了让学生了解主题班会的内容和形式,使全班每个同学都感兴趣,并积极投入到准备活动中去,班主任还应对班会活动中可能出现的突发事件有一定预见性的准备。物质方面,就是为主题班会的成功准备各种设备、材料、用具等,包括环境的布置。只有进行认真的准备,才能达到预期的效果。一位富有经验的班主任指导学生召开的《长征路上当名小红军》的主题班会是这样准备的:主题班会开会以前,布置同学们阅读红军长征的书籍,讲述了红军二万五千里长征的经过和可歌可泣的英雄事迹。又引导同学们绘制"小红军长征路线图",编写主题班会的朗诵词,讨论怎样参加新的长征;一部分同学还以当年红军在长征路上给群众做好事为榜样,积极参加社会公益活动。从这里可以看出,主题班会的准备过程,也是学生受教育的过程。当然也有可能,有的学生认为红军长征"游山玩水"了,真令人羡慕。对这类问题,班主任应有预见性的准备,厘定教育对策。只有准备工作做得越充分,学生受到的教育作用就越深刻。

2. 采取灵活多样的组织形式

小学生的身心发展特点决定了他们往往对形象的、生动的、有趣的东西容易理解和接受。因此班会活动形式应多样、生动、新颖，富有教育意义。当然，形式是由内容决定的。决不能脱离内容去单纯地追求形式。根据一些班主任工作的经验，小学生组织主题班会的形式主要有以下几种。

（1）主题报告会。就是围绕某个主题，请有关人士给学生作报告。例如：请历史老师、地理老师、政治老师分别从不同角度作"爱中华"的主题报告，请先进劳模作英模报告，请有关人员作"社会常识"的报告，还可以请学生中的表率作为代表作有关报告。总之，围绕某个主题，可以请外单位人员、本校教师，也可以让学生登台作报告，以有针对性对学生进行启发引导，领悟主题。

（2）演讲。演讲，就是组织学生围绕某一主题进行演讲，用以表达思想和情感。其特点是以学生活动为主题，形式灵活，便于组织，收效明显。通过演讲，既能了解学生的思想动态，使老师有的放矢，又能从多方面提高学生的能力，如表达能力、观察分析能力、组织材料的能力等。演讲可以根据学生的学习阶段和能力，分为准备性演讲、即兴式演讲、系列演讲等。

（3）竞赛。就是根据学校、家庭、社会的情况，结合学生的思想、学习、生活实际，组织专题竞赛，让学生在竞赛中获得知识、受到教育。如"小学生行为规范知识竞赛"、"自然常识知识竞赛"、"一分钟时事问答竞赛"等。

（4）讨论。就是选择一定的主题，让学生在一起畅所欲言，谈思想，谈体会，经过各抒己见，互相交流，互相学习，大家加深理解，提高认识。如"学习经验交流"、"家庭作业多好不好"等主题讨论会。

（5）野外活动。就是利用、结合每年举行的野外活动，召开现场主题班会，以提高学生思想觉悟。如每个学校大凡每年都要例行春游和扫墓活动，班主任可以抓住这些活动召开现场主题班会。

（6）文艺表演。就是用文艺的形式召开主题班会，借以教育学生。班主任可组织学生开展"读一本好书"、"学一学英雄人物"的活动，然后让学生编成各种文艺节目，自己表演。通过形象生动的文艺节目互相启发，从中受益。

总之，班会的形式应是丰富多样的，这样才能适应小学生的特点，为他们所喜爱，满足他们的探索求知、交往、抒发情感、发挥和培养才能等方面的需要。班主任在选择形式时，就要根据内容的需要，选择能发挥最佳效能和最富教育意义的形式，从而调动学生参与班会的积极性和主动性，使他们从中受到教育和得到发展。

3. 布置活动场所的环境

班会活动要讲究环境的布置，创设为主题服务的特定情境，使大家一走入会场，就受到气氛的感染，情境的熏陶，领悟出班会的主题，引起深入的思考。例如，一位小学班主任教师精心组织了一次"啊！妈妈"的班会活动。这次活动就讲究了环境的布置，大致经过如下：

为了培养小学生热爱祖国的情感，她精心设计的"啊！妈妈"的活动就这样开始了：教室的周围挂着有关祖国地貌、保卫祖国、建设祖国的一些图片，黑板上映着幻灯彩画，画着一位和蔼可亲的妈妈和一个天真活泼的娃娃。孩子们一看到这幅画就情不自禁地说起来了："妈妈爱孩子"，"孩子爱妈妈"。这时，老师问孩子们："你们的妈妈在什么地方工作？你们家的条件怎样？"孩子们抢着回答了这个问题。老师又问："你们听了后，觉得哪家条件好？"大家雀跃起来，异口同声地说小周家条件最好。老师点点头，又问："把你们都送给周家，给小周的妈妈当娃娃，行不行？"孩子们诧异了："为什么？他的妈妈又不是我的妈妈！""他家条件好啊，你们去了不就可以过得更好些吗？"孩子们生气了："不去！妈妈生我养我很辛苦，我不能为了过得好连自己的妈妈都不要了，那样多丢人！"班主任进一步启发道："你们虽然只有八岁，但你们想想，我和你们，还有全国人民，都有一个共同的妈妈，她是谁呢？""是祖国！"大家齐声回答。这时黑板上的幻灯画面变成了一面五星红旗。紧接着，老师一一指点图片又说："我们大家的祖国妈妈由于受到各种干扰破坏，现在还很穷，有些地方赶不上外国孩子的妈妈。我们能不能给外国妈妈当孩子呢？"这下，孩子们大声嚷道："不！我们的祖国妈妈虽然有些穷，我们不会嫌弃她"，"我们现在好好学习，学好本领，长大了用勤劳的双手把她建设得更加富强!"老师看到孩子们的激情调动起来了,回过身,在五星红旗下写了九个大字:我爱您呀,亲爱的祖国!孩子们齐声朗读,充满了感情。经过这次活动使孩子们由热爱自己的妈妈上升到对祖国的热爱,情感得到了深化。

4. 班主任对班会的指导

班会的计划、组织与实施是学生在班主任指导下进行的,班主任的指导作用是通过学生的活动体现出来的。

班会的内容和形式指导。班会的内容和形式是丰富多样的,班主任指导学生集体确定班会主题、选择班会的组织形式,指导学生按照内容和形式的要求布置活动环境等。小学生身心发展还不稳定,对问题的考虑和看法不同程度地存在片面性。因此,班主任对班会活动的内容和形式指导是非常重要的。

班会的计划与准备指导。班会活动的组织要先有计划,并做好充分的准备。班主任根据拟定设计的班会主题布置全体学生做好准备,规定职责,提出要求,指导学生根据准备要求自主地自我设计,以全身心地投入到活动之中去。班主任对班会的计划与准备指导是必不可少的。

班会组织过程的指导。班主任和整个班级学生一道自始至终地参与班会活动的整个过程,班主任的参与只是一种指导性的参与,如放手让学生干部主持活动的全过程,让主持活动的干部自己设计活动过程,也鼓励不是干部的学生当活动主持人,使每个学生都得到锻炼。班主任在整个活动过程中,只是针对活动过程出现的问题和遇到的偶发事件进行具体指导,必要时把握方向进行启发、诱导,以保证班会活动的主题目的性和预期的教育效果。

强调班主任对班会活动的指导,是要求班主任既要充分发挥学生的自主性,体现学生的主体作用,又不是放任自流;既要组织领导,又不包办代替。

三、班会的总结和深化

做好班会的总结和深化是班主任通过班会对学生集体和个体进行教育的最好时机,是班会取得预期教育效果的关键,班主任必须牢牢把握住。

在班会活动中，由于小学生的年龄、知识、认识水平、思维能力等方面的原因，他们对事物的认识还是片面的、有局限性，带有明显的个人感性色彩，缺乏客观性，这就要求班主任对班会进行总结和理性升华，使学生的认识有提高，思想有进步，行动有准则，前进有方向。

对班会的总结，既可由学生主持人总结提出，班主任补充修正、集中提炼；也可以由班主任通过对整个班会活动的观察直接总结提出。总结必须针对班会活动的实现情况，由表及里，由现象到本质，升华主题，激励全班学生奋发向上，富有鼓舞性和号召力，对学生起到启发、诱导、激励的作用。

一次班会活动的结束，并不意味这一主题教育活动的终结。我们对一次班会活动不能期望过高，不能企望通过一次活动就能使学生有很重大的变化。班主任对班会活动不仅要进行总结，而且还应对班会活动的主题和内涵进行深化，以巩固班会成果，扩大教育效果。这实际上就要求班主任：第一，着重引导学生将在班会活动中所得到的新认识和被激发的热情予以升华和强化，使学生能够在以后的教育活动中将教育者的要求转变为学生自身教育和发展的要求，从而激励自己的行为。第二，引导学生总结参加班会活动的收获和体会，以巩固学生在思想上的认识成果。第三，引导学生自觉落实班会活动中形成的动议、决议或提出的要求。有意识地联系学生日常的学习、生活和锻炼等实践活动，使他们在活动中学到的新知识，经过巩固，成为有效的知识储备，并加深与扩大知识面。第四，让学生清楚地认识到他们自身的不足，帮助他们进行实践锻炼。第五，及时掌握学生班会之后的信息反馈，继续加以引导，力争使班会活动在学生心灵深处留下一点有价值的东西，并使他们在行动上有所表现。

第三节 科技活动

一、科技活动的意义

科技活动是以培养学生实际运用知识和动手操作能力,发展创造才能,激发对科学技术的兴趣和爱好,发挥特长为主要目的的活动。它对提高教学质量、培养学生的科技素质有着非常重要的意义。

(一)科技活动有利于促进教学质量的提高,全面贯彻党的教育方针、政策

科技活动的目的规定了它与对学生的教学活动有着密不可分的关系。教学为科技活动提供了广泛的知识技能背景,科技活动以此背景为基础,通过活动的组织开展,拓展了教学的广度和深度,从而丰富了教学,二者相互促进。科技活动对教学的促进主要表现在,从性质来看,它是在老师的辅导下,由学生自愿参加的活动,更有利于发展学生的兴趣、爱好和特长;从内容来看,它比课堂教学有较大的伸缩性,因此更加广泛和丰富多彩,并能及时吸收现代的最新科学技术知识;从形式和方法来看,它灵活多样,寓科技教育于活动之中,富于实践性和创造性。学生科技活动的这些特点,正好弥补了课堂教学的不足,对于全面提高教学质量具有明显的作用。科技活动也有利于实现学校教育培养学生全面发展的目标要求,它培养学生的兴趣,激发学生的求知欲望,有利于调动学生学习的积极性;它巩固和加深课堂知识,有利于扩大学生的知识面,开阔视野;它引导学生既动脑又动手,有利于培养学生的观察能力、思维能力、实际操作能力和创造能力,也就是提出问题、分析问题、解决问题的能力;它寓思想教育于活动之中,有利于对学生进行集体主义教育、劳动教育和活动中身心素质的锻炼,促进学生德、智、体、美、劳诸方面全面发展。现在,党的"科教兴国"战略构想的提出和实行,又赋予了科技活动新的内涵和意义。

(二)科技活动有利于培养学生的科学技术基本素质,为提高全民族的科技素质打基础

科技素质包括实事求是的科学作风，严谨细致的科学态度，坚韧不拔的毅力和百折不挠、勇于创新的科学精神。这些科学素质不仅对于他们现时的科技活动的富有成效的完成是非常重要的，对他们将来成为科技人才，或从事其它各行各业的工作，也是十分有益的。现代社会的发展要求现代人必须具备良好的科技素质，能尊重科学真理，尊重实践，勇于为维护科学和真理而献身；有丰富的知识，扎实牢固的基础，能对客观事物作敏锐的观察和周密的分析思考；有一丝不苟、脚踏实地的严谨作风和坚韧不拔的毅力；有永不满足、善于学习、富于想象、敢怀疑、敢于创新的精神。这些现代人的精神和素质是要从小就开始培养的。科技活动使学生从小就接受科学技术的熏陶，在心灵播下科学的种子，使他们在广泛的科学兴趣的基础上加深对科学的认识，主动培养科技的基本素质，并逐步把科学与祖国建设联系起来，在此基础上逐渐升华为远大的理想。这无论对于个人还是整个中华民族都有着重大的意义。

此外，科技活动因激发起学生学习的兴趣，调动起学生学习的积极性、主动性，从而有利于班级良好学风和班风的形成，促进班集体的建设。

二、科技活动的开展

科技活动的开展如同其它活动一样，是通过设计一定的内容，选择一定的形式来进行的。科技活动的内容是非常广泛、丰富的，有学科学、爱科学、普及科学知识、巩固学科知识、实践操作等多方面的内容，科技活动的形式也相应地是灵活多样的。科技活动的形式，近几年来有很大的发展。如科技兴趣小组、科技夏令营、科学讲座、科学主题班队会、访问科学家、学科竞赛、模型比赛、智力竞赛、科学游艺等等。

从一个班级来说，开展科技活动可从以下几个方面去进行：

举行"科学故事会"、"未来的世界"等班队会，进行热爱科学的教育。帮助学生了解科学技术现代化的重大作用，了解祖国现代化建设的宏伟远景，促使他们从小立志攀登科学高峰，让热爱科学的种子在他们幼小的心田里生根、发芽。

举办科普知识讲座,组织阅读课外科普读物,召开与科技工作者见面会和科学实验表演会,参观科技展览会、博物馆,举行知识性的班队会等等。通过这些活动,开阔学生的视野,使他们获得更多的科学技术知识。

建立科技小画廊,"小博士信箱"、"科学知识园地(科技墙报)"、"爱科学角"等活动阵地,普及科技知识。

建立各种学科小组和科技兴趣小组。学科小组的活动内容与课内教学紧密联系,但又不局限于教学大纲和教科书的范围,可以加深扩大和引进本门学科知识的最新发展。活动内容和方式多种多样,如阅读参考书、听报告、作实验、参观、访问、收听广播、收看电视等。吸收小组成员应坚持自愿原则,主要看其对该学科是否有稳定的爱好和兴趣。科技兴趣小组活动以实践作业为主,把所学知识与实践运用相结合,对学生富有吸引力。小组活动可聘请有专长的教师和社会上的科技人员做指导,对活动效果亦及时反馈,以鼓励小组成员的积极性。

举行"爱科学月"、"科技作品展览"、"科技活动汇报表演"、"科技小发明及科学小论文评比竞赛"、"数学竞赛"等活动。在"爱科学月"中,根据各学校的具体情况,可提出每个学生看一部科技电影,读一本科技书,讲一个科学家的故事,做一件科技作品,进行一次科学小实验,想一种科学小发明……这样,要求明确,人人都参加活动,不仅可以形成人人爱科学的风气,而且可以培养学生对科学的兴趣。

三、班主任对科技活动的指导

班级里的科技活动对学生个体和集体都有着非常重要的意义和作用,组织和开展科技活动是班主任工作的一个重要内容。

首先,班主任要想方设法,为学生创造参加各种科技活动的条件和机会。也就是要多组织、开展灵活多样的科技活动,把学生领进知识的海洋,引导他们在知识的海洋中自由自在地遨游;鼓励他们大胆地自由地想象,放开思路,使他们从不自觉到自觉地发展自己的个性特长,培养起基本的科技素质。同时,通过科技活动有效地引导学生热爱科学，学习科学，运用科学，激发学生追求科学真理的兴趣和愿望，使他们的智慧潜能逐渐地、充分地发挥出来，促进全面发展。

其次，班主任要制定周详的科技活动的总体和具体计划。科技活动的内容是丰富多彩的，班主任应根据班级各科教学的内容、任务、要求，反映时代发展的特征确定全班的科技活动计划，对活动的内容和形式、时间安排有一个总体把握。而针对具体的活动内容，也应有具体的设想，在活动中充分发挥学生的自主性。从而增进全体学生的科技知识，提高科技素质。

第三，班主任要调查了解本班学生在求知方面的迫切需要，以及在知识结构或体系上普遍存在的缺陷与优势，在此基础上，完善活动的具体计划，有针对性地组织相应的活动。使学生通过这些活动，诱发学习的兴趣，明确学习的方向，了解并掌握科学的学习方法，以便尽早克服自身的毛病，弥补其缺陷。如有一位班主任为了帮助学生提高写作水平，从如何挖掘题材到如何立意、如何成文、如何鉴赏、如何评价，以"作文A·B·C"为主题，分别组织了阅读名著心得体会座谈会、口头作文比赛会、作品评价与鉴赏辩论会以及优秀作文专刊等活动。这些活动既开阔了学生们的视野，又丰富了学生们的文学知识，还培养了学生们对文学的兴趣与爱好，扩大了班级文学兴趣小组的队伍。

第四，班主任要广泛邀请、吸取学科教师、科技工作者和其他有特长的人员来参与、组织、指导、领导科技活动。从而拓展科技活动的广度和深度，广泛地影响学生的科技知识水平和科技素质。并且，班主任对科技活动的结果要及时反馈，给予表彰，以激发学生的积极性。

四、开展科技活动应注意的几个问题

（一）要注意从城市、乡村的现状、特点和条件出发，因地制宜地开展科技活动，对别人的经验要结合本地、本校、本班的实际情况来汲取，不要盲目模仿。

（二）要尽可能注意与课堂教学相结合。要体现教学的知识背景，

和对教学的丰富，但不能是教学的延伸。要注意小学生的年龄特征，活动要丰富多彩、小型多样。

（三）要注意处理好普及与提高的关系。对一个班级来讲，不要贪大求多，班主任应从本班的实际情况出发，选择适合的项目在班内普及，也可以在班上组织一两个科技活动小组，让骨干去带动全班。

此外，开展科技活动还应该服从长远规划的考虑。从低年级到高年级，最好做到"长计划，短安排"，以使活动更有科学性、计划性。

第四节 文体活动

文体活动是以丰富学生生活、陶冶情操、培养审美情趣、锻炼身体、表现乐观向上的进取精神、促进学生身心素质发展为目的的活动形式。小学生的身心发展特点规定了他们特别喜爱文体活动。

一、文艺活动的基本内容和形式

（一）诗歌朗诵会

朗诵诗是孩子们的一项很好的活动，它能培养孩子优美的情操，能帮助他们开展"五讲"、"四美"活动；同时，朗诵诗又可以帮助孩子学习普通话。朗诵诗比较简便，不用什么道具、布景，也用不着化装，只要求孩子口齿清楚，表情动作自然，有一定思想感情就行了。所以，这项活动比较容易开展。

但是，要真正朗诵好诗却不是那么容易的事，我们常看到这样几种朗诵：一种是"图解式"的朗诵。孩子先把诗背熟，然后背书式地一句一句作重音轻音朗读，并把每句话都用手势动作来图解。更糟的是做些过火的动作和"造型"，虽然化了不少力气，小听众却没精打采。另一种是"人为的激动"，这是比较普遍的所谓朗诵腔。大喊大叫，甚至吼起来。可小听众也不理解这种激动，相反地发出几声尖笑声。第三种是"双簧式"的朗诵，朗诵者在幕后，诗中的人物形象由孩子在台上表演哑剧，结果，动作、表情、说白都不和谐统一，这显然也是不好的。正确地辅导孩子朗诵，首先应帮助孩子理解诗、认识诗，这也是教育孩子的过程。诗是有感才写的，朗诵也是有感才诵的。

（二）故事会

有人说，当好一个小学班主任，肚子里至少得有一百个故事，这话不是没有道理的。另外，在学生中开展讲故事的活动，对培养学生的阅读能力、口头表达能力，加强对学生的思想教育都是大有益处的。讲好故事应注意以下几点：

充分准备，弄清主题。讲故事前，要反复地看几遍，弄清这个故事能使听众明白什么事情，什么道理。不要边讲边想，丢三落四，说着说着想不起来了。

自然大方，娓娓而谈。在听众面前，态度要大方，服装要朴素整齐，表情要和颜悦色，先给人一个好印象。说话声音要使大家都能听见，不宜太快，也不宜太慢。太慢叫人着急，能起催眠作用；太快像开机关枪，叫人没思索的时间，听起来很吃力。

要有动作表情，不能像木头人和石膏像那样站着一动不动。应知道，手势、眼神、动作是无声的语言，有时比有声的语言还有力量。当然，不能像演戏那样，说到跪下就跪下，说到卧倒就卧倒，动作太多、太大，反而会使人讨厌。

一线串连，叙述清晰。讲故事得一线串到底，就是说，一个故事里不管有多少人、多少事，也得想法子在一根主线上拴着，段落与段落之间总得有联系，要是上一段说着老王，下一段忽然又讲到老李，前后连不上，故事就中断了。故事里面，有叙述部分，有表演部分。叙述部分要交待清楚，表演部分要讲得形象逼真，"说龙像龙，说虎像虎"，不同的人物要用不同的口气和语调，不能老是用叙述的口吻。小学生自己讲故事，不必在模仿声调上过多地下功夫，因为不管怎样模仿，也发不出老头子的声音来。主要是在思想感情表达上多下些功夫就可以了。

张三李四，面目清楚。人物多、地名多的故事，讲起来比较难，因为听众不容易弄清谁是谁。所以，在准备的时候就得研究一下，有时可用大家容易记住的代名词来代替。说书人常用这个办法，说李逵,总说"黑旋风李逵",说鲁智深,总说"花和尚鲁智深",用意就在这里。

在讲故事的时候,要注意听众的表情,如果发现不该乐的地方,有人乐了;应当气愤的地方,有人东张西望,就得检查自己讲的毛病。

(三)歌舞表演

孩子们十分喜欢唱歌跳舞。健康、优美、活泼向上的歌舞,能丰富儿童的文化生活,激发他们热爱党、热爱祖国、热爱生活的感情,陶冶儿童思想情操。校园里有了歌舞,少年儿童的精力将更充沛,心情将更愉快,这样,也就更有利于智力发展和提高教育质量。

开展儿童歌舞活动要坚持群众性、经常性,不要成为突击性的节日点缀。可开展"每周一歌"、"班里有歌声"等活动,课间十分钟也可以唱、跳,中、小队活动,也可以安排歌舞的内容。班上也可以组织舞蹈、器乐等兴趣小组,举办周末歌舞晚会。

儿童歌舞还应当考虑它的思想性、艺术性以及民族特点、儿童特点。不要让儿童演唱成人的爱情歌曲,也不要学唱什么"流行歌曲",因为这些对儿童的健康成长显然是有害的,班主任对此应严格掌握,严肃对待。

一首好歌,一段好舞往往会激动孩子的心,使学生从中受到陶冶和教育。我们应经常向儿童推荐一些优美、健康的歌舞,用美育这把金钥匙去启迪孩子们美好的心灵。好歌曲《咱们从小讲礼貌》、《少先队友谊之歌》、儿童集体舞《娃哈哈》等等。

(四)综合趣味晚会

如化装晚会,其色彩鲜明,幻想丰富,气氛热烈,能启发学生的想象,使他们更加热爱生活;也能进行生动活泼的思想教育,是小学生极感兴趣的有益的活动。对化装晚会的组织,首先是要学生把会场布置得别有风味,新颖多彩。如根据晚会的主题,可将会场布景设置成一个简单的机器人在招手、宇宙飞船在辽阔天际飞行、日月在闪光等。也可以布置带有一些童话、神话色彩,如:勤劳的小白兔在造房子,狡猾的狐狸要吃乌鸦嘴里的一块肉,有趣的小狗熊在掰玉米棒子……或布置一个民族形式的会场也很好,如:贴个大

"福"字，挂上宫灯，会场中央，立一颗青松，青松叶上铺一层白棉，象征瑞雪兆丰年。松叶上再挂一些谜语字条，则更增加热闹的气氛，等等。具体的则要根据晚会所选定的主题来进行布置。其次是指导学生化装。化装分全化装和半化装。全化装包括头饰和服装，半化装就是光戴头饰或者是假面具。化装什么，可根据主题所反映的内容，班主任提点范围。如：女孩子可以扮神话中的仙女，传说中的嫦娥，美丽的小喜鹊，可爱的小星星，漂亮的花蝴蝶……男孩子可以扮孙悟空，猪八戒，童话中的小花猫，大黑熊，机器人等。接下来就是晚会的进行了。晚会要事先编好主持晚会的人的司仪词，晚会的程序要灵活丰富，有起伏和变化。音乐、幻灯、锣鼓等要巧妙适当地运用。围绕主题登场的人物要赋予新的内容。晚会要有丰富的想象，为孩子们留下美好的记忆。也可以让小学生自己表演各种小节目，互相赠送小礼物，丰富和活跃晚会。最后是预先排演好的集体舞的表演，形成晚会的高潮和结束。

此外，还有文学作品、音乐、电视欣赏，书画、手工制作展览等文艺活动形式。班主任应根据活动的内容和小学生的兴趣、爱好、特长，广泛开展灵活多样的文艺活动，创造条件让学生在活动中充分展示才能，发挥自主性。真正落实"寓教于乐"。

二、体育活动的组织开展

（一）体育活动的基本内容和形式

小学生体育活动的基本内容有：广播体操、课间操、眼保健操、球类、棋类、田径赛、韵律操、趣味体育活动等；开展形式主要是普及性训练与比赛相结合，既通过普及性训练让全体学生参加体育活动，掌握基本技能技巧，又通过竞赛提高学生的体育活动水平。

班主任组织文体活动要充分发挥学生的兴趣，为每个学生施展才能提供机会，并配合有教育意义的节日或纪念日，增强活动的教育性；同时，要做好活动后的迁移与教育工作，将文体活动中的积极性推广到其它的教育与学习活动中，以便更好地发挥文体活动的教育功能。

（二）开展体育活动的过程和要求

1. 制定班级体育工作计划

制定班级体育工作计划，一要了解全班学生身体素质、常发疾病、体育锻炼、卫生保健情况，既要掌握全班总的情况，也要掌握班内每个学生的情况；二要确定班的每年、每学期的体育工作目标，包括学生身体素质目标、常见疾病防治目标、卫生目标等；三是依据目标要求制定相应的措施，措施要具体、明确、可行；四是形成书面计划。

2. 严格执行有关学校体育工作的规章制度

这些规章制度主要有：(1) 小学生"一日生活制度"，即一日生活常规，如要求小学生一天睡眠不可少于10小时，学习时间不超过6小时，等等。其目的在于合理安排学生的课业负担，保证学生的课间活动与休息。(2) "每天一小时体育活动制度"，包括早操、课间操和课外体育活动，课间休息不计在内。(3) 认真实施《国家体育锻炼标准》，增强学生体质，提高运动水平。班主任要认真组织本班学生按照"达标"标准认真锻炼、训练。(4) 认真执行"学生体质、健康检查制度"，每年一次，认真进行，搞好记录，掌握每个学生的健康情况，采取相应的防治与训练措施。

3. 培养学生对体育活动的兴趣

"兴趣是最好的老师。"班主任要帮助学生认识体育锻炼的作用；利用学生对名人的崇拜心理，讲述名人锻炼身体的范例；利用教师的示范作用；把游戏引入体育活动；开展灵活多样的体育竞赛；发挥有体育特长的同学的领头作用。

4. 配合体育教师开展教学

班主任既要掌握有关体育知识，也要掌握有关体育训练要领，并能给学生以指导。

5. 抓好学生良好卫生习惯的培养

良好卫生习惯包括：(1) 个人卫生习惯，如勤剪指甲，饭前便后要洗手，睡前洗脸刷牙等。(2) 公共卫生习惯，如不随地吐痰、不乱扔杂物等。(3) 生活习惯，如按时作息，早睡早起，养成正确的走、坐、卧姿势等。(4) 饮食卫生习惯，如定时定量，不偏食、挑食，餐具专用等。(5) 用眼卫生习惯，如阅读姿势要正确，眼离书本一尺远,做到昏暗不看书、躺着不看书、行车走路不看书,养成做眼保健操习惯等。(6)运动卫生习惯,如每天保证一小时户外锻炼,剧烈运动前后要做准备活动和整理活动,活动后不立即大量饮水和吃冷饮,不用冷水冲头和洗澡,身体不适不做剧烈活动,运动中要注意安全等。

　　班主任要根据学生特点,合理安排作息时间,让学生劳逸结合;培养学生良好的坐姿;定期对学生进行健康检查,建立学生健康案卡;积极组织卫生宣传教育,教育学生养成良好的卫生习惯。

　　6. 班主任要提高体育修养

　　班主任要注意充实自己,不断丰富自己的体育、卫生知识,努力提高自己做好班级体育、卫生工作的技能。

第五节　劳动

　　劳动是人类的第一需要,人们要生活,要衣、食、住、行,就必须劳动。人通过劳动创造了社会,创造了人类社会所必须的物质财富和精神财富,人类总是在劳动中不断发展,不断进步,创造着新的奇迹。任何社会,任何民族,都不能停止劳动。如果停止劳动,不用说一年,就是几个星期,也要灭亡,这是每一个小孩都知道的。人人都同样知道,要想得到和各种不同需要量相适应的产品量,就要付出各种不同的和一定数量的社会总劳动量。因此,每个人都应该参加劳动,从小养成劳动习惯。劳动不仅改造客观世界,人在劳动中,他的身心也得到改造。人正是在劳动中进化成人的,人类文明正是随着劳动的不断进步日趋完善的。

一、劳动的教育意义

　　马克思在考察了私有制关系下劳动对人的异化、畸形片面发展的现实基础上,指出只有在社会主义(共产主义)条件下,消除了旧分工,劳动不再仅仅是谋生的手段,也是人发展的途径,才为人的全面发展创造了条件和机会。他同时指出"实现人的全面发展的唯一途径是教育与生产劳动相结合"。这是马克思主义的重要教育原理之一，是现代化大生产对教育提出的客观要求。

我国解放以来，学校一贯重视教育与生产劳动相结合。劳动教育有成功的经验，也有失败的教训。好的方面表现为重视培养学生热爱劳动和劳动人民的品德，培养学生的劳动能力，在促进教学理论联系实际等方面，都发挥过积极作用。特别是那些结合教学、教育比较密切的生产劳动和科学实验工场、实验园地的劳动，其教育效果尤为显著。但有时劳动过多过频，特别是简单重复的、与教学结合不紧的体力劳动过多，也会冲击教学，反而影响了教学质量。如在提倡"开门办学"时期，就因强调劳动教育走过了头，影响了整个教育质量。这是要引以为戒的。

现在，劳动教育又出现了另一种极端现象，劳动变成了可有可无的东西。一些学校的学生不愿意劳动，不会劳动，厌恶劳动等现象比较突出，有的学生甚至连班上的卫生工作都不愿意干，叫家长、其他同学代劳；至于损坏公物、生活浪费，不尊重劳动工具、劳动资料、劳动成果和劳动人民的现象也较为普遍。这一方面是受社会不良观念、风气的影响，另一方面则是我们的学校只注重对学生的智育，不重视甚至轻视劳动教育所致，造成学生的片面、畸形发展。这就关涉到对劳动教育的认识问题。学生的身心发展特点和学校教育的培养目标、任务要求决定了学生在学校的主要任务是学习，劳动不能对它产生冲击。但人的全面发展的客观要求也规定了学校教育必须与生产劳动相结合，培养学生德、智、体、美、劳全面发展。学生参加劳动对促进学生的全面发展有着非常重要的意义：

（一）有利于培养学生的社会主义觉悟和共产主义道德品质

学生在劳动实践中体验了劳动的艰辛和获取劳动成果的欢乐，激发起学生热爱劳动和热爱劳动人民的思想感情，培养了学生的集体主义思想、主人翁责任感，等等。苏联教育家苏霍姆林斯基说："一个人在童年、少年和青年期在为社会主义的无偿劳动中贡献的力量越多，他在内心就会更加深切地珍惜那些好像与他个人没有什么直接关系的事物。"这话是有深刻道理的。

（二）劳动有利于学生智力的发展

劳动总是以一定的知识基础为背景的，学生在劳动中，通过对所学知识的实践运用，有利于加深对知识的巩固和理解，并从中得以拓展和深化，这又会丰富、促进知识的学习；同时，对待劳动中出现的各种具体问题，学生自己加以分析和解决，有利于锻炼学生的思维品质，从而促进学生智能素质的提高。

（三）劳动锻炼了学生的身体

学生在劳动过程中，肌体得到锻炼，促进体能素质的提高。

（四）劳动培养学生树立正确的劳动观念、养成良好的劳动习惯、形成高尚的审美趣向

劳动既是改造客观世界，又是改造主观世界的活动，总要付出一定的体力和脑力的代价。学生在劳动中，亲身通过实践，在班主任的引导下，可逐步培养起热爱劳动，尊重劳动成果和劳动人民的思想感情，养成劳动习惯。同时，在劳动中，对劳动成果和劳动人民的尊重通过自身的感受，感悟到：劳动是美好的、劳动者是美好的，从而形成高尚的审美情趣。

（五）劳动有利于学生开拓精神的培养

学生在劳动过程中总要克服一定的困难和障碍，自己想方设法地富有创见性解决这些问题，就要表现出一定的进取精神。

此外，劳动还有利于班集体建设，使学生为着共同的劳动目的、任务而团结协作，齐心合力，对劳动成果也共同珍惜、爱护，有益于培养起学生的集体合作精神和集体荣誉感，从而有利于班集体的建设，而充分发挥集体的教育作用。

二、学生劳动的组织

劳动是培养学生全面发展的重要途径，班主任应自觉地将其纳入工作计划，坚持组织学生参加劳动。

学生的劳动时间在教学计划上已有明确规定，既可分散，也可集中安排。学生的劳动内容是多方面的，有自我服务性劳动、公益劳动和实际生产劳动等。学生的自我服务性劳动应根据小学生成长的特点来要求：自己洗脸、洗脚、穿衣服、铺床、洗小件衬衣、内裤、洗碗、扫地、倒垃圾、整理自己的书包、书籍和学习用具等；在公益劳动方面，可组织学生植树、美化绿化校园、修补图书、桌椅、

采集标本、打扫会场礼堂、清理垃圾、打扫厕所、到公共单位和附近幼儿园劳动、帮助做家务劳动等；在实际生产劳动方面，可根据学校统一安排进行，也可班主任与学生一起联系到生产场地实践进行简单的场地劳动，还有饲养、制作等。由于学生所处环境的不同和个性的差异，他们喜欢多样性的劳动，劳动的多样性可以提高学生参加劳动的兴趣，而呆板单调的劳动会使学生成为痛苦的负担。

班主任应根据劳动的内容要求和活动形式的多样性，有目的有计划地组织好本班学生的劳动。

（一）准备工作

包括劳动准备、思想准备和组织准备。劳动准备，即使学生明确劳动的目的、具体任务，劳动的时间、场所，劳动的程序、操作方法与质量要求，落实技术的指导、检核，领取劳动的工具和设备；思想准备，是做好学生的思想动员，认识本次劳动的具体意义，端正劳动态度，对劳动发生兴趣，激起劳动的热情，提高劳动的责任感。思想准备可通过本次劳动之前的班会、少先队活动的主题形式进行，也可在本次劳动过程之前学习先进的劳动事迹、劳动人物或与劳模见面进行，也可针对劳动中可能出现的个别问题直接教育进行；组织准备，即根据劳动的任务要求把学生组织起来，建立一定的组织领导方式，明确干部的分工与职责，制定劳动的纪律和安全注意事项。

（二）组织与教育工作

在劳动过程中，班主任要深入劳动现场，了解学生的劳动组织得是否合理，进行得是否正常，有无劳动过重、过于紧张或松松垮垮、窝工现象，学生是否适应，病残生和弱小学生以及女生是否得到了适当照顾，要善于发现问题，及时解决问题，才能激发每一个学生的积极性。

班主任组织学生参加劳动的目的主要在于教育学生。要善于通过劳动、结合学生个人的劳动表现对他们进行劳动态度、艰苦性、责任感、纪律性、爱护劳动工具以及互助协作、集体主义等多方面的教育。对学生在思想、纪律等方面存在的共同问题，应及时向全班学生提出、组织讨论，以便引起重视，采取措施，使大家受到教育和提高。对个别学生的问题,要做好个别教育工作,切实帮助他改进,如有些平时比较调皮,不遵守纪律的学生,在劳动中也会表现出干劲大,不怕累,不怕脏,愿意帮助人,所以班主任要抓住一切有利于促使他们转变的因素,使其向好的方向转化。

劳动中的教育是一种全面的教育,是与德、智、体、美等教育的结合,只有各育的有机结合,才能更充分地发挥劳动促进学生全面发展的教育作用。"在任何情况下,劳动如果没有与其并行的政治和社会等的教育,就不会有教育的好处,而成为不起作用的一种过程。"(马卡连柯)

(三) 总结工作

抓好劳动总结是巩固全班劳动成果,向学生进行全面教育的重要一环。班主任应当重视并动员全班学生搞好总结工作。劳动总结的任务,主要是肯定劳动成绩,找出学生集体和个人在劳动中表现的优点,表扬劳动中的好人好事,当然也要检讨一下劳动中存在的主要问题,批评不良现象。其目的是为了发扬优点、克服缺点,培养学生的优秀品质,形成良好的风气和坚强的集体。

三、班主任在组织学生劳动中应注意的问题

(一) 劳动要结合教学进行

班主任要争取科任教师的配合,把各科教学与劳动有机结合。如语言课,可以结合教学让学生写劳动方面的作文,如《我热爱的劳动》、《劳动二三事》等,通过写作使学生在劳动中的感受进一步深化、提高;如自然课,可引导学生野外认识各种动、植物,采制标本,丰富学生的自然常识,也可以指导学生种植、饲养等等,把劳动与教学有机结合。

(二) 要发挥榜样的作用

榜样的力量可以激发学生劳动的热情。在组织带领学生的劳动过程中,班主任和学生家长应该首先成为学生的学习榜样,凡是要求学生做到的,教师首先要做到。如对教室的卫生,班主任看见地下有纸就捡,看到地面脏了就扫,学生也就会跟着养成保持卫生的好习惯;在劳动中教师能做到找重活、脏活干,不用教师下命令,学

生也就会跟着干了。

在家务劳动中，学生家长既要培养学生的劳动习惯，又要处处以身作则，如家长的个人卫生习惯好，室内清洁，物品存放有序，学生也会照着学习的，而要做到这一点，班主任与家长的密切配合是非常重要的。

（三）要照顾小学生的生理发育特点

班主任组织劳动除注意内容的丰富性和形式的多样性外，还要考虑小学生的生理特点，劳动要既锻炼小学生的身体，又促进其体能素质的发展，不能超出小学生的身体承受能力。劳动过频过量起不到教育效果，反而会适得其反。

第六节 节日、纪念日活动

一、节日、纪念日活动的意义

节日、纪念日教育活动，是班级活动的一个重要的内容，也是对学生进行思想、政治、道德、行为教育的一个良好的活动形式。节日、纪念日本身及其传统所蕴含的教育因素为班主任对班级学生集体和个体的教育提供了极为丰富、有益的教育信息，是一份可以充分利用的好教材。通过这种活动，不仅能使学生受到革命传统教育，同时也能使学生开阔眼界，提高思想、文化素养，增长才干。

长期以来，有许多节日、纪念日已经在广大人民的心目中，直接成为爱国主义和革命传统的象征；也已经在我国各级各类学校中，成为教育者向受教育者进行爱国主义教育、革命传统教育、共产主义理想教育的最佳时机。如在端午节进行的"由屈原想起的——百科知识竞赛"的爱国主义教育活动；在"五·一"进行的"我有一双勤劳的手"或"你喜欢什么样的人"的热爱劳动人民的教育活动；在"六·一"进行的"少年英雄知多少"或"做祖国的小主人"的立志教育活动；在"七·一"进行的"人民的意愿、历史的必然"或"党的光辉照我心"的爱党教育活动；在"十·一"进行的"向祖国献上赤子情"或"国旗下的情思"的爱国教育活动，等等。节日、纪念日对于学生来说,有一定的自然吸引力,学生们大都比较喜欢过节,对参加节日与纪念日的活动有着渴望、喜悦的心情和积极的、主动的精神。

二、主要的节日、纪念日

在小学里,可利用开展活动的节日、纪念日很多,有春节、元旦、清明节、端午节、重阳节和妇女节、植树节、建军节、国庆节、教师节、少先队建队纪念日(1949.10.13)、学习雷锋纪念日(1963.3.5)等等。下面主要介绍几个小学里经常组织开展活动的节日、纪念日:

[**"三八"国际劳动妇女节**] "三八"国际劳动妇女节,是世界各国劳动妇女为争取和平民主、妇女解放而斗争的光辉节日。每年"三八"节,全国妇女按照国家规定,享受半天的假日,参加特别为她们组织的各种纪念联欢活动。

[**植树节**] 3月12日,是我国的植树节。

人类离不开树木,为搞好植树造林工作,世界上许多国家都规定了植树节,借以激发人们热爱自然、努力造林的感情,促进国土的绿化、美化。

我国确定3月12日为植树节,一方面是为纪念一贯重视和倡导植树造林的民主革命者孙中山先生,另一方面,3月12日,恰是惊蛰之后,春分之前,农谚说:"伏天栽树株株死,惊蛰春分栽树株株生。"这时植树就全国而言,比较适宜。现在世界上规定了植树节的国家有四五十个。

[**清明节**] 清明是一年24个节气中的一个,是我国农事活动中的重要节气。一般在4月5日前后开始。这时候,寒冬已过,我国黄河中下游及其以南地区,天气转暖,杨柳返青,百草抽芽,万物都显得洁净鲜明,所以叫清明。这节气开始的一日为清明节。

按照我国的传统习惯,清明是踏青扫墓的日子,以表示对先辈和已故亲人的深切怀念。农业生产上多忙于春耕春种,植树造林。江南农谚:"清明谷雨两相连,浸种耕田莫迟延","植树造林,莫过清明"。除此以外,还有放风筝、荡秋千、拔河的良好习惯。清明节的时候，班主任可组织本班少先队员为革命先烈扫墓，进行革命传统教育。

[端午节] 农历五月初五是端午节，又叫端阳节，是我国人民的传统节日之一。战国时期，楚国出了一位伟大的爱国主义诗人屈原（约公元前340～前278年），他早年为官清正，主张举贤授能，修明政治，一心辅佐楚怀王治理天下。他早就看出了秦国并吞楚国的野心，一再上书怀王联齐抗秦，捍卫国土。可是，昏庸无度的楚怀王不识时务，听信谗言，不仅不采纳屈原的正确主张，反而将他放逐，还和秦国缔约结亲，致使楚国不断被秦国侵吞，最后连京都——郢都也被秦国攻陷了。面对这奇耻大辱，屈原既无力挽救国家的危亡，又不忍看百姓受涂炭，便写下不朽的诗篇《离骚》等著作，于公元前278年忿然投汨罗江。相传当时正是五月初，人们听到这个消息，纷纷赶来划船打捞，并用糯米包了粽子投入江心喂鱼虾，希望它们不吃屈原的尸体。从此以后，人们就把农历五月五日赛龙舟、吃粽子，作为纪念屈原的传统节日。在这一天，民间还有挂菖蒲、艾叶、葛藤，以及用雄黄酒驱除邪恶等习俗。有的地区还把农历五月十五日叫大端阳。

["五一"国际劳动节] "五一"国际劳动节，是全世界劳动人民团结战斗的节日。

1884年10月7日，美国和加拿大的八个国际性或全国性工人团体在美国芝加哥城举行集会，商讨用工人自己的力量争取改善劳动条件的办法，决定在1886年5月1日举行总同盟罢工，以实现八小时工作制。

1886年5月1日，美国芝加哥20万工人举行大罢工，要求改善劳动条件，实行八小时工作制。这场斗争获得了胜利，迫使资本家接受了工人的要求，工人终于获得了八小时工作制的权利。

1889年7月14日，在巴黎召开的第二国际成立大会上。通过了一个具有历史意义的决议：为纪念美国工人为争取八小时工作制而进行的"五一"罢工斗争，决定以象征工人阶级团结、斗争、胜利的5月1日这一天作为国际劳动节。从此以后，各国工人每年在这一天都举行示威纪念。5月1日成了全世界无产阶级和劳动人民的节日。1921年,我国工人阶级第一次大规模地纪念了"五一"国际劳动节。新中国诞生后,中央人民政府政务院在1949年12月正式规定5月1日为劳动节。每年这一天,全国人民放假一天,参加各种庆祝集会和其他多种多样的文艺联欢活动。

["六一"国际儿童节] 6月1日是全世界儿童自己的节日,也是全世界爱好和平的人民,为争取儿童的生存、健康、受教育的权利而斗争的日子。

1925年,"国际儿童幸福促进会"举行第一次国际大会,发表了有关儿童福利问题的原则以后,有些国家先后有了儿童节的规定。

1949年11月,在莫斯科召开了国际民主妇女联合理事会,作出了"六一"为国际儿童节的决议。

1949年12月,中央人民政府政务院也规定将"六一"作为我国的儿童节。从此,每年六月一日,我国少年儿童便和世界各国的小朋友一起欢庆自己的节日。

["七一"中国共产党成立纪念日] 7月1日,是中国共产党诞生纪念日。中国共产党的成立,开辟了中国历史发展的新时期,有了中国共产党,中国革命的面貌就焕然一新。

自1840年鸦片战争以来,中国人民进行了一次又一次反帝、反封建、反资本主义的斗争,但都因没有用人类最先进的思想——马克思主义武装起来的无产阶级政党的领导而失败了。在十月革命的影响下,经过五四运动,中国无产阶级第一次以独立的政治力量登上了政治舞台,并先后成立了许多共产主义小组。1921年7月,各地共产主义小组派代表到上海召开了具有历史意义的中国共产党第一次全国代表大会。会上通过了中国共产党的第一个党纲,选举了党的领导机关,确定了党的基本任务是在中国建立真正的民主共和国和建设共产主义而奋斗。这样,就庄严宣告了伟大的中国共产党的诞生。

[教师节] 当今世界上许多国家都有"教师节"。我国历史上也曾建立过"教师节":全国解放后,1951年教育部和全国教育工会领导人发表了书面谈话,宣布"五一"国际劳动节同时为"教师节"。但实际上并没有执行,也没有形成尊师的社会风气。

1985年1月21日，第六届全国人民代表大会常务委员会第九次会议通过了国务院关于建立教师节的议案，决定9月10日为教师节。这种以法律的形式，为教师建立节日，是"尊重知识，尊重人才"的具体体现，是我国广大教师的一件大喜事。

　　"教师节"的建立，是尊师重教的一个有力的措施。它将有助于提高教师的政治地位和社会地位，逐步使教师工作成为社会上最受人尊敬，最值得羡慕的职业之一。

　　[中华人民共和国国庆节]　10月1日，是我们伟大的社会主义国家——中华人民共和国的国庆节，也是中国人民革命胜利的纪念日，这是具有划时代意义的光辉节日。为了这一天的到来，中国人民走过了漫长而艰苦的道路，付出了巨大而惨重的代价。自1840年鸦片战争以来，中国人民高举反帝反封建的旗帜，争取民族独立和人民自由幸福，进行了长期的、不屈不挠的、艰苦卓绝的英勇斗争。1911年10月10日，伟大的革命先行者孙中山先生领导的辛亥革命，推翻了统治中国几千年的封建帝制。1921年7月，中国共产党诞生后，在党的领导下，中国人民的革命斗争进入了一个崭新的阶段。经过第一次国内革命战争、土地革命战争、抗日战争和解放战争，人民革命力量不断发展壮大，国民党的反动统治走向总崩溃。1949年4月，中国人民解放军胜利渡过长江，红旗插上南京伪总统府，推翻了压在中国人民头上的三座大山。这一伟大胜利，奠定了中华人民共和国诞生的基础。

　　从9月21～30日，中共中央和毛泽东同志在北京主持召开了包括各民主党派、人民团体和无党派民主人士代表参加的中国人民政治协商会议。会议制定了《中国人民政治协商会议共同纲领》、《中华人民共和国中央人民政府组织法》和《中国人民政治协商会议组织法》；选举了以毛泽东同志为主席、周恩来同志为总理的中央人民政府委员会；制定了中华人民共和国国旗和国徽，决定将北平改为北京，定为我国首都。同年10月1日下午，在北京天安门广场隆重举行了30万人参加的开国大典。礼炮声中，毛泽东同志亲手升起了第一面五星红旗。他向全世界庄严宣告：中华人民共和国成立了，中国人民从此站立起来了！

12月3日,中央人民政府委员会第四次会议通过决议:10月1日为中华人民共和国国庆节。

三、班主任组织开展节日、纪念日活动应注意的问题

班主任在组织开展节日、纪念日活动时,应根据节日、纪念日的教育内容,遵循儿童的身心发展特点,使活动灵活多样,结合主题班会、少先队活动、文体活动、劳动等来进行。

(一)节日、纪念日都有各自具体的背景和历史意义,班主任应站在时代的高度,赋予这些节日、纪念日以新的意义,结合现代社会的发展要求和小学生的身心特点来编排利用有关的史料、故事,使学生从中受到新的启迪和深刻的教育。

(二)组织节日、纪念日活动既要考虑内容与形式的稳定性,又要有新意、有提高

节日、纪念日是重复出现的,时间、内容、形式较固定很容易千篇一律,使学生厌倦,降低学生对活动的兴趣。所以,在考虑活动内容与形式的相对稳定的同时,要注意根据学生的年龄、年级等特点,力争使活动在内容和形式上丰富多彩,有新意、有提高。如针对同一活动内容进行集体主义教育,既可安排学生参观活动节日的有关展览、组织学生"我为集体做什么"的主题班会,也可开展"集体一员"的少先队队会活动、"献给集体的礼物"的文体活动或"我在班中找岗位"的游戏活动等等。针对某一节日、纪念日活动,可按照小学生的年龄特征来设计安排,既反映教育内容的连续性,又可使活动不落俗套,每次有新鲜感。如有一位小学班主任设计的"清明扫墓活动方案"为:一年级为"烈士墓前入队宣誓";二年级为"烈士墓前话红旗";三年级为"给烈士碑文填红";四年级为"烈士墓前植树忙";五年级为"烈士墓前谈理想";六年级为"团旗下的队日"。

(三)要总结经验,表彰先进

为使活动能对全体学生起到教育作用,针对活动中的具体问题进行个别教育。

第七节　课外阅读活动

一、课外阅读的意义

"书籍是人类进步的阶梯",一本好书可以使学生受到教育,增长知识,他们从书中可以发现奇异的瑰宝,丰富自己的精神生活。学生学习的教科书无疑是很重要的,它反映了教育目的要求,系统地科学地介绍学科的基本知识,所以,对教科书,学生必须系统地学习,并吃透、学好。但教科书是十分精炼的,又是相对固定的。而课外书籍提供了更丰富的新知识,是教科书的丰富和扩充。小学生求知欲旺盛,记忆力又强,如能在学好课内知识的基础上,再在课外努力从报刊杂志和科普、文艺等书籍中吸取大量的新知识,就会使自己的知识储备更丰富、更充实。经常阅读课外图书的学生,不仅知识面较宽,理解问题的能力高于一般学生,而且他的精神世界、道德情操都要超出一般学生。苏联教育家苏霍姆林斯基曾经说过:"青少年精神空虚就是缺乏真正的阅读。这种阅读应当占据人的整个理智和心灵,引起他去深入思考周围世界和自己本身,迫使他去仔细观察和了解人的灵魂的复杂性,迫使他去考虑自己的命运和前途。"所以说,阅读也是自我教育的重要手段。

当然,对小学生的课外阅读还必须加以指导,否则,由于小学生的理解能力、认识能力都还不全面,他们也容易错误地理解书中的某些内容,从而受到消极的影响,发挥不出课外阅读应有的教育效果。如《水浒传》是我国著名的古典文学作品,如对小学生缺乏必要的指导,他们易受书中江湖义气的影响,在交友上把朋友义气看得高于一切,凡是自己的好朋友与别人发生矛盾时,不分是非曲直就拔刀相助了。因此,对小学生的课外阅读,班主任应加强指导,以发挥出课外阅读对小学生陶冶情操,提高思想认识,产生稳定的学习兴趣,开阔眼界,丰富知识,发展智力,促进学校里的功课学习的重要意义。

二、课外阅读的指导

班主任对学生课外阅读的指导可从以下几个方面来进行：

（一）指导学生选择合适的课外阅读书刊

世界上有许许多多的好书，也有不少的坏书，还有些可读可不读的书，如果不加选择地拿到什么书就读什么书，就会浪费许多时间、精力，不但得益不多，有时反而有害。正如别林斯基所说的，阅读一本不适合自己阅读的书，比不阅读还要坏。列宁夫人克鲁普斯卡娅说过，必须根据要研究的问题来选择全面、完整、深刻和正确的阐明这个问题的书籍。这话是很有道理的。课外阅读的教育效果如何，很重要的一个因素是书刊选择得是否适当。因此，班主任指导学生选择最有意义、最适合自己需要的读物。

选择课外读物，一般应注意以下四点：一是思想性。要求内容上符合四项基本原则和党的教育方针，使这些读物能培养孩子高尚的共产主义道德情操。要抵制荒诞的坏小说、凶杀、色情、迷信等坏书对孩子的影响；二是教育性。使所选读物能配合孩子的课堂学习，帮助他们发展观察力、注意力、记忆力、想象力和思维能力；三是可接受性。要充分考虑不同年级儿童的知识水平、心理特征、兴趣爱好。过于艰深而超过学生理解程度的书刊，和过于简单而使学生乏味的读物，都是应当避免的；四是广泛性。不要把课外阅读理解为阅读文艺作品，要有意识地引导儿童读些政治理论、人物传记、历史地理、科学技术等方面的书籍，特别是自然科学、科普读物。阅读面广些，收获才能大些。指导小学生课外读物的选择，可根据"五个一工程"的内容要求来进行和具体推荐。

为了培养少年儿童的阅读兴趣，班主任应灵活运用各种生动的形式来推荐书目，如，举行故事会、新书介绍周、诗歌朗诵会、结合课堂教学介绍书籍、个别介绍等等。还可在班上组织一个"图书角"，开展"买一本、读十本"的活动（即让每个学生按要求买一本新书交到图书角，全班互相借阅，轮流阅完后再把书还给个人）。

（二）指导学生认真阅读所选择的书刊

首先，班主任要认真阅读和研究小学生的课外读物。对于准备向学生推荐的好书，班主任应带头精读；对内容进行咀嚼消化。这样才能很好的向学生进行读书指导，才能使学生获取书中富有营养的精神食粮。同时，班主任的良好读书习惯和表率作用也能给学生潜移默化的影响。

其次，教育学生端正读书的态度。使他们认识到：阅读是艰苦的脑力劳动，是学习而不是散心消遣。应通过阅读提高思想，丰富知识，不能一味追求兴趣，或不感兴趣就中途换书，要有始有终；也不要只追求故事情节，而不探求含义，弄成浏览掌故而忘却主题思想；更不要贪多求快，读书不求甚解。

第三，帮助学生掌握独立的阅读方法。如培养他们的默读能力、朗读能力，掌握查阅字典、词典技能，指导他们认真做好读书笔记，写读书感想。

第四，教育学生注意读书的姿势，用眼的卫生，爱惜图书，遵守阅览纪律等，养成良好的阅读习惯。

第五，教育引导学生把阅读和生活实际结合起来，诱导他们通过书刊认识自己的优缺点，找到学习的榜样，吸取进步的力量。

第八节　其它班级活动

班主任组织开展班级活动对学生进行全面教育的形式是多种多样的，除了前面几节具体介绍的几种之外，还有其它一些形式，如郊游、夏令营、游戏活动等，下面则对其进行概要介绍。

一、郊游

郊游是深受小学生喜爱的活动，是对学生进行爱国主义、集体主义教育的一种行之有效的形式。郊游可以增进学生对自然、社会的认识，丰富知识，培养对美（自然美、社会美）的欣赏能力，又能锻炼身体和意志，活跃、丰富、调节学生的生活，陶冶情操。因此，班主任要重视对郊游活动的组织开展。

（一）确定目的，选好地点

组织郊游活动，首先要根据小学生的年龄特点和学校当地的实际情况来合理选择地点,如山川、河流、文化遗址、名胜古迹、革命遗迹、先烈纪念馆等等,都是郊游的好地点。有条件的学校最好能经常变换郊游地点,让学生有更多的机会了解自然、了解社会。

(二)计划和组织准备工作

首先,班主任和跟班教师要对活动地点的路线和沿途的情况有确切的了解,制定出详细的活动计划,包括目的、时间、地点、路线、沿途活动安排、准备工作、安全措施等。

其次,让全体参加者了解活动计划,自觉地、积极地投入到准备工作,做好精神准备和物质准备。

第三,把郊游参加者编成若干小组,并给每个人分配具体任务,具体任务可分为组长、向导员、卫生员、小记者、管理员等,并分别进行必要的训练。

第四,对学生进行必要的郊游常识指导。

鞋袜、行装:最好是穿半新的胶底鞋,鞋太新容易磨脚,太旧了又会在登山爬坡时开绽或打滑。鞋带过旧要换新的,以免半路断带。袜子最好穿棉线球袜,袜底要平伏、轻软、不要缝补。尼龙丝袜太薄、太滑,走远了会使脚磨泡。整个行装以轻巧为宜。

避免口渴的办法:远足之前,不要拼命喝水,不吃咸东西。在上路前,拿一片馒头蘸些盐吃,路上就不容易口干,因为盐能帮助保持身体里的水分。只要不吃得太咸,身体里盐和水比例适当,就不易口渴。喝水太多排汗也多,会大大增加心脏的负担,人容易疲劳。所以,远足前不应多喝水。

脚泡的处理:郊游回家之后,晚上休息时,最好能用热水泡泡脚,以促进血液循环,消除疲劳。如脚打了泡,就要在洗脚、消毒后,用消了毒的针把泡轻轻刺穿,放掉泡里的水,再用消过毒的头发丝,穿过水泡,埋好,以防积水,促进痊愈。

最后,班主任鼓励小学生团结互助,并对郊游活动进行总结,以巩固深化活动的效果。

二、夏令营

夏令营是少先队员喜爱的传统活动。在夏令营里,学生不仅提高思想觉悟，增长科学知识，而且也能使身体得到锻炼。有的地方还利用寒假或秋假组织冬令营或秋令营。

举办夏令营并非难事。一个学校、一个中队或几个中队联合，都可以因地制宜、因陋就简办起各种形式的简易夏令营。吸收更多的孩子参加。

（一）选择好营地

可因陋就简用本校教室做营房。如本校食宿有困难，也可以办"走读"式夏令营，集中活动，回家食宿。当然，在本乡、本地风光宜人的地方选择营地则更为理想。

（二）搞好活动是夏令营成功的关键

活动要有夏令特点、野营特点、集体生活特点、假期特点。气候炎热，要充分利用早晚凉快时间安排活动，午睡要充分，多搞些文体一类的休息活动，不要安排得太紧张。要多搞野外、室外活动。如积极安排孩子们野炊、爬山、看日出、游泳、采标本、游览名胜古迹、祭扫烈士墓、星空晚会、营火晚会等。要让孩子们在夏令营这集体的熔炉里，受到集体生活的熏陶和锻炼。活动准备、生活管理、宣传、联络、布置等都尽可能让队员自己做，得到比平日大得多的锻炼。

（三）确保安全、讲究卫生，是办好夏令营的保证

安全要重点把住山、水关，即做好爬山、游泳、划船的安全工作。卫生，主要是饮食卫生，防蚊，防中暑。

夏令营的方式可以多种多样，按时间分，可有一日夏令营、二日夏令营、半月夏令营等；按活动内容分，有科技夏令营、劳动夏令营、军事体育夏令营等。

组织夏令营，班主任和组织教师应注意以下几点：

1. 目的性

应把塑造人的心灵、培养才能、增强体质作为主要目的。

2. 实践性

夏令营的条件有利于寓教育于活动之中。要因地制宜、就地取材，多开展实践性的活动，有计划地让学生掌握一些本领。

3. 集体性

学生们朝夕相处的夏令营,是他们接受集体主义教育的好机会。在食宿生活方面,要教育学生互相关心,把方便让给别人;在集体活动中,要教育他们自觉遵守纪律,集体利益高于个人利益。要及时表扬好人好事,发挥集体的自我教育作用。

4. 全面性

夏令营具有独立外出的特点,组织者必须对全体营员全面负责。一切工作都要考虑周到,特别要做好安全保卫工作。

三、游戏活动

游戏,是小学生非常喜爱的一种活动,它富有趣味,活动性强,而且都有一定的竞赛性。通过游戏活动,可以使小学生充沛的精力得到正当的发挥,并可在没有外界的约束和外界评定的压力下,轻松自由地对客体进行探索、观察和试验,还可以在假想的情境里,对未来生活进行一些有意识或无意识的准备。从而收到增强体质、发展智力、培养良好的道德品质和集体主义精神的效果,也有利于发展他们的主动性和想象力。同时,游戏在小学生性格的形成中也起着积极的作用,有人说,一个儿童在游戏中是什么样子,将来他在生活和劳动中多半是什么样子。这话是有一定道理的。

游戏活动的形式多种多样,有体育游戏、智力游戏、趣味游戏、综合游戏等。班主任组织游戏活动要注意:

(一)根据学生的年龄特点和性别差异来选择不同内容的游戏

如小学低年级的学生喜欢的是那些动作性强、情节性强、形象性强的游戏;而小学中、高年级的学生则喜欢活动量大、启迪智力、富有竞争色彩的游戏。在小学中、低年级,男、女生性别差异在游戏中表现不显著;到了高年级,男、女生的性别差异开始在游戏中显露,一般说来,这一时期男生更喜爱显示速度、耐力以及用力量较多较大的游戏,而女生则比较喜欢带节奏韵律、柔软协调的游戏。

(二)根据不同场合、不同地点、不同季节、不同气候来选择不同内容的游戏

如课间十分钟,可组织学生开展"快乐的十分钟"的课间游戏。在春天里,这一游戏可采用斗鸡、跳皮筋等方式;在冬天里,可采

用单脚跳，拔河等方式；晴天，可在室外组织踢毽子等游戏；雨天，则可在室内组织开火车、"歇后语"等游戏。又如暑假期间，有条件的地方可以举办各种类型的"夏令营"活动。在夏令营活动中，可穿插组织学生开展"夺军旗"、"夜行军"等集体游戏。

（三）注意发挥学生的主体性作用

在游戏性班级活动中，由于学生的知识和经验较缺乏，设想的游戏、制定的规则或进行的裁判工作不可避免地会出现一些问题，或不十分完善、合理，班主任发现问题后，不要轻易地对学生及其活动表示否定意见，而要尊重学生的主动性和创造精神，因势利导地让学生自己去逐步完善、处理。

四、游艺活动

游艺活动的内容和形式是丰富多彩的，可组织单项的趣味活动，如猜谜晚会、趣味体育等；也可组织多项的、系列的趣味活动，如猜谜与趣味体育、文艺表演等综合一起进行，组织一场游艺活动。这主要是看参加的人和活动场所以及游艺活动的要求具体而定。下面具体介绍猜谜晚会的组织开展。

谜语是我国人民用来猜测事物或文字的一种隐语。它由谜面和谜底两部分构成，用以启示人们猜测的语言或事物叫谜面，答案叫谜底。

猜谜时，要根据谜面提供的隐隐约约的暗示，去探索寻找它所指的实际事物或文字。因此，猜谜是一种有益于锻炼智力、开阔眼界、增长知识、增加乐趣的游艺活动。猜谜是班级活动中不可缺少的内容。

（一）会场的布置

猜谜晚会的会场尽可能选择一个比较开阔清静的地方进行，如教室、大厅等。会场可以挂些彩纸带、彩灯，也可以张贴些有关谜的起源、作用、做法、猜法、谜语故事等有关材料，以丰富学生这方面的知识，并给人以轻松愉快感。同时，会场还设"兑底处"（判定参加者猜谜正误）和"发奖处"。

（二）内容的选择

应该选择内容健康、有助于启迪学生的智力的谜语,同时所选的谜语深浅要适合参加对象的知识水平,一般猜中率在80%左右为宜。另外,谜语的选择要注意品种多样化,如物谜、字谜、成语谜、人名谜、影剧名谜、地名谜、科普用词谜等都要选一些。

(三)谜条的美化制作

谜条是整个猜谜晚会的主体。它除了作为提示人们猜测的谜目外,还是一个展品。所以谜条的形状、安排、美化都应讲究。

谜条用纸以浅而明亮的彩色纸为好,这样有助于活跃气氛。还可用硬纸板剪成各种动、植物的形状,涂上颜色,再抄写谜语。

谜条要编号,同类的放在一起,便于对谜。

(四)挂谜和对谜

可以把写有谜语的纸条标上谜号粘在细绳上,再把绳子横拉在会场里;也可以把谜语抄在黑板上,立在墙边;或把墙贴上纸,再向纸上贴谜语,等等。

猜谜时,猜的人到"兑底处"报谜号,答谜底。对了,就填写谜签,谜签要事先印好,上面印有谜号、谜底、猜中者姓名等几项。填写的谜签由工作人员贴在那条谜语下。

贴谜签的同学和"兑底处"要随时联系,猜对的谜语要及时贴上谜签,避免重猜。这样,既会使会场有序,又可让别人学习。

谜语最好分批挂出,这样可使会场不断出现高潮。

(五)发奖

猜谜不可无奖,适当的纪念品可以增加猜谜者的兴趣。兑奖可采取发奖券的方法。猜中一条简单谜语,"兑奖处"发一张奖券,猜中一条难谜,发二至三张奖券。"发奖处"悬挂出奖品式样和各需奖券张数,让学生根据情况,自己选择奖品。

第七章 班级教育工作

对班主任来说,通过班级集体对学生进行教育是最基本的方式,但要全面完成班主任工作的任务,还必须针对每一类、每一个学生来进行教育。

如果说,了解学生是搞好班主任工作的前提,提高班主任自身素质是搞好班主任工作的关键,掌握班主任工作的规律是搞好班主任工作的基础,班级组织、班级管理、班级活动是搞好班主任工作的手段,那么,班级教育工作则是搞好班主任工作的核心内容。

第一节 班级个别教育[①]

班级个别教育是从班级中每一个学生的具体情况和特点出发所进行的有的放矢的教育。我们知道,每一个学生来自不同的家庭、不同的社区,具有不同的遗传素质,这就会影响到他们的思想、性格、情感、行为、意志、兴趣、爱好、习惯各个方面,即使接受相同的教育,他们的反应也会各不相同。所以,作为教育者,尤其是班主任,不仅应该以学生一般发展的可能性来把握每一个学生,更应该以每一个学生独特发展的可能性作为教育的起点,因材施教。

一、班级个别教育的作用

(一)班级个别教育是集体教育的深化和补充

集体教育包括两方面的含义:一方面是教师教育学生集体,另一方面是学生集体教育学生。当教师教育学生集体时,这集体是教育的对象,而学生集体形成后,它就能发挥巨大的教育力量,教育着班集体中每一个成员。班主任应该善于以班集体作为主要教育对象，通过集体教育来渗透、影响个人；同时，由于集体教育是以个人的自我控制为基础的，所以，班主任更应该善于通过个别教育来培养学生的自我控制能力。如果只抓集体意识教育，忽视个人自我控制教育，个别学生的消极作用也会影响集体。个人自我控制抓好了，以典型带动全面，也可以深化和补充集体教育。

（二）班级个别教育可以促进每一个学生的健康成长

一个班几十名学生，他们在德、智、体、美、劳方面的发展总是不平衡的，有差异的，总是可以分出先进或比较先进，后进或比较后进和中间状态这三种情况。当然，所谓先进、中间、后进是相对的，相比较而言的。班主任要用发展的观点、一分为二的观点看待他们，防止主观主义和形而上学的观点。每个学生都有自己的优点和缺点，要看到他们身上积极因素和消极因素并存。个别教育并不是班主任只注意少数缺点多的学生，而应从实际出发，做好不同类型学生的个别教育工作，使每个学生发扬优点和发挥积极作用，改正缺点和克服消极因素，先进的更先进，后进的赶先进，中间状态的向上发展，不断扩大先进面，缩小后进面，每一个学生得到健康的成长。

二、班级个别教育的方法

（一）谈话法

谈话是了解和教育学生的一种重要方法，它是班主任通过有目的、巧妙而有说服力的谈话，对个别学生进行思想品德教育的一种常见方法，谈话似乎人人皆会，其实并不尽然，谈话是一门学问，也是一种思想品德教育的艺术。常见个别教育的谈话有以下几种方式：

1. 商讨式谈话

班主任以尊重、平等、亲切的态度、商讨问题的谈话方式，与个别学生谈话。有的学生自尊心强，有逆反心理，性格偏强，脾气暴躁，感情容易冲动，往往班主任一二句话还没说完或者态度生硬点，他就同班主任冲撞起来。用这种方式谈话，可以消除他对班主任的成见，排除师生间传递信息的障碍，为进一步加深谈话内容创造条件。

2. 点拨式谈话

班主任用暗示手段，或借他人他事旁敲侧击，或用名言警句、格言、成语等简明语言加以提示，来帮助学生明白某些道理。这适用于善于独立思考的学生，他们自我意识强，独立感受力强，外界稍有刺激信号，就产生连锁反应。这对心理敏感、疑心重的学生也适用。

3. 批评式谈话

这是班主任用尖锐的语言，激烈的语调，严峻的态度来与个别学生谈话的方式。这适用于具有惰性心理、依赖心理和试探心理的学生。但要慎用，因为火药味太浓，容易伤害学生的心灵。

4. 突击式谈话

这是班主任因时、因地、因事进行个别谈话的方式。主要用于自我防卫心理强的学生，他不肯轻易认错，事后矢口否认，或搪塞掩盖，或转嫁他人。班主任利用刚发生或正在发生的事件冲突的火候，冲破其心理防线，可以取得较好的效果。

5. 渐进式谈话

这是班主任有目的、有步骤、有层次安排谈话程序的方式。它不是一下子把个别教育的信息全部输出。这适用于性格内向、孤僻、有自卑心理的学生。班主任同他谈话，语言稍一不慎，他就轻则沉默抗拒，重则寻死觅活。因此班主任谈话要适可而止，分步进行，将话题逐步引向他的心灵深处。

6. 循异式谈话

这是班主任根据谈话的不同对象、事件性质、影响程度，所采取的方式。对低年级、年龄小的学生着重形象教育、榜样教育；对高年级、年龄大的学生着重理性教育、道义教育。对明显的问题及时谈；对隐性的问题待时谈。对褒扬性、一般性的公开谈；对贬抑性、隐私性的背后谈。对性质轻微或初犯的要态度温和，柔中有刚；对性质严重或屡教不改的要态度严峻，以刚为主，刚柔相济。

7. 谈心式谈话

这是师生之间毫无拘束、气氛良好、态度诚恳、亲密无间地谈出内心的真实思想的谈话方式。

（二）锻炼法

锻炼是班主任布置一定任务组织学生按照一定要求，参与各种实际活动，以形成良好的思想品质和行为习惯为主的方法。它是个别教育的重要方法之一。由于学生长期从家门到校门，以及某些学校长期片面追求升学率，学生缺少社会实践和艰苦的锻炼。班主任在布置集体和个人任务时，要有意安排某方面缺少锻炼的个别学生，交任务给他，并且要求完成，使他经受锻炼，这比在课堂中讲大道理更有效。

锻炼的内容极为广泛，大致可分为五种：

1. 体力型

如校园环境的美化，社会公益劳动；

2. 技能型

如学校的学工、学农基地，学生参加劳动可以学习某项劳动技术；

3. 智力型

以培养智力为主，如智力竞赛、讲演等；

4. 能力型

以提高能力为主，如学生轮换当干部，负责组织某项活动、社会调查、采访，社会义务服务等；

5. 规范型

按照学校规章制度要求锻炼学生，使个别学生养成遵守纪律以及良好的生活习惯。

锻炼要坚持严格要求，经常检查督促。要因材施教，交给任务不能过重，应适合学生年龄和个性特点。班主任应根据个别学生的优点和缺点，及时帮助、指导和教育。

三、班级个别教育的具体要求

（一）热爱学生，坦诚相待

这是个别教育的心理基础。爱是人的较高层次的心理需要。青少年渴望得到爱，在家渴望得到父母的爱，在校渴望得到老师的爱。教师热爱学生是教师的职业道德，也是社会主义人道主义的具体表现。热爱学生是个别教育的能源，开启学生心扉的钥匙，点燃学生心灵的火炬，取得良好教育效应的力量。可以说，这是教师的共识。许多优秀班主任把"爱"体现在尊重、信任、真诚、宽容、严格要求、循循善诱等方面。虽然各个人体会的侧重点不同，但是把热爱学生作为个别教育的出发点是一致的。教师不热爱学生，就会使学生产生心理上逆反、情感上裂痕，意识上障碍，品德上滑坡，智慧上压抑。这就不可能了解学生的真实情况，真正和学生沟通，从而有的放矢地进行个别教育。

教师不仅要爱优秀生，督促和培养他们，尤其要厚爱后进生，转变他们的思想，这就要求教师对学生坦诚相对，以心换心。在个别教育时，教师的真心诚意，胸怀坦荡，像严父一样教育学生，像慈母一样关怀学生，他们必然愿意接受教师的教育，乐意说出心里的话。看过苏联电影《乡村女教师》的观众，都被那个年轻女教师纯洁的心灵，高尚的品格所感动。其实至今我国山区有很多这样的教师，她们集教师和母亲的责任于一身。由于山高路远，农民居住分散，小学生也不得不住读，教师既要教书，又要照顾孩子们的饮食、冷暖、娱乐。有的孩子尿床，就洗床单；有的孩子生病，就背他上卫生所。她们把爱无私地献给孩子们，即使最调皮的学生也会转变成好学生。

（二）尊重学生，关心信任

尊重和关心学生，这是个别教育的情感纽带。每个学生都有自尊心和荣誉感，希望得到别人尊重。

尊重学生体现在尊重学生的人格、个性、意见和进步。对后进生的个别教育，要多鼓励，少批评。有经验的班主任对后进生能做到八个不批评：即早晨不批评，在办公室里不批评，提问题和回答问题时不批评，无意做了错事不批评，一时想不通不批评，思想出现反复不批评，当着家长面不批评，尽很大力而效果不好不批评。其目的是尊重后进生，耐心等待他们进步。那种急功近利、图一时痛快、随意揭老底，击伤疤，曝丑光的做法，必然伤害学生自尊心、也降低了自己的威信，常常使个别教育工作陷入困境。

尊重学生还要关心、信任学生。关心他们的思想、学习、生活；

关心他们的家庭教育；关心他们"有意义的交往圈子"。信任他们有改变现状力争上游的心理，就是对前途失去信心的后进生，也往往会出现改好的念头；信任他们能在完成任务中经受锻炼，增强自我教育的信心和勇气。尊重、关心、信任的目的是使个别学生与班主任之间形成融洽的情感，与班集体形成和谐的气氛，给个别学生的进步创造一个良好的心理环境，给他们以鼓舞和希望；同时也使个别教育的作用得到充分的发挥。

（三）严格要求，民主公正

对学生严格要求，民主公正，这是个别教育的制度保证。常言道：严是爱，松是害。班主任爱学生就要对学生有严格的要求，没有严格要求的教育是培养不出合格人才的。

班主任根据国家的教育目标、学校的组织目标、班级的管理目标，在德、智、体、美、劳方面对学生提出力所能及的任务和措施，要求学生不折不扣地完成和落实，对于某方面没有完成或故意不完成任务而未达到管理目标的学生，要进行个别教育并责令其继续完成任务。

要做到严格要求，首先，教师要以身作则，要求学生做到的，教师先做到，要学生早操跑步，自己贪睡不到场，学生也会睡懒觉。其次，严格要求，要实事求是，否则会过犹不及。课间十分钟休息，也要学生加紧学习，星期六和星期日也不让学生休息，这种"严格要求"只会摧残学生身体，影响他们的学习积极性。再次，严格要求要言必信，行必果；有布置，有检查；扎扎实实，一步一个脚印；否则形严实松，时间一长，学生把班主任看透了，集体教育和个别教育都达不到目的。严格要求并不等于专横武断，恰恰相反，班主任要发扬民主，广泛听取学生意见，发挥学生的能动性、创造性，培养他们的主体意识，师生共治，民主管理，目标一致，互相监督，形成最优管理状态。同时，发扬民主也能及时纠正班主任工作中的失误和偏差。

第二节　班级偶发事件的处理[②]

偶发事件是班集体中经常出现的现象，妥善处理好偶发事件是班级教育工作的重要内容。它对形成健康的班集体和促进每一个学生的全面发展都具有直接而重要的意义。

一、偶发事件及其处理的意义

（一）偶发事件的内涵

偶发事件是学生中出现的意料之外的事件。其性质和范围是多种多样的，有学生之间的矛盾、师生之间的矛盾、学生和邻居朋友之间的矛盾；有发生在课内、校内的、也有发生在课外和校外的。由于偶发事件的发生，多半由潜在的或细微的原因所引发，所以，班主任在处理偶发事件时，往往会缺乏应有的思想准备。

偶发事件有三个显著的特征：

1. 偶然性

偶发事件的孕育、发生过程具有很大的隐蔽性、潜在性，因而偶发事件的发生表现出极大的偶然性。

2. 突发性

在偶发事件的发生过程中，尽管大都有一定的"先兆"或"前因"，这种"先兆"或"前因"客观上也有一个必然的发展过程，但事件的发生发展急剧变化，由量变迅速到达某种质变，以致使事件急骤从初发到高潮，大有给人以迅雷不及掩耳之势。

3. 爆炸性

偶发事件波及的范围和程度，尽管有大、有小，但从偶发事件的发展来看，它与一般事件相比，具有更大的影响。在学校、社会、家庭往往一时成为爆炸性新闻，特别是一些恶作剧、恶性事件，在学校、社会、家庭造成的反响更大。因此，认真处理好偶发事件，有的放矢地对当事人、肇事者进行生动活泼的教育工作，是班主任工作的一项重要任务。

（二）偶发事件的危害

1. 造成师生、生生之间的严重对立，影响班级组织的凝聚力

偶发事件的发生过程及其形式，有时会以尖锐的矛盾呈现出来。偶发事件的发展过程，可能也伴随着矛盾的进一步激化和恶化过程。因此，偶发事件必然会在师生之间、生生之间包括家庭成员中造成严重的隔阂。它使组织松弛，团结涣散。尤其是打群架、班干部之间的矛盾以及男女生群体之间的对立，对班集体的团结破坏性更大，以致严重影响班级组织的正常运行和发展。

2. 造成班级组织混乱，影响正确舆论的形成

正确舆论形成的一个基本特征，是大多数人对正确观点及其认识的一致性。而偶发事件因事发突然，因此无论是教师还是大部分学生对事件发生及其发展过程的真实情况都存在着不同的"盲点"，这样，对事件就往往不能取得一致性的看法和意见。同时，由于小学生受到社会经验缺乏等方面的限制，因此，看问题的方法存在很大的片面性，尤其在情况不明的前提下，更容易混淆是非，不辨真假，盲目议论，这些都会客观上起到模糊甚至歪曲是非观念的作用。这极不利于用正确的舆论手段去议论、褒贬和仲裁当事人、肇事者的是非正误，以弘扬正气、抵制不良，在客观上也必然会有害于班级正确舆论的形成及其健康发展。

3. 损害班集体的形象和声誉，降低班集体的影响力

班集体的形象是在班级整体、全面的工作发展的基础上逐步形成的。由于偶发事件涉及面大，往往会在师生中甚至社会上造成强烈的反响和震动，其危害所及，小则造成班级性影响，大则造成学校性影响甚至导致严重的社会性影响。特别当偶发事件屡禁不止，频频发生时，势必严重影响以至损害班集体长期形成的形象和声誉，降低班集体对学生的感召力和影响力，也严重影响班主任对个体的直接教育作用。

4. 造成学生的心理压力

偶发事件不仅打破了肇事者与当事人之间的心理平衡，造成他们的心理压力，而且因其违反了校规校纪、班规班纪，损害了班集体的形象而给全班学生造成心理压力。其中，肇事者与当事人的心理压力更大，尤其是当偶发事件源于一时冲动而悬而未决之时。

(三) 正确处理偶发事件的意义

1. 正确处理偶发事件可以防止事态的进一步发展和意外事故的发生

偶发事件如果不妥善地解决好，就容易进一步加剧矛盾双方的对立情绪，激化矛盾，促使偶发事件的相继发生，以至恶性发展。反之，正确妥善地处理好偶发事件，就能够逐步消除矛盾，提高认识，解决问题。同时，对偶发事件的正确处理还可以使当事人、肇事者从中受到深刻的、生动的思想教育，促使其反省，从而消除事态的隐患，把学生的思想和行为引导到正确的轨道上来。

2. 正确处理偶发事件不仅可以教育当事人、肇事者，而且可以影响全体学生

在处理偶发事件时，围绕当事人、肇事者进行调查、研究，动之以情、晓之以理当然是首当其冲的。但由于这种教育和影响不是一下子就能解决好的，而是一个反复的过程，因此，发现、凝聚、团结班级组织中一切良好积极的因素，扩大这种教育和影响的力量就成为必要。唯有如此，才会形成对偶发事件处理的良好群众基础。那也就是说，在处理偶发事件时，必然也要对全体学生进行正确而强有力的影响和教育，使他们进一步明辨是非，不断提高对问题的认识能力和辨别能力。

二、处理偶发事件的方法

(一) 调查研究，掌握全过程

调查研究是解决一切问题的开端。偶发事件由于事发突然，其发生和发展过程往往不为班主任所了解，因而，认真进行调查研究，弄清事情真相，解开问题的症结所在，这对班主任解决和处理好偶发事件至关重要。

1. 必须对偶发事件有一个基本的分析

这在对偶发事件的调查中起着调查内容的基本确定和定向的作用。班主任要对已掌握的一些基本事实和有关情况，进行初步地分析研究，以大致弄清偶发事件属于什么类别的事件，掌握问题的要害所在，把握问题的性质。如对学生中的打架现象，要弄清是属于

一般性的纠纷,还是团伙斗殴;对学生中的违犯纪律现象,搞清是出于学生的爱动、调皮的天性,还是对教师有成见,故意导演的恶作剧等,这些都应该根据所掌握及初步了解到的情况,并结合平时的表现,进行一番分析研究工作,以期对事件及问题有一个清醒的思路和判断,否则,就不可能顺利地把偶发事件调查清楚。

2. 调查研究必须深入细致

对偶发事件的调查研究,不能走马观花,浮在表面上,而必须深入下去,从各个方面、通过多种途径全面地、细致地进行调查研究。既要认真了解事件的一般发展过程,同时,还必须十分认真细致地调查偶发事件发生发展过程中的细微末节和学生思想的微妙变化。只有这样,才能把事件及问题搞清楚,搞准确。要切实搞好对偶发事件的调查研究,主要应从以下三个方面入手:

首先,要着重搞好对当事人、肇事者的询问及调查。教育实践表明,学生随着知识和年龄的增长,其心理愈来愈趋向封闭性,学生有了"心事"或"心里话",不愿轻易向家长、教师及同学吐露。因此,要弄清偶发事件的来龙去脉,班主任必须切实做好当事人、肇事者的思想工作,深入交心、谈心,努力帮助学生放下包袱,启发、引导学生自己敞开心扉,讲明情况,深挖思想根源。在调查研究过程中,还必须善于运用正确的方法和策略,讲究分寸。否则,班主任就不可能真正弄清事情的原因和来龙去脉,并妥善地予以解决。

其次,要对与当事人、肇事者交往密切的同学、朋友进行调查研究,这是弄清偶发事件发生发展过程的重要途径。因为他们与当事人、肇事者之间的思想交流、信息沟通密切,他们最了解当事人、肇事者思想的细微变化,也最了解、最熟悉偶发事件之内情。班主任要通过对与当事人、肇事者交往密切的同学、朋友的调查,弄清偶发事件的具体经过,了解当事人、肇事者的思想、表现情况,尤其要重点了解当事人、肇事者微妙的内在心理和思想活动。

第三,要深入学生家庭走访。家庭是学生成长和活动的基本场所。通过家访,深入了解学生在家庭中的表现,特别是在偶发事件发生前后学生在家庭中的思想、情绪、举动、表现等变化。还要通过对家庭的访问,弄清学生思想、个性成长以及发生变化的外在环境条件。由于学生与父母朝夕相处，必然对子女的感情变化、举止行为观察最细致，对子女的脾气习性摸得最透。因此，认真深入地进行家访，是了解偶发事件发生的全过程和背景的基本途径。

除此之外，班主任还必须广泛依靠同学特别是班干部以及少先队、团组织的成员；依靠科任教师和社会其它力量，这都是有助于弄清偶发事件的重要条件。

(二) 分析原因，弄清实质

分析原因，把握问题的实质，这是处理偶发事件的重要步骤和方法。

分析原因就是要分析引发偶发事件的起因，分析当事人、肇事者导致偶发行为的缘由。尽管学生中出现的偶发事件有其偶然性的一面，但是在这种偶然性的背后，客观上存在某些必然性因素，偶然性包含必然性。因此，班主任一定要深入到问题的本质中去，不要被偶然的、表面的现象所迷惑，不应被某些局部的因素所左右，而应从事件的整体上、本质上分析事件的内在原因和深层原因，透彻地剖析事件的因果联系，弄清当事人、肇事者的思想动机。只有这样，才能抓住肇事者的思想症结所在，对症下药，解决问题。

分析原因，首先要坚持实事求是的原则。要在深入调查研究偶发事件的基础上，根据客观情况作具体分析。尽管长期担任班主任的教师凭借多年的教育经验对事件也能作一些比较科学的分析，但是对偶发事件发生原因的分析，一定要依据调查研究中获得的情况和材料，从偶发事件的整个过程来进行分析，从对情况的具体分析中得出结论来。打架甚至打群架，是有意挑逗，还是出于自卫抱不平；学生中的恶作剧是由于淘气还是出于有意，这些都应该具体情况具体分析，不能脱离偶发事件的具体实际。否则，就不能得出正确和科学的结论来。

其次，分析偶发事件发生的原因，一个重要的原则，就是不能脱离孩子的思维逻辑特点以及思想认识特点，以成人化的模式去评价。小学生思考问题和言论行为往往带有明显的天真、幼稚和不成熟的特征，脱不了"孩子气"。如学生性格上的冲动性，往往使他们做事处理问题凭感情用事，而不顾及后果；在思维方面，求知欲旺盛，但缺乏分析问题明辨是非的能力，因此，往往做错了事，自己却糊里糊涂。对此，我们在分析偶发事件的发生原因时，务必不能采用成人的想当然的思想去对待孩子的想法，而是要充分地理解他们，从孩子的心理、逻辑、思维特点出发进行科学的分析，这样才能入情入理，有分寸感。用这种方法去分析偶发事件，能更好、更准确地理解学生，弄清问题。

把握偶发事件的性质，是班主任正确处理偶发事件所必须掌握的又一重要任务。只有把握了事件的性质，才能研究和采取科学的恰当的方式方法，对偶发事件进行正确的处理，对当事人、肇事者进行有效的教育。因此，正确把握偶发事件的性质，必须对偶发事件进行科学的分析。首先，不能脱离偶发事件发生的原因。导致偶发事件的原因是研究偶发事件性质的钥匙，原因与性质有着不可分割的联系。学生为什么打架，是出于淘气还是怀有恶意搞恶作剧，学生迟到旷课是贪玩，还是由于家庭困难所致等等，这些都是决定和弄清事件性质的基础和前提。其次，要联系偶发事件整个过程、事态的发展状况，对学校、家庭、社会所造成的后果等因素进行全面的分析，以利于准确地把握偶发事件的性质和特征。第三，要坚持客观的态度，既不能扩大，也不缩小，不打棍子，不扣帽子。尤其对那些拿了别人的东西的学生，动不动就冠以"偷窃"、"小偷"之类的帽子，这样不仅不利于对偶发事件性质的把握，而且会严重损害学生的自尊心，甚至会把学生推向歧途。

（三）慎重处理，以理服人

偶发事件因事先难以预料，因此，班主任教师不可能有处理它的充分思想准备。况且偶发事件的当事人、肇事者如学生与学生，学生与教师，学生与家长，学生与社会其他人等，其矛盾和情绪处于极端亢奋或对立状态，如果草率从事，不仅收不到良好的教育效果，还会带来严重的反面效果。

第一，处理偶发事件时，既要从教育者教书育人的根本职责出发，以高度的负责精神，深入做好学生的思想工作，又要根据事件的性质，当事人、肇事者的个性，学生的年龄特征等，采取不同的妥善的处理方法，决不能马虎从事，千篇一律。对性格内向、情绪低落而又犯了非原则性的错误的学生,班主任要本着正面疏导为主的原则,更多地进行个别谈话,有时还适当地对班级做些"隐瞒工作";对脾气暴躁、逆反心理严重的学生,要心平气和,循循善诱,推心置腹,防止出现顶牛局面和抵触情绪;对涉及学生的道德品质问题或违法行为,一方面要切实把问题弄清楚,决不能冤枉学生,另一方面则要严格教育,促其猛醒。

第二,要避免热处理,坚持冷处理。因为偶发事件往往伴随着学生的激情和冲动,犹如钢铁置于高温炉膛里一样,如果以强硬的办法进行热处理,就会犹如火上浇油一样,不仅不利于问题的解决,相反会促使矛盾进一步激化。

坚持冷处理,首先是要降温,要缓解矛盾、缓和情绪。要给学生留点余地,必要时还要给学生一个下台阶的梯子。不仅如此,班主任还必须善于为学生着想,充分理解学生的思想感情特点,善于从好的方面去考虑他们的行为。如果教师一味地从坏的方面去估量或批评学生,甚至粗暴地伤害学生的自尊心,学生就容易自暴自弃,产生心理上的对抗。尤其当学生与班主任发生矛盾时,教师更应该表现出高姿态,从检查自己的工作入手,多作自我批评,要采取容忍和宽容的态度,消除学生的恐惧心理和对立情绪,缩短与学生之间的距离,消除与学生之间的隔阂。切忌采取报复行为或强硬手段,或凭一时之怒气随意处治,否则,就只会使矛盾"升温"。

其次,不要急于求成。要有耐心,不能急躁。等一等,看一看,给学生以卸包袱、反躬自省的时间,以利于学生把发热的头脑冷却下来,达到学生自我教育的目的。采取等一等、看一看的冷处理办法,就是要选择良好的教育时机,以给学生"雪里送炭",从而取得最佳教育效果。如果当学生尚未转过思想弯子的时候,就急于求成,反而达不到预期的教育效果,"欲速则不达"。

处理偶发事件要坚持说服教育,以理服人。解决当事人、肇事者的矛盾也好,澄清学生思想上的模糊认识也好,都必须认真遵循这一原则。这既是班主任教书育人这一高尚职责所决定的,也是偶发事件的性质和特点所决定的。因为只有采取说服教育的方式,才能使学生心悦诚服,达到处理好偶发事件、教育好学生的目的。

说服教育，以理服人，就是要用摆事实、讲道理的方法对当事人、肇事者进行教育。摆事实是讲道理的一种方式，也是说服教育的一种具体方法。摆事实，就是要根据偶发事件的客观情况，用事实说话，用具体事实教育学生，沟通学生的思想。具体的东西比抽象的说教容易被学生理解，感性的东西容易被学生所接受。同时，必须尊重事实，尊重实际，不夸大其词，更不能凭空瞎说，把一些似是而非的东西强加给学生。尤其对学生所犯错误应负的责任，更应该一是一，二是二。否则，就会加剧矛盾。

讲道理，就是要科学地阐明事理，精辟地分析问题，把问题和道理阐述明白，令人信服。讲清楚什么是对的，什么是错的；为什么好，为什么错。要启发、引导学生提高认识、分清是非、消除矛盾和隔阂。在处理偶发事件时，应把主要精力放到阐述正面道理上，而不宜把重点放在追究责任和批评方面，这样不利于当事人、肇事者接受批评，最大限度地发挥教育的作用和功能。

此外，说服教育还可以运用恰当的方式方法，不能用说教方式，要有的放矢，丰富多彩，生动活泼。尤其对小学生，更应该力求通俗、生动、形象、富于情趣，如开展讲故事，班集体本身先进人物的现身说法，开讨论会和辩论会等活动，这些最容易把深刻的道理通俗化、具体化、人格化。特别是对有些大是大非的问题，开展辩论和讨论，用引导班集体舆论的形式，最容易触动学生的心灵，最能促使学生猛醒，使当事人、肇事者"悬崖勒马"。

三、处理偶发事件应注意的问题

（一）切忌轻易表态

偶发事件的发生往往存在着复杂的原因，因此，如果班主任对偶发事件的发生发展状况，不经过充分的周密的调查研究和分析，弄清事情真相，明确问题的性质，确定正确的策略，就感情用事，急于表态，或凭一孔之见，主观武断，那么就容易导致情况不明而对事件处理不当，甚至出现失误，"差之毫厘，失之千里"。有时甚至把一些好的东西、美的东西当成错误的东西和坏的东西，以致严重挫伤、打击学生的进取心和积极性。即使是偶发事件事实清楚，问题明了，也应该审慎表态，认真地进行处理，决不能当儿戏对待，随心所欲、不负责任。因此，对偶发事件，非在万不得已的情况下，班主任切莫于当场表态或处理，以避免失误，从而积极地、正确地、稳妥地把偶发事件处理好。

（二）切忌错误分摊

当偶发事件涉及到对当事人、肇事者双方进行处理及其教育的情况时，因在事件发生过程中，其问题有是非之分、错误有大小之别、情节有轻重之异。如打群架，有"挑衅"者，有"自卫"者，还有打抱不平者。学生中发生的小团体活动，有"主谋"者、"参与"者及附和者等等不同情况的区别。因此，如果不分青红皂白，不问是非曲直，就各打五十大板，这种不负责任的应付差事、敷衍塞责的态度和方法，只能起到"处罚不公"的效果。这就要求班主任在处理过程中，要具体情况具体分析，按问题的性质及情节区别对待，公正处理。只有做到合情合理，恰如其分，才能刹住歪风，弘扬正气，培养学生分清是非，辨别正误，实事求是的精神品质。

（三）切忌放任自流

偶发事件的发生，由于矛盾尖锐，造成的影响和危害极大，因此，如果在偶发事件面前，班主任听之任之，不理不问，任其发展不仅会使偶发事件相继发生，而且会助长肇事者的不良习气。此外，偶发事件的恶性化，还会导致学生与学生、学生与教师、学生与家长、学生与社会之间的矛盾加深，严重影响教育和教学的正常进行，甚至产生违法的越轨行为，造成不可收拾的局面。因此，对偶发事件，班主任一定要本着为党、为人民、为学生高度负责的精神，积极、严肃、认真地进行处理，切实达到教育学生，解决问题，促进班集体健康发展的目的。

（四）切忌就事论事

偶发事件虽然表面上暴露出的是肇事者与当事人的矛盾与问题，但是，如果我们对不同年龄的学生所发生的偶发事件作一个比较对照，我们就会发现，偶发事件大多也呈现出与年龄特征相符合的特点。从深层次上看，偶发事件实质上暴露的可能是班集体所潜在的矛盾与问题，如果班主任就事论事，只看到问题的表面性，而看不到问题的实质；只看到问题的特殊性，而看不到问题的普遍性，那么就不仅不能从根本上解决问题，而且会丧失教育学生的良机。

第三节 班级榜样教育

班主任对学生的影响比起其他任课教师更为直接、强大。他要促使学生德、智、体、美、劳方面全面发展，就不仅要使自己言传身教，成为学生的楷模，而且还必须善于发现学生中的各个方面的典型，为全班学生树立起生动的现实的榜样，激励学生奋发进取。

一、榜样的特征及其作用

（一）榜样

我们常说，榜样的力量是无穷的。这是因为榜样是一个有对比度的强性刺激，具有生动性、形象性、先进性和教育性。小学生模仿性强，生动形象的榜样易于感染学生，并激发学生学习的热情，班主任应善于选择既有教育意义又切合学生实际的典型人物和事例来教育学生。对小学生影响较大的榜样有以下几种：

1. 革命领袖和英雄模范人物

革命领袖和英雄模范人物的生平事迹和光辉业绩是具体而生动的教育材料，学生们学习以后，不仅产生敬爱之情，而且会以此为榜样学着去做。

2. 教师

小学教师在学生心目中有着崇高的地位，教师的一言一行都在有意无意地影响着学生，教师的身教常常比言教更起作用。

3. 同龄伙伴

用与学生年龄相近的先进人物进行教育，易于为学生接受，有说服力。特别是孩子们中的那些平凡小事，与学生生活比较接近，更容易产生感染力。因此，班主任要注意表扬学生中的好人好事，树立学习的榜样。

（二）榜样的作用

1. 激励作用

仰慕先进，易受英雄行为的感染是青少年的心理特征。由于先进典型是新思想、新事物的先驱者和代表者，体现了社会和事物发展的正确方向，他们的一生是树立崇高理想并为之奋斗的一生。因此，用先进的榜样去教育青少年，容易使他们从先进人物实实在在的形象中，体会到什么叫革命理想，什么是生命的价值，从而强化他们的理想和信念，激励他们自觉自主地按照先进典型的特征来要求自己。因此，我们应该充分发挥榜样的作用，大力宣传伟大人物、老一辈革命家、战斗英雄、劳动模范、科学家、积极分子等人物的顽强的意志行动，并注意宣扬同学们身边的典型，尽可能使这些典型实际、生动、直接，具有较强的说服力和感染力。从而，容易使大家接受，并因此唤起人们奋发向上、迎头赶上的动机。

　　2．调节作用

　　榜样的思想行为，都突出地显示着他个人自我教育的主观能动性。他们的美德既不是先天的，也不是在某种机遇中偶然形成的，而是在长期的社会实践中，自我修养，自我严格要求地锻炼出来的。因而运用榜样教育，可以鞭策人们即使在无人监督的情况下，也能自觉地按榜样那样调节自己的言行，抵制外界不良诱因的干扰，坚持实践品德行为。

　　3．矫正作用

　　榜样可以像面镜子那样促使受教育者经常对照自己，检查自己，引起自愧和内疚，从而自觉地克服缺点，矫正自己的不良言行。

　　4．导向作用

　　榜样所给小学生的影响绝不仅限于心灵的净化，情感的升华，而且给他们展示出一种生动形象的表达方式和行为方式。这种方式可能是社会所期待的，可能是学校所期待的，可能是学生自己所期待的，更可能是他们共同期待的。

二、树立榜样的建议

（一）坚持全面发展

　　全面发展是我国教育目的的基本精神，它要求班主任在树立榜样时，也要坚持这一精神，使树立的学生榜样具有下列素质和能力：

1. 热爱祖国，拥护共产党的领导；2. 树立为人民服务的思想和为实现社会主义现代化而奋斗的志向；3. 有良好的道德品质和文明行为，并具有诚实正直、自尊自强、勤劳勇敢、开拓进取等品质和一定的道德判断能力及自我教育能力；4. 学习有恒心，刻苦努力，成绩显著，具有创新精神和虚心而不骄傲的优良品质；5. 勤于锻炼，身体素质好；6. 有正当的爱好和高尚的审美情趣；7. 热爱劳动。

以上7条，实际上是德、智、体、美、劳诸方面的基本要求，也是每个学生健康成长的努力方向，坚持了全面发展的原则，才有可能把学生培养成为有理想、有道德、有文化、有纪律的社会主义事业的接班人和建设者。

（二）坚持多层次优选

心理学告诉我们，不同的人其心理特点是有差别的，天底下找不到两片完全一样的树叶，世上也找不到两个心理面貌一模一样的人，就是同卵双生儿，尽管他们的外貌、体形等十分相似，但在心理方面还是有差异的。

学生本身的个性心理特征和能力差异，决定了他们成长发展的不平衡性，同时也决定了我们的教育必然是个性化的教育。教育要培养的绝不是一个模子刻出来的"标准件"，而是具有良好个性的人才，能在祖国的社会主义建设中发挥各自的才干。无论思想教育还是教学工作，都要充分调动学生心理内部状态的积极性，克服和消除其心理的消极因素，如优秀生还有什么缺点，后进生身上又有什么闪光点，从而因势利导，帮助学生扬长避短，择善去恶。

因此，我们树立的榜样，不能只从总体上看，而要照顾到优、中、差各个层面，只要是在自己原有基础上有较大进步的，都应该给予鼓励和表扬。对于学生来说，这样做更为现实，更容易接受，并且能较好地激发大部分学生的进取精神。需要注意的是：树立的榜样无论是哪个层面的学生，其在所代表层面里一定是"优秀"的、"出类拔萃"的，每一个层面进步的代表放在一起比较，仍然是有差异的，这种差异只能成为推动学生进取的契机，而不能成为褒贬学生的依据。

三、运用榜样教育的基本要求

（一）要注意树立榜样的威信

榜样示范作用与榜样在受教育者心目中威信成正比。榜样的威信首先取决于榜样本身事迹的先进性和感人性。这就要求我们选择的榜样必须是来自生活，有着广泛的群众基础，能以他们高尚的情操和感人的事迹，赢得人们发自肺腑地敬仰与爱慕的。绝不能为了增强榜样的威信，任意夸大、人为地拔高或捏造一些似乎是断绝七情六欲、不食人间烟火的高、大、全的形象。人为树立的榜样，表面上看似乎完美无缺，但因现实生活中不可能存在十全十美、白璧无瑕的完人，缺乏真实性与可信性，因而不仅不能提高榜样的威信，反而会使榜样自身确有的一些先进也为之逊色，甚至引起人们的怀疑和反感。其次，榜样的威信也有赖于切实而全面的宣传，使受教育者能全面而准确地理解并熟悉榜样的品德，作为自己言行的指导。一定要防止对榜样片面的曲解。例如在开展"学雷锋、树新风"的活动中，有的教育者只重视宣传雷锋做好事不留名的先进事迹，却忽视了全面宣传他热爱党、热爱祖国、重视学习，干一行，爱一行，掌握高超技术的优良品质，致使有些人把学雷锋单纯理解为上街做好事，而不能将雷锋精神全面地落实到学习和工作中去。有的甚至认为在全面开展社会主义现代化建设的新时期，学雷锋已经过时，应该学习陈景润。有个老师在文明礼貌月中，竟然对学生说，你们不好好学习，我干脆组织你们上街学雷锋去。显然，这种片面性的宣传，曲解了雷锋的先进形象，降低了雷锋在人们心目中的威信，削弱了榜样示范的教育作用。

（二）要注意激发学习榜样的动机，增强学习的自觉性

榜样的教育效果，不仅依赖于外部条件，也依赖于受教育者自身的内部条件。所以注意激发受教育者内在的学习动机，使之成为自身的需要和动力，是运用榜样教育应十分重视的问题。我们经常可以发现，榜样尽管在受教育者的心目中享有一定的威望，但却激发不起学习榜样的积极性。这或许是由于受教育者感到榜样的形象高不可攀，可望而不可及；或者是受教育者对自己要求不高，缺乏

提高的强烈要求；或者是想学，但不知从何做起。为此，必须有针对性的扫除思想上的障碍，一方面，大张旗鼓地宣传榜样，造成气氛，深入人心，激发起受教育者不甘落后的自尊心，自强心，增强奋发向上，赶超先进的信心和力量，使榜样示范与自我教育有机结合。另一方面，要结合榜样的先进事迹，对受教育者提出具体可行的要求，使他们明确学什么和怎样学，增强学习的目的性和自觉性。

（三）学习榜样必须见之于行动

学习榜样必须转化为自觉行动，这是榜样教育的根本目的。要防止"听听很感动，想想很激动，实际没行动"的状况。效法榜样见于行动，有一个由被动转化为主动的过程，这就需要教师积极引导和培养。首先要让学生熟悉榜样的先进事迹，以便在行为动机的斗争中能使榜样及时起"导向"和"调节"作用，解决愿不愿意向榜样学习的矛盾；其次，要有目的地组织一些活动，提供实践的条件，并教给实践活动的方法，锻炼意志，解决能否坚持行为的矛盾；最后，要及时反馈学生学习榜样的行为效果，以增强其实践的自觉力量。

第四节　班级后进生的转化[③]

班主任抓好后进生的教育不仅有利于树立良好的班风，建立良好的班级秩序，而且，对于最大限度地减少教育过程中呈现偏态的学生的数量，提高教育的效益，多出人才，出好人才也有重大的意义。

一、后进生的内涵

后进生是指那些在正常生理状况下，品德不良，学习成绩跟不上同龄儿童的学生。亦即，它不是指那些由于大脑器官的损伤而引起的认识活动持续阻碍的属特殊教育问题的"智力落后学生"，而是指在正常生长发育过程中那些品德差、学习差的"双差生"，或学习虽不差，但缺点错误较多较严重的学生。要防止只看学习成绩，不重思想品德，成绩好，考分高就"一俊遮百丑"的倾向。同时，也要反对和防止只看热心社会活动或社会工作,不看学习是否刻苦努力的倾向。由于后进生的划分,总是以一个班集体中学生总的思想、学习发展水平与少数学生思想品德表现,学习成绩状况相比较而得出的结论,因而班主任应根据学生守则的要求,按照各级学校的培养目标,结合本班实际,具体的掌握。在划分或评价后进生时,班主任首先要避免以自身的知识水平或个人爱好作为标准,其次要用发展的眼光看待后进生,不能静止地对待后进生。不能单纯以是否听话来衡量,而应当着眼于思想本质和主流,有些学生虽然看起来调皮,甚至爱"挑刺",但他们思想活跃,敢于发表意见,这当然不能简单地视为后进生;不能单纯以学业成绩来衡量,而应以品德、学业两方面来划分,有些学生虽然学业成绩不够好,但他们热爱集体、热爱劳动、助人为乐,这当然也不能视为后进生。

二、转化后进生的意义

不论是哪个国家、哪所学校,还是哪个班级,后进生问题都是一个中小学教育中令人沮丧的普遍而严重的问题。后进生的人数虽少,但其影响大、危害性大,所以,后进生的转化有着不可估量的实际意义。

(一)转化后进生是建设优良班集体的需要

后进生对班集体的不良影响主要表现为以下几个方面:

首先,后进生的言行淡化集体观念。班集体的形成要靠每一个个体的积极行动来实现。在好的班集体中,学生的集体目标是为大家所认可并为之奋斗的;但是,后进生的言行常常阻碍目标的实现。当班主任作为集体的代表布置行动计划时,时常遭到后进生的反对,这样,实现目标的士气一开始就被挫伤;在实现班级工作计划过程中,即使后进生没有蓄意破坏,也会由于他们基础太差而延缓目标实现的速度,在班级工作总结时,大家辛勤劳动的成果常常会被后进生的言行所掩盖,从而引起学生内部分歧,给下一个目标的实现造成困难。集体意识就会被后进生的言行慢慢淡化。

其次,后进生的存在不利于树立榜样。"榜样的力量是无穷的"。在一个班集体里,榜样就是学生前进的方向,榜样的言行可以直接规范大多数学生的言行。但是，一旦出现几个后进生联合起来，对榜样进行打击、挖苦、嘲讽，那么，榜样不仅难以发挥模范作用，而且，自身也会感到无所适从。

最后，后进生的言行起坏的导向作用。后进生并不是在各方面都比别的学生差。相反，后进生的社会性比别的学生强，他们常常在生活的某一方面是"优生"。如果任其发展下去，后进生变坏，好学生变坏都有可能出现，一个班集体将会变成一盘散沙。

（二）转化后进生是发挥学校教育主导作用的要求

后进生的转化中，虽然有社会力量、家长的帮助，但是，起主导作用的还是学校。学校对学生的要求，实际上是党和人民要求的反映。现实生活中，许多优秀班主任在转化学生思想方面取得的成绩是很大的。而在他们的工作当中最令人钦佩和赞叹的却是做好了后进生的转化工作。由于后进生在一个班集体中影响极大，抓住了后进生就是抓住了典型，抓住了重点。做好了后进生的转化工作就是做好了重点工作。学生的品行形成不是先天的，而是靠后天的教育。由于主、客观原因不同，在教育过程中，学生里面出现了后进生，这是正常的现象。作为班主任就是要在教育过程之中逐步消除后进现象，使学生的思想文化水平逐步提高。这种动态发展，要求班主任不断做学生转化工作。一个时期中的后进生，通过教育使之成为先进生后，另一个时期还会出现后进生，这又需要教育。只要继续当班主任，他的工作永远要像这样循环往复，只不过每一次所遇的后进生可能是不相同的。因此，每一个做班主任的老师，要牢记党的教育方针，不负人民的重托，为家长分忧，不要总是埋怨后进生，而应以赤诚之心去做后进生的转化工作。

（三）转化后进生有利于提高教学质量

教学过程包含教师教的过程和学生学的过程。后进生之所以在教学过程中表现出"饭来张口"、"磨课堂"、抄袭作业、拒绝学习等等不良现象。原因是多方面的，但一个根本的原因就是学生学的过程出现了问题。所以，研究后进生转化的一个重要方面就是研究后进生的学习心理，疏通学生学的过程通道，进而反思教师教的过程通道，以更好地服务于教学，提高教学质量。

（四）转化后进生有利于社会秩序的安定

后进生的越轨行为不仅要在校内表现出来，而且不可避免地会在校外发生，从而危及社会，扰乱公共秩序。为了使学校教育收到良好的社会效果，为了使每一个学生都成为合格的社会公民，班主任也必须做好后进生的转化工作。

三、转化后进生的方法和途径

（一）深入了解后进生的心理特征

要教育学生，就得先了解学生。班主任工作是否有效，很大程度上取决于对学生的了解是否全面深入。只有了解了后进生的学习生活情况，后进生生活的环境，以及后进生的心理特征，才能有的放矢地进行教育。

后进生无论是在思想品德上的后进，还是在学业成绩上的后进，都不是一朝一夕形成的，而是在多方面因素的影响下长期慢性发展的结果。就外因来讲，主要来自社会上的不良现象，如社会上的各种不正之风、社会财富的分配不公等等，来自家庭教育的失误，如包庇纵容，放任不管，粗暴无知，施行打骂等等，来自学校教育上的错误和过失，如违背教育规律，不懂教育艺术，对学生不能一视同仁等等。

了解这些外部因素，熟悉学生交往的对象，可为制定教育方法提供重要的参数。但仅了解这些还不够，外因只是条件，内因才是变化的根据，只有熟悉后进生的心理变化的特征、思想品德状况，才能为转化后进生的工作打下基础。根据青少年的生理和心理发展理论，后进生的一般心理特征，表现为如下矛盾状态：

1. 自尊和得不到自尊的矛盾

自尊心是对自己个性品质的概括而肯定的评价，表现为充分肯定自己的长处和成绩。它是一种积极的心理品质，也是一个人前进的动力。后进生和一般学生相比，具有社会性较早地介入的特点，也就是人们常说的"早熟"。他们既不能容忍教师当众批评训斥，有时一句不恰当的话，也能引起他们强烈的感情冲动或憎恨；也不能容忍教师以恩赐态度或对弱者庇护的口吻对待他们，他们会认为这是对他们人格的侮辱,这种强烈的成人意识、社会意识反映出他们内在的强烈的自尊心。可是,由于后进生的言行已在学生中造成了不良影响,失去了威信,往往得不到别人的尊重和理解,所以,他们有时自吹自擂、盲目自大,有时又会自暴自弃、自甘落后。这种矛盾的心理状态,班主任应当理解和体谅。尊重和相信他们,不随意提及他们的过失,鼓励他们多看自身的有利条件,激发他们上进的要求。要高度尊重他们,不能用粗暴的训斥、过于频繁的批评,甚至错误的判断等不正当的方法教育他们;否则只能损伤这些学生的自尊心,使他们要求得到新生而得不到满足的矛盾表现得更加尖锐,甚至发展到师生对立、学生之间对立。

2. 好胜而不能取胜的矛盾

后进生在行动上受自尊心的驱使,常常表现出两种截然相反的表现:一种是冷酷孤独地生活,对一切人都采取回避的恶意的态度;另一种是冒险行事,往往产生严重的道德过错。不管哪种情况,都表明后进生有强烈的好胜心。后进生有好胜心,这说明他们有上进心的基础,但由于他们学习基础太差,道德认识水平低下,一时取不到胜利。于是在其他方面,特别是在不良行为上出风头,来满足争胜好强的心理需求。对于这种矛盾心理,班主任要引导学生发展道德认识能力,锻炼他们的毅力,创造条件让他们能表现自己。如爱好动植物的就让他们在生物实验活动中表现自己;爱好美术的就让他们到大自然中去写生画画,体验生活。在这同时,加强基础知识的实习补习工作,使他们好胜而又能取胜,好动而又会动,想表现自己却又能出色地完成任务。

3. 有上进心的愿望和意志薄弱的矛盾

后进生同样有要求改变现状和急切上进的心理。即使对前途失去了信心的学生也往往会出现要改好的念头。特别是当外界条件发生较大的变化,比如来到一个新的学习环境,或换了班主任,或自己做了一件较有影响的好事而受到表扬的时候,他们常常有改过自新的愿望和表示。况且,那些学习成绩不好的学生,大多数都不是智力上的原因,而是上课不专心,学习不刻苦造成的,他们更有把学习搞上去的想法。但是,一般学生的上进心能在老师的正确引导下持续起作用,而后进生即使在口头上表示要"坚决"不干的事,而在行动上有时做出相反的事来。原因在于他们已经形成了一种懒散、怕艰苦、注意力不集中、意志薄弱的心理缺陷,他们经不住外界的诱惑,往往摇摆不定,出现反复。这样,一发生问题,他们一般不首先检查自己,而是较多地注意老师和同学对他们的态度,以致忧虑重重、迟疑不决,不能很快地纠正错误,争取进步。班主任如能掌握住他们的内心矛盾,因势利导,给他们以及时的教育和帮助,鼓励他们同困难作斗争的信心和勇气,那么,深藏在他们内心的求知欲望之火,还会复燃起来。

因此,后进生在日常学习和行为表现中,从表面上看我行我素,对什么都漠然处之,其实,在他们内心里常常充满着进与退、上与下的复杂矛盾。班主任的重要职责就在于通过后进生思想、学习落后的表面现象,掌握他们的心理矛盾发展变化的规律,并耐心保护、精心培养他们普遍存在的自尊心、好胜心和上进心,从实际出发,从育人着眼,因材施教,做好深入细致的转化工作。

(二)确立后进生也能成才的坚强信念[4]

"朽木不可雕也",这是我国古代教育家孔子评价宰予的一句话,现在看来是极不妥当的。当今时代,随着科学技术的日益发展,过去被人们当作废物的锯末、木屑,现在都被人们用科学的方法派上了大用场。这就充分说明,只要方法得当,任何废物都能变废为宝。

后进生是相对的,在后进生中同样有出类拔萃的人才,这已被古今中外的事实所证明。德国大诗人海涅是学校里尽人皆知的后进生,教师常常骂他对诗"一窍不通"。数学家巴比基和文学家玛阿特是同班同学,他俩因为成绩差常被罚站在椅子上任人取笑,但在这个班级中,后来恰恰是他们两个,成为举世闻名的人物。大诗人拜伦在阿巴丁小学读书时,成绩也是全班倒数第一。在现实生活中,这样的事例也不少。据中国青年报报导,一个平时连两位数都不会做的后进生,他谈起"养鸟经"来却口若悬河;一个6门功课开"红灯"的后进生,居然心灵手巧能谙熟地拆装多种规格的电视机。另一个受过警告处分的后进生制作的一艘三桅古典帆船,荣获了上海市青少年科技作品的一等奖。由此可见,只要我们正确认识和对待后进生，教育得法，持之以恒，后进生也必将能成为社会的有用人才。

社会上每一个人都应该是人才，每一个人在社会上都应有各自的工作位置。我们教育者的重要任务，就在于能帮助学生找到他自己在社会中属于自己的位置。

谢苗是苏联著名教育家马卡连柯创办的高尔基工学团的一名学生。曾因打架偷窃等恶习而一度离开了工学团。后来，当他和同伴决裂重新回到工学团以后。马卡连柯不仅热情欢迎他，还在工作上委以重任。一次，马卡连柯派谢苗去银行领取500卢布，回来问清谢苗已数过之后，就放心地收下。但谢苗心里却不踏实，怀疑老师是在试探他。过一段时间，马卡连柯又让谢苗去银行领取2 000卢布，并给他一支手枪自卫，还让他骑上工学团的唯一的一匹马。面对老师的信任，谢苗激动得说不出话来，他紧握手枪、跃马飞奔，很快取回钱款让老师查收，可马卡连柯没有查，并诚恳地说："我相信你不会搞错，我知道你和我一样诚实。"从此以后，谢苗彻底改变，不仅成为一个品德高尚的人，而且还继承了马卡连柯的神圣事业，从事教育流浪儿的工作，并取得了可喜的成绩。

我国模范班主任刘纯朴同志，抱着"一碗水也要救活几棵秧苗"的信念，坚持"誓把锈铁炼成钢的精神"，对学生循循善诱，因势利导，管得严、跑得勤、想得全，把整个身心都扑到教育工作上，以致废寝忘食、呕心沥血地教育后进生，曾把一个"淘气包"转变过来，并成了八省市数学竞赛的优胜者，使一个乱班变成了先进班；小说《班主任》中的张老师勇敢地接收并决心教育好了小流氓宋宝琦；话剧《救救她》中的方老师，对失足青年李晓霞满腔热情、关怀备至，终于使她变成了一个新人。

以上众多的事例，均证明"歪脖子"树是可以变成有用之材的。关键在于我们教育工作者，尤其是班主任应牢固树立后进生也是人才、也能成才的坚强信念，并创造条件使"后进生"变为"优秀生"，成为社会的有用人才。

（三）善于捕捉后进生身上的积极因素

仅有信念还是不够的，还必须找到解决问题的切入点。实践经验告诉我们：后进生身上的积极因素，正是一个最佳的切入点。教育家马卡连柯在办儿童教养院的时候，就非常善于发现和肯定那些流浪儿童的优点和积极因素。他始终认为，就是那些被学校开除的，非常难以教育的青少年，如果被安置在有正常秩序的环境里，也会变得很好。如果我们把后进生看作是未经雕琢的璞玉，那么，教师的责任就是把它挖掘出来，琢去那些掩盖着它原来光辉的杂质，使它重放光芒。

1. 要相信他们身上也有积极因素

后进生的缺点错误是明显的，而他们的优点和长处则往往是少而微、隐而藏的。所以，有个班主任说："要在后进生身上寻找积极因素，就得有点绣花姑娘的功夫，老婆婆的心肠。"这话不是没有道理的。我们发现后进生的积极因素，不仅要肯下一番真功夫，而且要有敏锐的观察、分析能力，尤其需要有一个正确的态度，即对他们要看"变"、要立足于争、着眼于救、着手于拉，才能把他们的积极因素发现出来，并像园丁爱护幼苗一样珍惜它们。而决不能把他们看"扁"，立足于整、着眼于批、着手于推，这样是决不会发现他们的优点和长处的，即使发现了也是不会予以重视的。

2. 要慎重对待、牢牢抓住他们表现出来的多方面积极因素

后进生上进的心理现象，常常是"一闪念"，很快就会被消极情绪所代替，所以，发现"苗头"就要及时表扬，以便加温加油，让它燃烧起来，使它成为向好的方面转化的转折点。如果忽视了这些好的苗头，做了好事也不予以表扬，不仅会挫伤他们仅有的一点上进心，而且有可能引起不良的连锁反应，使其自暴自弃，一蹶不振，甚至有如决口之堤一泻千里，不可收拾。

后进生的积极因素既是微弱的，也是多方面的。它可以是兴趣、爱好和特长，也可以是对入队流露出的羡慕心情，还可能是自身优点的偶然出现等，这些都是非常可贵的积极因素。在后进生的发展过程中，对于任何一点上进的要求，不管其动机如何（如有的仅仅是为了改变教师的印象，或获得同学们的好评，或出风头等）都要抓住它、扶植它，使它由小变大、由少到多。某校一个后进生在一篇日记里写了这样一件事：他在街上看到一伙青年人嘲笑、侮辱一

个老年人，围观的群众没有一个去制止，包括他自己。他在日记中对这种社会现象表示了强烈的不满，对自己当时不敢挺身而出的行为进行了深刻的自责（这即是要求上进的闪光点）。该班班主任就紧紧抓住这个闪光点，在班上向全班同学读了他的日记，对他思想上的进步给予了充分的肯定和赞扬，全班同学热烈鼓掌向该生表示欢迎，他很受感动。从此以后，他处处严格要求自己，与同学友爱团结，遵守纪律，还主动向班主任谈了他自己对班里一些问题的看法和建议。学年末还被评为"热爱集体"的积极分子。

再如某校三年级200多名学生中，只有一名学生刘佳没有加入少先队，学习差、纪律差，每天淘气惹事，光是找班主任告他状的一天就有许多起。一天早晨，还没有上课，他在操场上玩时又恶作剧地从树上往下跳，把胳膊摔折了。他怕老师批评，忍住疼痛没有吭声，还坚持上了操，又上了三节课，直到第四节课老师请他到黑板上板书时，才发现他的胳膊折了。班主任当即与家长联系，把他送到医院治疗。就这件事，班主任没有批评刘佳，认为他不敢告诉老师说明他自己知道错了，这正是他内心好强、自尊的反映，应该抓住这一积极因素（闪光点），在班上对刘佳这种以顽强毅力坚持上课的精神，给予充分肯定和赞扬，同时带领学生代表，带着慰问品去医院看望他，并帮助他补习功课，刘佳对此深受感动。他原以为，他恶作剧摔断了胳膊，老师一定要严厉批评和训斥他，但没想到老师和同学会这么热心对待他，为此他激动得流下了愧疚的眼泪。三周后，他伤未痊愈就到校上课，还练习用左手写字做作业。根据刘佳的表现，中队会研究吸收他入队，班上还召开了隆重的少先队员发展会并录了像。从此以后，刘佳就像变了一个人似的，在各方面都有了明显的进步。

以上说明，我们只要悉心观察，每一个后进生都有他自己内心的痛苦，也有不甘永远落后的时候，也有他自己的闪光点。教育者的艺术就在于能够在后进生身上找到优点，发现他的积极因素。就像在砂粒中找到金子一样，在后进生暗淡的心灵中找到闪光点，及时加以表扬鼓励，使之发扬光大。有人说："赞扬后进生极其微小的进步，要比嘲笑其显著的劣迹更高明。"这实乃至理名言。

3. 要善于发现后进生的点滴进步

在学校教育中,有些班主任的确能以爱为先导,使后进生不断进步。但有时大量的转化工作换得的却是后进生"比以前还落后"了,这是什么原因呢?这往往是由于班主任还未科学地掌握转化后进生的标准。对后进生退步,是因为班主任只采用了横向对比,而不注意纵向对比。后进生的进步是点滴的,与后进生自身相比较是可比的,但与其他同学相比较,这是算不得什么的,感觉是微量的,确有"比先前还落后"之感。但是,我们必须清楚地认识到,一般学生过去的基础好,现在进步也快,而后进生在起点上比其他学生低,不管后进生进步怎样,与其他学生相比总是落后的。所以,班主任在转化后进生工作中,不能以大多数同学的理想目标作为后进生的标准,而应以后进生自身发展为基准,纵横上下全方位立体比较。只有这样,才能发现后进生的点滴进步。例如,某班有两个后进生已有一段时间未打架了,但有一次为了争夺一个篮球,互不相让,最后挥拳而上,又打起架来,打着打着,他们便扭在一起去找班主任评理,班主任注意听完他们各自辩说后,深思了一会,却笑着说:"你们两人都有进步。"两个后进生都愕住了。心想打架怎么还说有进步呢?班主任不慌不忙地说出了三点理由:"第一,你们这次争的是篮球,说明你们对锻炼身体有兴趣,开始有了正当爱好,这比过去为争一本无聊、下流的小说而斗殴好一些。第二,你们打架是错误的,但是这次你们能够中途停手,不像过去那样,非要打个你死我活方才罢休来说,也是一点进步。第三,你们找班主任评理,说明愿意服从真理,不是像过去那样,教师的话听不进去。"两个后进生听完班主任说完以后,你看看我,我看看你,没有再提出比个高低的要求。而是一齐向班主任鞠了一躬,就手拉手走了。

4. 捕捉后进生身上积极因素的最佳时机

(1) 进入新学校或新班级的时候,后进生往往会产生急起直追的念头,但对新的环境、新的老师也会产生一种喜悦或担心、信任或怀疑的心理状态。这时,班主任要及时抓住闪光点,因势利导,以诚相待,解除后进生的思想顾虑,后进生就会在新学校、新班级、新起点面前形成新的心理平衡,萌发需要,从而作出新的努力。

（2）进入一个新学期或新学年的时候，后进生往往也会有新的打算，作为自己追求新的目标的起点。

班主任要特别注意开学第一天、第一堂课、第一次作业、第一次活动、第一次同后进生接触的"首因效应"，发现闪光点，帮助后进生确立信心，把决心付诸行动。

（3）后进生偶然得到一次高分数或为集体作出贡献而受到表扬时，他也会产生追赶先进的勇气和力量。班主任就要及时发现这个闪光点加以因势利导，促其转化。

（四）创造后进生转化的各种条件，促成转化

后进生身上的积极因素只是后进生向好的方面发展变化的起点，要使这个起点变成立足点，并成长壮大，还必须创造各种条件。

1. 培养后进生积极的兴趣

爱因斯坦说："热爱是最好的老师。"广泛的兴趣是一个人求知欲旺盛的表现。学生的中心兴趣是学习，但作为后进生，兴趣与一般学生相比较有所不同。后进生的兴趣是以直接兴趣为主。稳定性，效能性低，这种特点决定了后进生很容易被低级下流的不健康的东西所感染，教育不好，易走向邪路。所以培养和激发后进生的积极兴趣是促成转化的首要条件。

培养后进生积极的兴趣，首先要教育学生明确学习目的，激发学习的感情。高尔基说过：一个人追求的目标越高，他的才能就发展得越快，对社会就越有益。实践证明，一个人只有明确了学习目的，领会了学习的意义，才能形成稳定的兴趣；反过来，稳定的兴趣，又有利于在学习中更加努力发奋。其次，优化教材的结构，使之新颖化。无论是思想教育的材料，还是教学的内容。教师都要力求新颖生动，切忌死板灌输。最后，培养兴趣要因人而异。后进生的兴趣大多出自各人的爱好，有些计算能力强的学生喜欢数学，文字表达能力强的学生对文学感兴趣；乐感强的学生爱好音乐。这些先天的因素，为学生继续学习创造了条件。班主任应根据学生的不同特点，采取正面鼓励的方法，帮助学生继续提高某一个方面的技能技巧，使学生的兴趣建立在知识的厚实基础上。教师要帮助后进生补习基础知识，使他们学有成功。

2. 帮助后进生树立学习的自信心

后进生绝大多数学习成绩差，对学习失去信心，所以，转化后进生首要的是改变他们学习的落后状态，否则，就不能树立他们对学习的自信心，进而，难以满足他们的自尊心，也很难产生较强的上进心。那就是说，我们只有通过耐心帮助，使他们看到自己学习上的进步，树立起学习的自信心，他们旺盛的精力才能有正当的归宿，也才能彻底地摆脱周围的不良影响，思想品德的进一步转化才有比较坚实的基础。

3. 热爱学生，建立良好的师生关系

班主任热爱学生，特别热爱那些后进生，建立良好的师生关系是做好后进生思想工作的一个重要条件。俄罗斯大作家托尔斯泰对热爱学生的道理说得十分透彻。他说："如果教师有了对于教育事业的热爱，他就会成为一个好教师；如果教师像父母那样热爱学生，他就会比一个读遍所有的书籍，但既不热爱事业，也不热爱学生的教师好。可是他既热爱事业又热爱学生,他就是一个十全十美的教师。"前苏联教育家苏霍姆林斯基说："什么是我生活中最主要的东西呢？可以不假思索地说，就是热爱儿童。"我国特级教师斯霞说过这样一段话："工人不爱机器怎能做好工？农民不爱土地怎能种好地呢？教师不爱学生能教育好学生吗？谁不爱学生，谁就不能做他们真正的教师。"模范班主任刘纯朴，他有家庭，但更热爱他的学校；他有孩子，但更爱他的学生。他抱着"一碗水也要救活几棵苗"的信念，把一个"淘气包"转变过来，成了八省、市数学竞赛的优胜者。他的辛勤劳动和热爱学生的精神，使一个乱班变成了先进班。很多优秀班主任，他们的工作方法是多种多样的，但其共同点，就是热爱学生。在此基础上，和学生建立起良好的师生关系，沟通师生的感情，师生才能有共同的语言，这是教师对学生进行教育的开端，也是取得良好教育效果的前提。每一个受教育者都需要教育者对他们真诚的同情、关怀、信任、尊重、体贴和帮助，这是受教育者的合理要求。这些要求只有热爱的情感才能解决，只有这样才能激发他们对教育者的尊敬、爱戴、感激和信任，他们才会乐意向教育者打开心灵的窗户，接受教育，才会愉快地改正自己的缺点，并取得良好的教育效果。

有些后进生为什么回避、敌视挽救他们的班主任教师呢？一个重要的原因是他们长期失去爱、温暖和信任。因此，在教育后进生时，必须以爱为基础，使他们感到教师的慈爱和温暖，从而消除师生隔阂与对立情绪，使师生情感逐渐融洽，建立起情感联系，培养他们对教师的亲近感。在这个基础上对他们进行教育，他们才能听得进去，他们才能记得牢。师生之间建立的情感不仅是一种教育手段，它本身也是一种教育力量。爱是打开学生心扉的金钥匙。一般后进生都需要温暖、信任和热爱。这是因为他们心灵遭受过创伤，精神蒙受过污辱，这就需要用心灵的温暖去医治心灵的创伤，用精神的甘露去洗涤精神的污染。通过潜移默化的影响，生动形象的教育，会取得意想不到的好效果。反之，班主任想走捷径，立竿见影，采取简单生硬而又粗暴的办法，想用高压手段，治服后进生，那么将会事与愿违，欲速则不达，收不到好的效果。所以，班主任教育后进生，应先端正思想，热爱学生，讲求教育艺术，处理好爱与严的关系问题，做到爱中有严，严中有爱，既尊重他们，又严格要求他们。在教育工作过程中感化教育很重要，但不是唯一的代替一切的教育方式手段。总之，班主任通过关心学生、爱护学生，与学生休戚相关，才能在学生中建立起威信。威信就是教育力量，是做好后进生转变工作的一个极为重要的条件。

4. 发挥集体力量，争取多方支持

做后进生的工作，光靠班主任一人孤军奋战，难免力薄势单，顾此失彼。因此，班主任要善于组织和发挥班级中各种集体的力量，主动争取社会、家庭各方面的支持和配合，以促进后进生向积极的方面转化。

运用班集体的力量，除了要教育全班同学，特别是学生干部关心、团结、帮助后进学生外，还可以用"结对子"的方法，组织一部分先进学生帮助后进学生，形成强大的教育优势，使后进生感受到集体的温暖，从而逐渐产生对班集体的感情，慢慢进步起来。

在校外，要争取家长的配合和社会力量的支持。如前所述，后进生所以会后进，一般都和家长不重视对子女的教育或教育不得法等因素有关。因此，为了教育、转化后进生，班主任需要做好家长工作，使他们正确对待自己的子女，掌握正确的教育方法。班主任还要和地区及社区等有关部门加强联系，共同研究教育后进生的问题。这对于了解后进生的校外活动，控制影响他们进步的外界诱因，都是极为重要的。

5. 利用正确舆论，督促后进生

舆论是指集体中占优势的、为多数人所赞同的意见。正确、健康的舆论，褒贬分明，是非清楚。在班风正的集体中，对集体有益的人和事受人表扬，反之，则有人批评，形成了一种积极向上的舆论。后进生在这种舆论督促之下，会逐渐收敛其对集体不利的举动，产生有利于集体的从众行为，久而久之，后进生的面貌便会得到改变。

（五）抓反复、反复抓

后进生有动荡性的心理特征，其"通病"就是在前进中容易出现反复。正因如此，转变后进生的任务就显得尤其艰巨。经验证明，教育后进生的工作并非一帆风顺，一劳永逸。后进生在进步过程中的反复因人而异，有的反复次数多，有的反复次数少；有的反复程度高，有的反复程度低。任何一个后进生，均在前进中反复，在反复中前进。

抓反复，就是要注意后进生在转化系列当中的进步与后退衔接处。培养学生的自制力，帮助后进生走出意志薄弱的低谷。有些班主任在工作中，能准确地预见学生反复的时间，创设过渡的条件，使后进生转化不至于走入低谷。抓反复就是要有针对性，把握火候，分秒必争，使学生意志力不断增强，道德认识水平逐渐提高，以达到教育转化后进生的目的。

反复抓，就是要求班主任对于后进生的进步不能自我陶醉，对于后进生的旧病复发不能灰心丧气。当学生进步的时候，看到他的不足之处，设防旧病复发；当学生旧病复发时，应当确立信心，弄清反复的内外原因，帮助学生克服困难，启发学生加强意志的自我锻炼，建立起学生自我评价与学生家长严格要求相结合的控制系统。使学生认识到，不求进步是没有出路的；只有向前看，努力学习，

本章注释：

① 参阅王兰英等主编．班主任工作方法．光明日报出版社，1989．103～118

② 参阅王兰英等主编．班主任工作方法．光明日报出版社，1989．294～308

③ 参阅王兰英等主编．班主任工作方法．光明日报出版社，1989．280～291

④ 参阅戚建庄等主编．班主任工作艺术．华夏出版社，1991．183～188

第八章 班主任工作的评价

正确地评价班主任的工作，可以提高班主任的工作水平和班级教育工作的水平，促进学生的全面发展，以实现学校的培养目标。

第一节 班主任工作评价的含义和作用

一、班主任工作评价的含义

教育评价是通过系统地收集信息，对教育目标及实现目标的教育活动进行分析和价值判断的过程。是实施教育管理的有效手段之一，也是一种特殊的教育手段。它根据确切的事实，按照一定的标准，来评判教育活动的价值，并为确认工作目标是否达到，为做出新的决策和优化教育过程提供反馈信息。班主任工作评价是教育评价的一个方面。

小学班主任工作的评价是根据我国小学教育的性质、任务所确立的教育目标的要求，对班主任所实施进行的各种教育活动的过程和效果所进行的科学的评定。具体地说，小学班主任工作评价主要是考核和评定班主任是否切实有效地履行了班主任工作职责，包括：对小学生身心发展特点及教育契机的了解和把握，通过班级组织、班级管理、班级具体教育工作、班级活动等班级工作提高学生质量，促进学生的全面发展，以及班主任自身素质的不断提高，等等。

这种评价的目的是为了对班主任工作实行科学的管理和统一的要求；是为了总结和推广班主任工作的经验和及时发现班主任工作中的问题；也是为了调控班主任工作，使班主任工作不断科学化，达到新水平；也是为了对班主任工作进行考核，评定优劣。这一切总结起来,评价班主任工作就是为了调动班主任工作的积极性和责任心,促进班主任工作取得更好的成效。

对班主任工作的评价主体是多方面的,有学校领导、学生家长、学生、其他教师、学校有关部门,还有班主任自己。这些多方面的评价从各自不同的角度来评定班主任工作,必然会因对班主任工作的信息资料的不同取舍、从各自思想观点出发对评价标准的不同理解和把握而形成对班主任工作的不同评定,这都会影响对班主任工作的全面了解和评定。所以,作为最终形成班主任工作总体评价结果的学校领导者必须综合考虑多方面的影响,客观、公正、全面地考查班主任的工作效绩,以作出科学的评价。这种评价(1)要有章可循,有具体详尽的评价标准,使各评价主体都心中有数,评价内容和标准不能是模糊的、随意的。(2)要公正、全面、一视同仁,不能以偏概全。(3)要对信息资料把握准确,不能浮光掠影。(4)要以发挥班主任积极性为目的,多以鼓励,要有利于班级建设和学生发展,不能压抑学生和班主任的积极性。(5)要增加透明度,要说明评价情况。对评定指标如果能够量化的,要尽量量化。

二、班主任工作评价的作用

班主任工作的评价,对班主任的工作有着非常重要的意义和作用,主要表现在以下几个方面:

(一) 导向作用

小学班主任工作的评价是按照小学教育目标,以学校既定的班主任工作计划为依据的,因此肯定的评价具有导向作用,否定的评价具有匡正的作用。实际上通过评价能够引导班主任树立正确的教育思想和人才素质观念,也使班主任明确班级工作的目标及应该采用的教育手段。

班主任工作评价中,能够发现优秀的班级和优秀班主任的事迹。这些"优秀"的表现,是其他班主任学习的榜样,在这种学习中也起了端正方向、引导方向的作用。相反,在评价中发现问题和不足(实际上是偏离目标、违背规律、不合规范),也有鉴戒和"防止"的作用。所以,班主任工作评价,是结合实际工作对目标的确认和强化班主任工作进取的方向。

（二）调节作用

对班主任工作的评价，必然要以目标和规范为准绳，诊断班主任工作的成功和不足，也会发现班主任工作中的问题。这种工作中的问题和不足是任何班主任都可能有的。这就需要加以调节和解决。在班主任工作评价中，也会发现属于学校管理方面的问题，或者是管理失当、或者是制度失准、或者是协调不够，这也需要加以调节和解决。所以通过评价，能够发现问题，能够为调节班主任工作找出依据，从而使班主任工作能够更顺利地开展。

（三）激励作用

实践证明，评价对象是评价工作的直接受益者。通过班主任工作评价的反馈环节，使班主任教师对自己的工作能够获得比较清晰完整的认识。可以将自己现在的工作和过去的工作进行纵向比较，看看自己的工作是进步了还是退步了；进步体现在哪里，经验是什么，还存在什么问题；退步表现在哪里，根源是什么，今后如何改进，等等。班主任还可以通过其工作评价与其他班主任进行横向比较，激起班主任不甘落后，争创优先的内在需要和动机。

在学校班主任工作中，每个班主任负责一个班级的工作，各个班级又是"独立"活动的，看似各不相干，其实存在着竞争的因素。这种竞争常常是推动班级工作的一种驱动力，对于每一个班主任这都是必要的，要引导强化。评价班主任工作，会对这种竞争起到"助燃"的作用，而且有时候这种"助燃力"还是很强的。在评价中受到肯定的班主任，能够引发其他班主任的赶超意识，这就推动了竞争。在评价中受到肯定的班主任又会为保持领先而再作努力，能够引发出更强的内驱力。这都是激励的意义，是在评价班主任工作中，要予以启动和激活的重要方面。通过评价使班主任内在的活力得到激发，工作积极性得到调动，竞争的意识得到增强，这样就达到了评价的激励目的，起到评价的激励作用。通过评价产生激励的作用，不是简单地鼓励你追我赶，而是要激起班主任向工作目标奋斗、鼓励工作的完美、鼓励成就感和强化责任意识。班主任工作评价对班主任来说，既是压力又是动力，它能有效地促进班主任工作更科学化，有效地促进班集体对学生全面发展的教育影响。

（四）鉴定作用

对班主任工作的评价，是对班主任工作做全面的考核评定，它既是对班主任工作的概括性描述，也是对班主任工作的鉴定。这种鉴定是对班主任工作态度、工作业绩、工作失误及其他方面的"总结性"的评价。因此它不仅能使班主任正确全面地认识自己的工作，更重要的是，这种鉴定是对班主任考核、奖励、聘任、职称评定、晋升等的依据；也是处分、解聘等的依据。

正因为对班主任评价有这种鉴定的作用，所以对班主任的评价要以评价标准为准绳，以班主任的业绩、工作态度为依据、以各方面的意见为参考，做到实事求是、恰如其分。否则不但不能起到鉴定的作用，还可能产生各种不良后果，这是学校领导者要慎而又慎的。

（五）管理作用

班主任的管理指对班主任教师的任用、培养、考核、奖惩等方面的管理。而考核评价班主任工作正是其中较为重要的一环。

通过对班主任教师职业行为的多方面反馈信息的收集处理，进而对其工作的优劣和称职与否做出客观评价，就可以作为班主任教师任期、提薪、晋级、进修、奖惩及重新安置的重要参考依据。这样就能做到知人善任，奖惩合理，使班主任管理工作更规范和完善。

第二节　班主任工作评价的内容和指标体系

班主任工作评价为教育评价的一部分，是以一定标准对班主任的工作过程（工作职责）、班主任的工作效果——学生质量、班主任自身的素质给予价值上的判断。

一、班主任工作评价的内容

班主任工作评价的内容包括：班主任工作职责（工作过程）、班主任工作效果（学生质量）、班主任自身素质三个方面。这构成了评价内容的完整系统，而系统中各内容又可层层分出若干具体的小的内容。

（一）对班主任工作职责的评价

评价班主任工作职责，实际上就是评价班主任对其工作内容的履行和完成情况，如班集体的面貌、班级活动的成效，等等。主要表现在以下几个方面：

1. 对小学生的身心发展特点及教育契机的了解情况

小学生的身心发展呈现出一定的年龄阶段性和教育的时机性，小学班主任要想工作取得成效，必须研究、了解其工作对象——小学生的这种阶段性和时机性，才能遵循儿童身心发展规律，有针对性地进行班级组织，班级管理，班级活动等工作。同时，每个小学生的身心发展不完全是一样的，他们总是表现出一定的差异性，也由于他们所处的年龄特征，有时还会表现出班主任不得不面对的一些诸如撒谎、情感拒斥等教育问题及偶发事件等。因此了解学生的个性差异，注重个别教育，也是班主任开展工作的一个重要内容。全面、经常性地了解学生，是班主任工作取得成效的前提基础。

班主任对学生的了解主要是了解学生的基本方面：（1）是班级学生情况，（2）是学生个人情况。

关于班级学生情况，主要有：

——学生总人数，男、女生人数比例；

——学生家庭地址，学生家长职业状况；

——学生家庭类型及独生子女的呵护情况；

——学生的家庭物质条件；居住面积，平均生活费；

——学生身体素质：基本健康的、有各种慢性病的、肥胖的或有残疾的百分比、近视眼发病率等；

——少先队员人数，少先队工作状况；

——班集体有哪些共同兴趣爱好，高年级的班级非正式群体状况；

——集体的是非观念，有无正确的集体舆论；

——班级学生的学习情况，成绩比例分布；

——与其它班级的关系。

关于学生的个人情况，主要有：

——一般的作息时间及生活习惯；

——集体观念如何，与哪些同学要好；

——对各门学科的看法、态度，学习方法及学习成绩；

——在家里最听谁的话，和家里人的关系，每月的零花钱及其用途；

——课余生活怎样安排，爱看哪类书刊；

——气质如何（胆汁质、多血质、粘液质、抑郁质），初具怎样的性格；

——有什么兴趣爱好或特长，这些兴趣和特长对他的理想、志愿影响如何；

——能否自觉遵守纪律，在公共场所有无文明习惯；

——政治思想状况，心目中崇敬哪些人；

——最尊重的教师是谁，最喜欢什么样的教学方法。

2. 班级组织工作情况

班主任班级组织工作主要有班集体的建立、教师、家长集体的建立等等。该项内容的具体职责大体有：

——班集体是否有明确的奋斗目标，班主任与学生是否都有明确的目标意识和实践目标的作为；

——班集体是否形成积极健康的舆论氛围，正面舆论的强弱情况；

——班集体是否形成领导核心和骨干队伍，少先队与班委会的关系是否正常；

——班集体是否形成良好的班风，学生在班集体中是否积极向上、精神焕发；

——班集体是否团结友爱，令行禁止；

——班主任在班集体中的威望；

——班主任与科任教师及学校其它部门的协调情况；

——班主任联系家长、联系社会、形成"教育合力"的工作情况。

3. 班级管理工作情况

班级管理主要体现在班主任对班级的日常生活管理方面，包括：

——班级管理是否目标明确、实施坚决、检查及时、反馈调整；
——是否创设良好的教育环境；
——是否培养学生的自主性，班内学生人尽其才，发展个性；
——是否及时丰富、积极有效地对学生进行社会信息教育和适应社会能力的教育；
——班内、外人际关系是否和谐。

4. 开展班级活动情况

班主任开展班级活动的工作职责主要有以下几个方面：
——活动主题是否符合教育目标，针对学生实际；
——活动内容是否具有趣味性、现实性、思想性、知识性、教育性；
——活动形式是否丰富多样，有否创新；
——活动成员的主动性表现如何，学生在活动中是否都能表现出主体性，是否发挥了学生的兴趣、爱好、特长；
——班主任对活动的组织、开展、实施、总结等过程的指导；
——活动的效果及影响。

5. 进行班级具体教育情况

班主任对班级进行具体教育包括指导学生的学习、促进后进生的转化、树立先进的典型等等。具体工作主要有如下几个方面：
——对学生进行思想、政治、道德教育和心理健康教育。这些教育要有内容、措施、步骤、效果和总结；
——指导学生的学习要有措施和学生提高学习质量的表现；
——班主任对个别学生的教育和转化工作。要有后进学生的现实状况和以前表现的详细资料，对其转化工作要有具体、详细的方式和渠道；
——树立班级先进学生典型，确定班级榜样；
——班主任对学生进行正面教育、尊重学生、严格要求、建立民主平等的关系。

6. 工作表现、工作负荷情况

班主任工作表现，一般指其在班级组织管理、领导和教育班级学生及开展班级活动等方面的表现，如班主任履行工作职责时职业道德的表现，以身作则的表现、公正无偏的表现等等。工作表现评价主要是对班主任工作积极性的一种评定，它既通过前面五项班主任工作内容的完成情况得到反映，还通过学生、其他教师、学校领导等对班主任工作积极性的评价得到反映。班主任工作负荷，主要是指班主任工作负担量和出勤，对之评价主要是考查班主任所承担的常规教学任务、班主任工作计划、班级工作总结、学生的操行评定、为学生服务等工作，以及社会教育义务、出勤等情况。

对班主任工作以上六个方面的全面、综合考核、评价，就可看出班主任工作职责的履行情况。

（二）对班主任工作效果的评价

班主任工作的出发点与归宿，都是为了提高学生质量，培养学生成为"四有"的合格人才，学生质量是班主任工作效果的表现。评价班主任工作效果也就是要考查班级学生的质量。

考查学生的质量，主要是考查学生在德、智、体、美、劳等方面的表现及发展水平，以及学生在这五方面的发展是否平衡，有无偏颇以及发展过程和状况，是否达到应有的水平。评价班主任工作的效果是考查整个班级学生德、智、体、美、劳诸方面的情况。

1. 德育效果方面

——思想品德课及格率；

——遵守学生守则、行为规范情况；

——三好学生率；

——先进表彰情况；

——学生的心理健康情况。

2. 智育效果方面

——学习成绩巩固率；

——人均成绩提高率；

——学习成绩差生转化率；

——成绩优秀人数提高率；

——突出成果率。

3. 体育效果方面

——体育课及格率；

——体育达标率；

——早操、课间操、课外体育锻炼情况；

——卫生习惯；

——身体健康情况。

4. 美育效果方面

——音乐课、美术课及格率；

——审美观、情操、审美习惯情况；

——文艺活动情况；

——文艺表演成绩。

5. 劳动技术教育效果方面

——劳动技术课及格率；

——劳动观点、劳动习惯；

——劳动形式丰富性情况；

——劳动总结鉴定情况。

（三）对班主任自身素质的评价

班主任素质决定班主任工作的成效，是做好班主任工作的基础条件。对班主任素质的评价，能够促进班主任素质的提高，一是评出提高班主任素质的方向、内容、方法；二是评出提高班主任素质的依据，班主任素质主要包括以下几个方面：

1. 品德素质

——班主任的社会责任感、思想政治觉悟；

——班主任的政治理论水平和修养；

——教育思想、态度；

——师德修养、师表作用。

2. 智能素质

——深厚的专业基础知识和广博的知识面；

——教育理论知识和教育科研能力；

——观察和表达能力；

——教学能力；

——分析解决问题和实际动手操作能力。

3. 身体心理素质

——身体语言的能力；
——身心自我调控的能力；
——身心健康、卫生保健与心理关怀的知识和能力；
——个性倾向性（审美情操）；
——意志品质与性格特征。

班主任工作评价的内容，主要涉及以上三个主要方面。此外，对于班主任围绕班主任工作所取得的其它突出成绩或贡献，也应作为班主任工作评价的一个内容，这样的成绩如班级获得的荣誉称号、班主任获得的荣誉称号，班主任工作会议的经验交流，班主任在一定级别的刊物上相关的科研论文或著述等，是对班主任工作的重要肯定，理应作为一个评价内容而加权到班主任工作效果评价系列。

通过对以上几个方面内容的评价，一般可综合反映、评定班主任工作的总体概况，作出判断：班主任工作到底怎么样。

二、班主任工作评价的标准

任何评价都是依照一定的标准来进行的，而评价标准又总是以一定的评价内容为基础而制定的。把握不准评价内容，标准就不会客观，评价就成为随意性行为。班主任评价标准，应反映班主任工作的内容，体现班主任工作的准则、规范和学校对班主任工作的要求，对班主任工作目标进行分类分解，而制定的符合评价原则的规定。评价标准的确定，一般都具有评价的可行性，即能测量或比较，可依此作出评价的结论。

班主任工作评价的标准，是考查班主任工作是否做到了促进班级全体学生的全面发展及为其接受更进一步的知识学习和提高全民族素质打好基础的依据。根据班主任工作评价的内容，可由三个主要部分组成，一是职责标准（是否形成了有促于全体学生全面发展的班级教育力量），二是效果标准（是否班级学生的质量有所提高），三是素质标准（是否胜任班主任工作），这三个标准是班主任在整个工作中所体现出来的具有可见性、可测性、可比性的表现。三方面是相对独立存在着的，但又是相互统一的，共同反映于班主任工作的整个过程之中，它们互相渗透、互相依存、不可分割。

班主任工作的评价标准要有一定的高度和深度,从主旨上要体现时代的要求,要有符合社会发展要求的新精神;从与整个学校工作的关系上要体现学校工作目标、体现班主任工作的目标和方向;从内容范围上要体现有利于和保证促进学生健康和谐发展的各方面的要求;从精神上要有激励作用,体现调动班主任积极性的要求;从操作上要有可行性、体现具体实在的要求。制定班主任工作评价标准,总的精神应是成熟的、先进的、引发班主任积极向上的。或是说,评价标准就是班主任的奋斗方向,就是做一个优秀班主任的要求。制定班主任评价标准,能够量化反映的应尽可能量化,不能是空泛的、无法测量和无法比较的。但对只可观察,不可量化的也不能过于具体、项项都追求所谓量化。有的班主任评价标准,比较空泛,难以把握,如"政治思想好"、"业务能力强"、"工作负责任"等等;有的又太具体,往往引导班主任追求表面的东西,如规定家访多少次,与学生谈话多少次……这些都不能深层次地体现班主任的业绩和工作水平。所以,制定评价班主任工作标准,要十分慎重和周全。

班主任工作评价的内容和标准,很难制定出一个统一的方案和尺度,同时内容和标准的程度也不可能绝对一样。所以,学校领导要把握对班主任工作的基本要求,也要结合本校的实际情况,制定出较为合适的评价标准。具体的评价标准能结合评价的指标体系得到充分的阐释。

三、班主任工作评价的指标体系

班主任工作评价指标体系,体现了对班主任工作质量的全面要求。设计班主任工作评价的指标体系,要做到既重视班主任工作效果,又重视班主任工作职责履行情况,整个指标体系还要体现对学生德、智、体、美、劳五育并重和促进学生全面发展的教育思想。评价的指标体系要反映评价标准对评价内容的权重分配。具体的权重分配可根据对班主任工作评价的侧重点、学校及所在地的实际情况而有所不同,这里提供一个大概的结构图供参考:

班主任工作评价指标体系
{
　A_1 班主任工作职责（40%）{
　　B_1 对学生的了解（10%）
　　B_2 班级组织（20%）
　　B_3 班级管理（20%）
　　B_4 班级活动（20%）
　　B_5 班级具体教育（20%）
　　B_6 工作表现、工作负荷（10%）
　}
　A_2 班主任工作效果（40%）{
　　B_7 班级学生质量（100%）
　　B_8 工作成就（加权）
　}
　A_3 班主任自身素质（20%）{
　　B_9 品德素质（40%）
　　B_{10} 智能素质（40%）
　　B_{11} 身心素质（20%）
　}
}

　　这里应说明的一点是，关于权重的分配问题，这要视各地方、各学校的具体情况而定，视评价主体对班主任工作要求的侧重点而定，这里提供的仅供参考。

　　确立了评价的一级指标的权重之后，二级指标、三级指标可仍然以百分制权重形式评定评价1项目或直接以一级指标的权值来对二级指标、三级指标分配权数。如 A_3 权重20%。B_9 既可以权重40%计算，即以 B_9 的下一级指标评定得分×40%得 B_9 的百分制得分 B_9，同理可得 B_{10}、B_{11}，然后（$B_9+B_{10}+B_{11}$）×20%即得 A_3 的评定得分。或者，因 A_3 权重20%，直接分配权值 B_9 是8，B_{10} 是8、B_{11} 是4，那么对 B_9、B_{10}、B_{11} 的下一级指标的评定就以此权值为基准再分配，最后评定得分总和就是 A_3 的评定得分。直接以权值来分配评定项目的权数，计算会简单一些，以权重形式来分配评定项目的权数，计算要繁琐一些，但反映的情况会更精确一些。两种权数分配可根据不同的评价情况合理使用。

　　就学校教育情境而言，小学班主任工作的职能、任务是一致的，有着共同的评价要求和评价项目，这就决定了班主任工作评价体系及其评价项目的基本内容在各地、各校大体是一致的。但由于各地办学历史、现实条件不尽相同，学校、班级发展水平不可能整齐划一，有的地方普遍高一些，有的地方普遍低一些，必然存在着地方差异。因此，不得在任何时候、任何地方的学校，都机械地使用同一个班主任工作评价指标体系。应把握班主任工作评价的基本内容、要求，从本地实际出发，结合外地经验，制定适合现实情况的指标体系，体现出差异性。就是一地一校，指标体系也不应一成不变。随着班主任工作的不断发展，教育效果会不断扩大，管理水平也会不断提高。因此，评价体系的具体项目要有增有减，加权大小也应随工作推进而有所变化。制定指标体系的基本要求有三：一是方向性，即体现班主任工作的任务、要求和基本规律，为促进班主任工作科学化服务，为促进全体学生全面发展服务。二是先进性，即有时代精神，参考外地、外校的成功经验。三是可行性，即符合当地班主任工作现实的总体水平，即不能要求过高，也不能降低要求。项目要具体化、行为化，可以量化的评价因素要尽可能量化，难以量化的评价因素可进行模糊测定，便于执行。

我国班主任工作评价，是近几年才发展的一项评估活动，其指标体系仍处于不断的探索之中。为便于清晰说明班主任工作的总体评价和单项评价，这里分列出班主任工作评价的三个主要内容的指标体系，见表 8-1、8-2、8-3，仅供参考。班主任工作的总体评价就是这三项评价的权重之和，见表 8-4。

表 8-1 班主任工作职责的评价指标体系

一级指标	二级指标	三级指标		等级				得分	备注
		评价项目	权数	优	良	中	差		
A_1 班主任工作职责 (100)	B_1 了解学生 10%	班级学生	学生结构	1						
			身体素质状况	1						
			学习情况及分布	1						
			集体趣向、氛围	1						
		学生个体	生活习惯	1						
			态度性格	1						
			学习情况	1						
			兴趣、爱好、特长	2						
			家庭情况、人际关系	1						
	B_2 班级组织 20%	集体奋斗目标	3						
		集体舆论氛围	3						
		集体领导核心与骨干队伍	3						
		学风、班风	3						
		班主任权威	2						
		协调教师和学校其它部门	3						
		家访、获得家长、社会支持	3						

续表

一级指标	二级指标	三级指标评价项目	权数	等级 优	等级 良	等级 中	等级 差	得分	备注
A_1 班主任工作职责 (100)	B_3 班级管理 20%	管理目标、实施检查	5						
		教育环境	4						
		学生自主性、个性发挥	5						
		信息管理和适应教育	3						
		人际关系	3						
	B_4 班级活动 20%	活动主题合目标、切实际	4						
		内容现实性、思想性、知识性、趣味性、教育性的统一	4						
		形式新颖、丰富	4						
		教师的指导性和学生的主体性	4						
		活动的效果、影响	4						
	B_5 班级具体教育 20%	思想、政治、道德教育和心理健康教育	3						
		指导学习	3						
		个别教育	6						
		先进典型榜样的树立	6						
		师生关系	2						
	B_6 工作表现及负荷 10%	工作计划、工作总结	2						
		对学生的评定和为学生服务	2						
		工作中的教育行为、自我要求及师生反映	3						
		完成常规教学任务及业务提高	1						
		社会教育义务	1						
		出勤	1						

说明：等级评定中优是评定该项目权数的 85% 以上；良是权数的 75%～85%；中是权数的 65%～75%；差是权数的 65% 以下。

表 8-2 班主任工作效果的评价指标体系

一级指标	二级指标	三级指标		等级				得分	备注
		评价项目	权数	优	良	中	差		
A_2 班主任工作效果 (100)	B_7 班级学生质量 (100)	德育效果 30%	思想品德课及格率	8						
			遵守学生守则、行为规范	6						
			三好学生率	6						
			先进表彰	6						
			学生心理健康	4						
		智育效果 30%	学习成绩巩固率	6						
			人均成绩提高率	7						
			成绩差生转化率	7						
			成绩优秀人数提高率	7						
			突出成果率	3						
		体育效果 20%	体育课及格率	5						
			体育达标率	5						
			早操课间操、课外体育锻炼	4						
			卫生习惯	3						
			身体健康情况	3						
		美育效果 10%	音乐课美术课及格率	3						
			审美观、情操、审美习惯	3						
			文艺活动情况	2						
			文艺表演成绩	2						
		劳动技术教育效果 10%	劳动技术课及格率	3						
			劳动观点、劳动习惯	3						
			劳动形式丰富性	2						
			劳动总结鉴定情况	2						
	B_8 突出工作成就(加权)	奖励(加权15)	省级以上表彰	5						
			地市级表彰	3						
			校级表彰	2						
			经验交流、科研论文、著述	5						
		惩罚(负加权10)	省级以上批评	5						
			地市级批评	3						
			校级批评	2						

表 8-3 班主任自身素质的评价指标体系

一级指标	二级指标	三级指标 评价项目	权数	等级 优	等级 良	等级 中	等级 差	得分	备注
A_3 班主任自身素质 (100)	B_9 品德素质 40%	社会责任感、思想政治觉悟	10						
		政治理论水平和修养	10						
		教育思想、态度	10						
		师德修养、师表作用	10						
	B_{10} 智能素质 40%	专业基础知识和知识面	8						
		教育理论知识和科研能力	8						
		观察和表达能力	8						
		教学能力	8						
		分析解决问题和实际动手能力	8						
	B_{11} 身心素质 20%	身体语言的能力	4						
		身心自我调控能力	4						
		身心健康、身心保健的知识和能力	4						
		个性倾向性(审美情操)	4						
		意志品质与性格特征	4						

说明:等级评定中优是评定该项目权数的 85%～100%;良是权数的 75%～85%;中是权数的 65%～75%;差是权数的 65% 以下。

表 8-4 班主任工作评价的指标体系

一级指标	二级指标	三级指标 评价项目	权数	得分	备注
班主任工作 (100)	A_1 工作职责 40%	B_1 对学生的了解	4		
		B_2 班级组织	8		
		B_3 班级管理	8		
		B_4 班级活动	8		
		B_5 班级具体教育	8		
		B_6 工作表现、工作负荷	4		
	A_2 工作效果 40%	B_7 班级学生质量	40		
		B_8 工作成就	+15 −10		
	A_3 自身素质 20%	B_9 品德素质	8		
		B_{10} 智能素质	8		
		B_{11} 身心素质	4		

说明:总得分为各次得分之和。

第三节　班主任工作评价的实施

制定了班主任工作的评价指标体系，也就确定了评价标准，在对班主任工作实施评价时，就应以此标准为客观依据，不得随意拔高或降低，对各个班主任工作应采用同一标准，不可因人而异。

一、班主任工作评价的具体要求

对班主任工作的评价，既是为了考核班主任工作的成绩，又是为了强化班主任工作的信心、态度，利于班主任利用评价的反馈信息，提高其工作成效；也有利于学校领导通过评价获得教育信息，提高决策管理的规范性、科学性，优化办学；同时，也有利于社会有关人员认识班主任工作的意义，支持班主任工作以及促进班主任自身素质的提高。所以，保证班主任工作评价的信度（可靠性）和效度（有效性）是非常重要的。评价失去了信度和效度，评价也就没有任何意义了。因此，班主任工作的评价应注意以下几个方面的要求：

（一）从评价主体来看，要班主任自评与学校领导、科任教师、学生、学生家长等他评相结合。

（二）从评价时间来看，要评价工作某阶段与评价全过程相结合，既要反映出班主任工作最后的成绩，又要反映出班主任工作的阶段成绩和工作的全过程。即总结性评价与形成性评价相结合。

（三）从评价内容来看，要单项与综合相结合。对班主任工作的评价并不总要其全面的反映，可以就某一方面的内容或其中更小的内容进行评价，应做到单项内容与整体评价相结合。

（四）从评价过程来看，要纵向与横向相结合。评价既要反映班主任工作相较以前的进步，又要反映班主任工作较之他人的差距和不足。

（五）从评价结果来看，要定量与定性相结合。对能够量化评价的尽可能量化反映，对不可能完全量化的，就要客观、公正地定性描述。对班主任工作评价的结果，要定量反映与定性描述相结合。

（六）从评价方法来看，要个体评价与集体评价相结合。班主任工作评价的自评和他评总是存在一定的个体倾向性的局限性和片面性，集体力量评价可克服这种个人倾向性，但也易流入因从众心理、逆反心理等的消极影响，应将二者结合运用。

（七）从对评价结果的处理来看，评价结果应与被评价的班主任见面，征求本人意见。并且，对班主任工作评价的结果应与对班主任的奖励、晋级相结合。

（八）评价既要肯定班主任常规工作的成绩，又要肯定班主任工作改革的成绩。班主任工作是一项创造性的工作，没有定式可直接遵循、一成不变地遵照执行。要允许班主任在其工作中的改革或试验，即使是失败的，也要肯定其精神、教训的作用。

二、班主任工作评价的方法

班主任工作评价的方法，较常用的有几下几种：

（一）自我评价法

自我评价是班主任按照评价的指标体系对自己所做的工作进行的分析和评价，即班主任自身对照评价项目进行自我检查。班主任自身既是评价的主体，又是被评价的客体。班主任自己评价自己的工作，更容易被本人理解、接受，从而调动其自我完善的能动性；也能够较全面地利用信息，对自己工作中的动机效果，成败得失，有一个较准确的把握，所提出的改进措施也较容易贯彻执行；同时，自我评价的过程也是班主任系统地反思自己，加强自我认识、自我教育的过程，易形成一种推动自己的动力。自我评价有利于减少评价活动中不正常的干扰因素，压力小，能缓轻紧张感。但自我评价也因主观因素多，受个人整体水平制约，可能使评价欠深刻；也由于缺少与其他班主任的比较，容易产生偏颇，出现或过高或过低的评价倾向，致使评价结果不够准确。而且自我评价一旦要用于为领导评价或他人评价做"基础"或做"参考"时，往往又容易出现另外的情况，如文饰和溢美，对缺点避重就轻等，评价的客观性、信度和效度就会差一些。所以，在班主任自我评价中，要加强教育和引导，要提出评价的要求。

（二）他人评价法

他人评价是除班主任自我评价之外，他人如学校领导、科任教师、学生家长、学生、教育行政部门、社会舆论等对班主任工作所进行的评价。一般说，他人根据评价的指标体系对班主任工作进行的评价，较为客观、公正，如能综合运用这些各种评价，无疑对班主任工作评价就比较全面和深入。他人评价可以对班主任整体工作进行广泛的评价，也可以针对某一内容来对班主任工作进行单项评价，二者均可为学校领导者提供评价的材料和观点。但他人评价组织工作较复杂，花费的人力、财力较多。

他人评价是班主任工作评价的重要部分，也是在评价班主任工作中不可缺少的。但领导者要注意他人评价的"主观"成分、"从众"成分、"成见"成分。对此要加以引导和使参与评价者真正把握评价标准，真正能体现公道。并且在重大的关键问题上，领导者要深入下去，以求得公正的结论。

（三）集体评价法

对班主任工作的评价，也可采取集体评价的方式进行。集体评价可克服个人评价时的个人倾向性造成的偏差。集体的智慧、集体的公正可使班主任工作的评价更客观、更精确些。通过组成班主任工作评价的集体小组，以集体的力量，按照评价的体系来评定班主任工作的成绩。

对班主任工作的评价可通过自我评价、他人评价和集体评价结合进行。评价的目的是为使班主任工作更规范化、科学化，对评价要慎重，不能过泛过滥，过于频繁可能会流于形式或产生相反的作用。

三、班主任工作评价的组织实施

一般的，教育评价全过程大致由三个阶段构成：一是分析和确定教育评价目标；二是选择、运用评价工具和手段；三是对资料加以分析、形成价值判断。班主任工作评价也可大致分为以下几个阶段（步骤）来组织实施：

（一）确定标准，这是评价的依据

评价班主任工作，首先，要明确班主任工作评价的具体目标、要求和重要意义，分析评价可能产生的影响，努力扩大积极影响，克服消极影响。其次，建立班主任工作评价指标体系，明确评价的职责标准、效果标准和素质标准，这是评价班主任工作某单项内容或总体评定的依据。内容和标准一旦确定，评价指标体系一旦选定，就不要再随意变更，以同一标准、统一对待被评价的每个班主任工作。

（二）组织动员，这是评价的前提

班主任工作评价的实施是一个完整的过程。作为评价主体和评价客体，必须明确评价的指导思想、要求、方法以及要达到的目的；明确评价指标体系的整体结构及各级指标的涵义、权重；这就要有一个组织动员过程，使评价者和被评价者都能明确这些要求，统一认识，提高评价、接受评价、参与评价的自觉性。并且，通过评价的组织动员，使双方明了评价的日程安排，以期密切合作。评价过程中，被评价者可能出现这样或那样的不适心理，如：自评时的疑惧心理、受审心理，评价时的应付心理、迎合心理、自卫心理，结果反馈时的敏感心理、文饰心理等，都需要在宣传解释评价问题的过程中，有针对性地加以解决，使评价工作顺利进行。

（三）收集资料，这是评价的基础

资料信息是评价的事实基础，一定要真实可靠、准确全面，否则评价结果没意义，评价产生负作用。对班主任工作的资料收集可通过运用调查、观察、分析、测验、座谈、访问等工具和手段来获得。如①学校常规建立的有关班主任工作的档案记载；②定期核查班主任工作计划执行情况的检查记载；③对班级工作如班集体建设情况、个别教育情况、班主任日常管理工作、班级主题班会开展情况等的不定期检查情况记载；④定期或不定期地召开学生座谈会、家长座谈会、任课教师座谈会等的情况反映；⑤班主任的汇报材料及各种总结材料，以及有关班主任工作的特别资料（经验交流、科研论文等）。

（四）分析判断，形成评价的结论

对收集到的有关班主任工作的资料信息，进行定性、定量分析，并以此为基础参照评价标准来进行评价，作出价值判断。这种判断最好是描述性的，这样有益于反映班主任工作的比较具体的情况和评价的结论。作出的评价结论应考虑到对班主任工作前，班主任工作中和班主任工作总结时的评价相结合，这样，有利于班主任工作中的问题诊断和经验总结。

（五）对评价结果的处理

对班主任工作评价所形成的初步结论，应尽可能与班主任本人见面，允许辩护。条件许可的话，应尽可能做到自评与他评相结合，个体评价与集体评价相结合，来综合评价班主任工作。最后形成的班主任工作评价结论，和在此基础上提出的工作建议，应以报告的形式；反馈给上级作决策时参考，反馈给班主任自己，修正可能存在的问题，改进不足，以使班主任工作更规范、更科学。

班主任工作评价的实施图示如下：

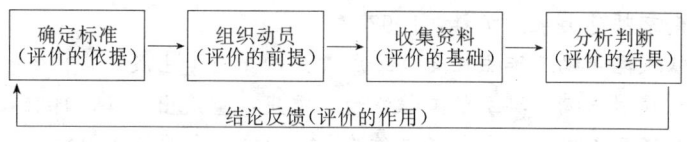

主要参考书目:

1 王道俊、王汉澜主编. 教育学. 北京: 人民教育出版社, 1989
2 王天一、夏之莲、朱美玉编著. 外国教育史(上、下). 北京: 北京师范大学出版社, 1984
3 毛礼锐. 中国教育史. 北京: 人民教育出版社, 1979
4 南京师范大学教育系编. 教育学. 北京: 人民教育出版社, 1984
5 胡守棻主编. 德育原理. 北京: 北京师范大学出版社, 1989
6 魏书生著. 班主任工作漫谈. 桂林: 漓江出版社, 1993
7 辛阳编著. 中国班主任学. 长春: 吉林教育出版社, 1990
8 白铭欣著. 班主任工作的科学与艺术. 北京: 华龄出版社, 1996
9 [苏]包德列夫编, 陈友松等译. 班主任. 北京: 人民教育出版社, 1956
10 高谦民、黄正平主编. 小学班主任. 21世纪班主任文库. 南京: 南京师范大学出版社, 1997
11 张庆远等编. 班主任大全. 成都: 四川大学出版社, 1990
12 刘福国主编. 班主任工作概论. 重庆: 重庆出版社, 1991
13 戚建庄等主编. 班主任工作艺术. 北京: 华夏出版社, 1991
14 陈若海等编. 小学班主任实用手册. 长沙: 湖南教育出版社, 1982
15 李健民著. 班主任工作心理学. 北京: 学苑出版社, 1989
16 翟天山主编. 教育评价学. 武汉: 武汉工业大学出版社, 1994
17 戚万学、杜时忠编著. 现代德育论. 济南: 山东教育出版社, 1997
18 华中师范大学等六所师大教育系编. 德育学. 西安: 陕西教育出版社, 1986
19 章志光编著. 学生品德形成新探. 北京: 北京师范大学出版社, 1993
20 朱智贤主编. 中国儿童青少年心理发展与教育. 北京: 中国卓越出版公司, 1990

后 记

《小学班主任》是根据全国高等教育自学考试小学教育专业（专科）考试计划的要求编写的。1999年1月，教育类专业委员会召开审稿会议对本教材进行了讨论评审，修改后，经主审复审定稿。

本教材由华中师范大学教授翟天山主编，杜时忠副教授任副主编。参加编写的成员有：翟天山撰写第一章；杜时忠撰写第三章；杨炎轩（华中师大讲师）撰写第四、五、七章；陈学才（华中师大教育学原理专业硕士生）撰写第二章；文雪（华中师大德育原理专业硕士生）撰写第六、八章。全书由翟天山、杜时忠统稿。本教材由北京教育学院教授白铭欣主审，北京师大教育系副教授丛立新参审。

全书最后由全国高等教育自学考试指导委员会审定。

全国高等教育自学考试指导委员会
教 育 类 专 业 委 员 会
1999年4月

附

小学班主任
自学考试大纲

全国高等教育自学考试指导委员会　制定

《自学考试大纲》出版前言

　　为了适应社会主义现代化建设培养人才的需要,我国在20世纪80年代初开始实行了高等教育自学考试制度。它是个人自学、社会助学和国家考试相结合的一种新的教育形式,是我国高等教育体系的一个组成部分。实行高等教育自学考试制度,是落实《中华人民共和国宪法》规定的"鼓励自学成才"的重要措施,是提高中华民族思想道德和科学文化素质的需要,也是造就和选拔人才的一种途径。应考者通过规定的考试课程并经思想品德鉴定达到毕业要求的,可以获得毕业证书,国家承认学历;按照规定享有与普通高等学校毕业生同等的有关待遇。

　　1985年,全国有30个省、自治区、直辖市先后成立了高等教育自学考试委员会,开展了高等教育自学考试工作。为了统一各地高等教育自学考试的专业设置标准,全国高等教育自学考试指导委员会陆续制定了几十个专业考试计划。各专业委员会按照有关考试计划的要求,从造就和选拔人才的需要出发,编写了相应专业的课程自学考试大纲,进一步规定了课程学习和考试的内容与范围,有利于社会助学,使自学要求明确、考试标准规范化、具体化。

　　教育类专业委员会根据国务院发布的《高等教育自学考试暂行条例》,参照教育部拟定的普通高等学校有关课程的教学大纲,结合自学考试的特点,编写了《小学班主任自学考试大纲》。现经全国高等教育自学考试指导委员会审定,教育部批准,颁发试行。

　　《小学班主任自学考试大纲》是该课程编写教材和自学辅导书的依据,也是个人自学、社会助学和国家考试(课程命题)的依据,各地高等教育自学考试委员会应认真贯彻执行。

全国高等教育自学考试指导委员会
1998年9月17日

Ⅰ 课程性质与设置目的

一、课程性质与特点

《小学班主任》以小学班主任工作中的教育问题为研究对象，以小学班主任工作规律为研究目的，在小学教育专业考试计划中列为必修课目。设置本课程意在使考生了解小学班主任工作的一些基本原理，掌握小学班主任工作的一些常用方法，提高自己的素质。

二、本课程的基本要求

本课程应达到的总体目标是：了解小学班主任工作的基本内容，理解小学班主任工作的基本原理与基本规律，掌握小学班主任工作的常用方法，形成尊重教育科学，按教育规律办事的意识，为提高班主任工作的效率奠定理论基础和能力基础。学习本课程应注意理论联系实际。

三、本课程与相关课程的关系

学习本课程应该具备教育学心理学基本知识，本课程的先修课程是《教育原理》、《小学教育心理学》等，这些课程从内容上奠定小学班主任的知识基础，考生随后将学习的课程，则进一步为考生了解和从事小学班主任工作提供指导。本课程的重点是第一章、第三章、第四章、第六章和第七章。

Ⅱ 课程内容与考核目标

（考核知识点、考核要求）

第一章 班主任概述

一、学习目的与要求

学习本章应该理解班主任是怎样产生的，领会班主任的素质要求；了解班主任工作的基本内容，深刻理解班主任工作的特点；理解培养和提高班主任素质的必要性，并了解培养和提高班主任素质的基本途径。

本章的重点内容是班主任的含义、班主任的素质，难点是班主任工作的特点和班主任培养和提高的必要性。

二、课程内容

第一节 班主任的含义和素质

（一）班主任的含义
（二）班主任的素质

第二节　班主任工作内容与特点

（一）班主任工作的内容
（二）班主任工作的特点

第三节　班主任的培养和提高

（一）班主任培养和提高的必要性
（二）班主任培养和提高途径与方法

三、考核知识点

第一节　班主任的含义和素质

（一）班主任的含义
1. 班主任的产生
2. 班主任在班级集体中的作用
3. 班主任是教育过程中对学生最具全面影响的教育者
（二）班主任的素质
1. 思想品德素质
2. 知识能力素质
3. 个性心理素质
4. 教育机智
5. 身体素质

第二节　班主任工作内容与特点

（一）班主任工作的内容
1. 健全班级组织
2. 搞好班级管理

3. 指导班级活动
4. 开展班级教育工作
(二) 班主任工作的特点
适应性与创造性；协调性与主导性；全面性与个别性；示范性与激励性；集体性与独立性；艰巨性与崇高性

第三节　班主任的培养和提高

(一) 班主任培养和提高的必要性
1. 班主任特殊工作任务的需要
2. 小学独特学习方式的需要
3. 完善班主任队伍的需要
(二) 班主任培养和提高途径与方法
1. 自修：实践中自修，函授中自修
2. 培训：半脱产培训，全脱产培训
3. 教育科研：调查研究，个案研究，实验研究

四、考核要求

第一节　班主任的含义和素质

(一) 班主任的含义
1. 识记：班主任的含义
2. 领会：(1) 班主任是怎样产生的？(2) 班主任在班级集体中的作用；(3) 为什么说班主任是教育过程中对学生最具全面影响的教育者
(二) 班主任的素质
1. 识记：班主任五个方面的基本素质
2. 简单应用：联系班主任工作的实际，说明班主任工作需要哪些素质

第二节　班主任工作内容与特点

（一）班主任工作的内容
识记：班主任工作内容的四个方面
（二）班主任工作的特点
1. 识记：班主任工作的适应性与创造性、协调性与主导性、全面性与个别性
2. 领会：班主任工作的示范性与激励性、集体性与独立性、艰巨性与崇高性

第三节　班主任的培养和提高

（一）班主任培养和提高的必要性
领会：班主任培养和提高的必要性
（二）班主任培养和提高途径与方法
识记：班主任培养和提高的三种基本途径

第二章 小学儿童身心发展特点与班主任教育

一、学习目的与要求

学习本章要求了解小学生身心发展的一般特点,理解小学生认知发展的特点、情感和意志发展的特点,以及小学生自我意识发展的特点,懂得班主任应该采取哪些相应的教育措施。

本章的重点是小学儿童生理发展的特点与班主任教育,难点是小学生情感和意志发展的特点与班主任教育。

二、课程内容

第一节 小学儿童生理的发展与班主任教育

(一)小学儿童生理发育的特点
(二)小学生的卫生保健与班主任教育

第二节 小学儿童认知的发展与班主任教育

(一)小学生观察力的发展与培养
(二)小学生记忆力的发展与培养
(三)小学生想象力的发展与培养
(四)小学生思维力的发展与培养
(五)小学生道德认识的的发展与培养

第三节 小学儿童情感和意志的发展与班主任教育

（一）小学生情感发展的特点与培养
（二）小学生意志发展的特点与培养
（三）小学生道德行为发展的特点与培养

第四节 小学儿童个性和社会性的发展与班主任教育

（一）小学生自我意识发展的特点与培养
（二）小学生人际关系发展的特点与调节

三、考核知识点

第一节 小学儿童生理的发展与班主任教育

（一）小学儿童生理发育的特点
1. 身体外形的变化
2. 体内机能的发育
3. 神经系统的发育
（二）小学生的卫生保健与班主任教育
1. 坐、立、走的正确姿势与眼睛的保护
2. 卫生习惯的养成

第二节 小学儿童认知的发展与班主任教育

（一）小学生观察力的发展与培养
1. 小学生感知能力发展的一般状况
2. 小学生观察品质发展的特点
3. 小学生观察力的培养
（二）小学生记忆力的发展与培养

1. 小学生记忆力发展的一般特点
2. 小学生记忆力的培养
(三) 小学生想象力的发展与培养
1. 小学生想象力发展的一般特点
2. 小学生想象力的培养
(四) 小学生思维力的发展与培养
1. 小学生思维发展的特点
2. 小学生思维能力的培养
(五) 小学生道德认识的发展与培养
1. 小学生理解道德概念的特点
2. 小学生道德判断发展的特点
3. 小学生道德认识的培养

第三节　小学儿童情感和意志的发展与班主任教育

(一) 小学生情感发展的特点与培养
1. 小学生情感发展的特点
2. 小学生情感的培养
(二) 小学生意志发展的特点与培养
1. 小学生意志发展的特点
2. 小学生意志的培养
(三) 小学生道德行为发展的特点与培养
1. 小学生道德行为发展的特点
2. 小学生道德行为习惯的培养

第四节　小学儿童个性和社会性的发展与班主任教育

(一) 小学生自我意识发展的特点与培养
1. 小学生自我意识发展的特点
2. 小学生自我意识的培养
(二) 小学生人际关系发展的特点与调节

1. 小学生友谊发展的特点
2. 小学生人际关系的调节

四、考核要求

第一节　小学儿童生理的发展与班主任教育

（一）小学儿童生理发育的特点
识记：（1）身体外形的变化；（2）体内机能的发育；（3）神经系统的发育
（二）小学生的卫生保健与班主任教育
1. 识记：坐、立、走的正确姿势与眼睛的保护
2. 领会：卫生习惯的养成

第二节　小学儿童认知的发展与班主任教育

（一）小学生观察力的发展与培养
1. 识记：小学生感知能力发展的一般状况
2. 识记：小学生观察品质发展的特点
3. 领会：小学生观察力的培养
（二）小学生记忆力的发展与培养
1. 识记：小学生记忆力发展的一般特点
2. 领会：小学生记忆力的培养
（三）小学生想象力的发展与培养
1. 识记：小学生想象力发展的一般特点
2. 领会：小学生想象力的培养
（四）小学生思维力的发展与培养
1. 识记：小学生思维发展的特点
2. 领会：小学生思维能力的培养
（五）小学生道德认识的发展与培养
1. 识记：（1）小学生理解道德概念的特点；（2）小学生道德判

断发展的特点
2. 领会：小学生道德认识的培养

第三节 小学生儿童情感和意志的发展与班主任教育

（一）小学生情感发展的特点与培养
1. 识记：小学生情感发展的特点
2. 领会：小学生情感的培养
（二）小学生意志发展的特点与培养
1. 识记：小学生意志发展的特点
2. 领会：小学生意志的培养
（三）小学生道德行为发展的特点与培养
1. 识记：小学生道德行为发展的特点
2. 领会：小学生道德行为习惯的培养

第四节 小学儿童个性和社会性的发展与班主任教育

（一）小学生自我意识发展的特点与培养
1. 识记：小学生自我意识发展的特点
2. 领会：小学生自我意识的培养
（二）小学生人际关系发展的特点与调节
1. 识记：小学生友谊发展的特点
2. 领会：小学生人际关系的调节

第三章 班主任工作的基本原则

一、学习目的和要求

学习本章应该了解班主任所面对的几种基本关系,理解班主任与学生家长、任课教师和校长产生矛盾的原因,妥善处理各方面的关系;应该深刻领会班主任工作的基本原则,能够按照这些原则的要求来指导今后的工作。

本章的重点是学生主体原则、民主平等原则、公平公正原则、实践活动原则和因材施教原则;难点是学生主体原则和民主平等原则。

二、课程内容

第一节 班主任所面对的几种基本关系

(一)班主任与学生家长的关系
(二)班主任与任课教师的关系
(三)班主任与校长的关系

第二节 班主任工作的基本原则

(一)学生主体原则
(二)民主平等原则
(三)公平公正原则
(四)实践活动原则
(五)启发疏导原则
(六)集体教育原则

（七）以身作则原则
（八）因材施教原则

三、考核知识点

第一节　班主任所面对的几种基本关系

（一）班主任与学生家长的关系
1. 班主任与学生家长产生矛盾的原因：（1）社会角色不同；（2）教育学修养水平的差异；（3）教育过程中的实际困难；（4）班主任与家长之间缺乏联系
2. 班主任处理与学生家长关系的基本要求：（1）尊重家长；（2）加强指导
（二）班主任与任课教师的关系
1. 班主任与任课教师产生矛盾的原因：（1）分工不同；（2）素质差异
2. 班主任处理与任课教师关系的基本要求
（三）班主任与校长的关系
1. 班主任与校长产生矛盾的原因：（1）教育体制上的弊端；（2）素质差异
2. 班主任处理与校长关系的基本要求：（1）尊重校长；（2）支持校长；（3）监督校长

第二节　班主任工作的基本原则

（一）学生主体原则
1. 原则的含义
2. 提出原则的依据：（1）我国教育教学改革的实际经验；（2）教师与学生的辩证关系
3. 贯彻原则的要求：（1）了解学生需要；（2）培养学生自我教育能力

(二) 民主平等原则

1. 原则的含义

2. 提出原则的依据：（1）现代社会人际关系的特点；（2）教育工作的客观需要；（3）教育发展的大趋势

3. 贯彻原则的要求：（1）尊重学生个性；（2）依据学生的意愿和利益来管理班级；（3）严格要求学生

(三) 公平公正原则

1. 原则的含义

2. 提出原则的依据：（1）教师的职业道德；（2）树立班主任威信的需要

3. 贯彻原则的要求：（1）加强自身道德修养；（2）了解学生；（3）提高理论修养

(四) 实践活动原则

1. 原则的含义

2. 提出原则的依据：（1）品德形成和发展的基本规律；（2）小学生的年龄特性

3. 贯彻原则的要求：（1）转变教育观念，让学生在活动和实践中成长；（2）组织丰富多彩的活动；（3）注重实践，培养学生的道德行为

(五) 启发疏导原则

1. 原则的含义

2. 提出原则的依据：（1）长期教育实践经验的总结；（2）小学生身心发展的基本规律

3. 贯彻原则的要求：（1）讲明道理，疏通思想；（2）因势利导，循循善诱；（3）激励为上，正面教育

(六) 集体教育原则

1. 原则的含义

2. 提出原则的依据：（1）集体本身的教育力量；（2）小学生成长的心理需要

3. 贯彻原则的要求：（1）建设良好的班集体；（2）通过个人来教育集体；（3）发挥班主任的主导作用

（七）以身作则原则
1. 原则的含义
2. 提出原则的依据：(1) 小学生身心发展的特殊要求；(2) 教学的客观规律；(3) 长期以来的教育实践经验
3. 贯彻原则的要求：(1) 提高专业水平，提高道德修养；(2) 言行一致，表里如一
（八）因材施教原则
1. 原则的含义
2. 提出原则的依据：(1) 学生身心发展的特点和规律；(2) 我国的教育目的
3. 贯彻原则的要求：(1) 深入了解学生的个性特点和内心世界；(2) 根据学生的个人特点有的放矢地进行教育；(3) 根据学生的年龄特征有计划地进行教育
四、考核要求

第一节　班主任所面对的几种基本关系

（一）班主任与学生家长的关系
1. 识记：班主任与学生家长产生矛盾的原因
2. 领会：班主任处理与学生家长关系的基本要求
（二）班主任与任课教师的关系
1. 识记：班主任与任课教师产生矛盾的原因
2. 领会：班主任处理与任课教师关系的基本要求
（三）班主任与校长的关系
1. 识记：班主任与校长产生矛盾的原因
2. 领会：班主任处理与校长关系的基本要求

第二节　班主任工作的基本原则

（一）学生主体原则
1. 识记：原则的含义

2. 领会：提出原则的依据

3. 简单应用：联系班主任工作的实际，谈谈如何贯彻这一原则

（二）民主平等原则

1. 识记：原则的含义

2. 领会：提出原则的依据

3. 简单应用：联系班主任工作的实际，谈谈如何贯彻这一原则

（三）公平公正原则

1. 识记：原则的含义

2. 领会：提出原则的依据

3. 简单应用：联系班主任工作的实际，谈谈如何贯彻这一原则

（四）实践活动原则

1. 识记：原则的含义

2. 领会：提出原则的依据

3. 简单应用：联系班主任工作的实际，谈谈如何贯彻这一原则

（五）启发疏导原则

1. 识记：原则的含义

2. 领会：提出原则的依据

3. 简单应用：联系班主任工作的实际，谈谈如何贯彻这一原则

（六）集体教育原则

1. 识记：原则的含义

2. 领会：提出原则的依据

3. 简单应用：联系班主任工作的实际，谈谈如何贯彻这一原则

（七）以身作则原则

1. 识记：原则的含义

2. 领会：提出原则的依据

3. 简单应用：联系班主任工作的实际，谈谈如何贯彻这一原则

（八）因材施教原则

1. 识记：原则的含义

2. 领会：提出原则的依据

3. 简单应用：联系班主任工作的实际，谈谈如何贯彻这一原则

第四章 班级组织

一、学习目的与要求

学习本章要求了解班级与班级组织,理解班集体的含义,掌握培养班集体的途径与方法,了解少先队的性质与任务,懂得建设班级教师集体的措施,了解班主任做家长工作的方法。

本章的重点是班集体及其形成发展阶段,难点是如何培养优秀的班集体。

二、课程内容

第一节 班级与班级组织

(一)班级
(二)班级组织

第二节 班集体

(一)班集体及其形成发展阶段
(二)班集体形成的标志
(三)培养班集体的途径
(四)培养班集体的方法

第三节 少先队

(一)少先队的性质和任务

（二）少先队的组织教育

第四节　班级教师集体和班级家长集体

（一）班级教师集体
（二）班级家长集体

三、考核知识点

第一节　班级与班级组织

（一）班级
1. 班级的含义（三点）
2. 班级的作用（三点）
（二）班级组织
1. 班级组织的内涵与任务
2. 班级组织（班级群体）的结构与种类：班级正式群体与班级非正式群体

第二节　班集体

（一）班集体及其形成发展阶段
1. 班集体的含义（真正的班集体）
2. 班集体形成发展的四个阶段
（二）班集体形成的标志
1. 班集体形成的五个标志
2. 规章制度
（三）培养班集体的途径
1. 创设良好的班级"第一印象"
2. 建立平等的人际关系
3. 确立班级共同目标

4. 培养班干部
5. 开展丰富的班级活动
6. 形成健康的集体舆论，形成良好班风
（四）培养班集体的方法
1. 合作法
2. 激励法
3. 规范法
4. 示范法
5. 强化法

第三节　少先队

（一）少先队的性质和任务
1. 性质：革命性；群众性；自主性
2. 任务（略）
（二）少先队的组织教育

第四节　班级教师集体和班级家长集体

（一）班级教师集体
班级教师集体
（二）班级家长集体

四、考核要求

第一节　班级与班级组织

（一）班级
1. 识记：班级的含义
2. 领会：班级的作用
（二）班级组织

1. 识记：
（1）班级组织的内涵与任务
（2）班级组织（班级群体）的结构与种类：班级正式群体与班级非正式群体

第二节　班集体

（一）班集体及其形成发展阶段
1. 识记：班集体的含义（真正的班集体）
2. 领会：班集体形成发展的四个阶段
（二）班集体形成的标志
1. 识记：规章制度
2. 领会：班集体形成的五个标志
（三）培养班集体的途径
领会：培养班集体的六条途径
（四）培养班集体的方法
1. 识记：（1）合作法；（2）激励法；（3）规范法；（4）示范法；（5）强化法
2. 综合应用：谈谈如何培养优秀的班集体

第三节　少先队

（一）少先队的性质和任务
1. 识记：少先队的性质
2. 领会：少先队的任务
（二）少先队的组织教育

第四节　班级教师集体和班级家长集体

（一）班级教师集体
1. 识记：班级教师集体

2. 简单应用：依据建设班级教师集体的措施，谈谈如何建设班级教师集体

第五章　班级管理

一、学习目的与要求

学习本章要求了解班级管理的任务、内容和基本环节，理解班级常规管理的规范，并初步懂得如何开展班级常规管理工作

本章的重点是班级管理及其环节，难点是班级常规管理的方法

二、课程内容

第一节　班级管理的任务、内容和过程

（一）班级管理及其任务
（三）班级管理的内容
（三）班级管理过程的基本环节

第二节　班级常规管理工作

（一）班级工作计划
（二）班级工作总结
（三）班级档案制度
（四）班务日记
（五）班级体育锻炼
（六）班级卫生保健
（七）班级劳动
（八）学生操行的评定和"三好"学生的评选
（九）班级学生学习管理

三、考核知识点

第一节 班级管理的任务、内容和过程

(一)班级管理及其任务
1. 班级管理的含义
2. 班级管理的任务:(1)建设良好的班集体;(2)组织好班级教师集体和班级家长集体;(3)落实学校管理目标;(4)做好班级常规管理工作。
(二)班级管理的内容
1. 班级管理的七大内容
2. 生活指导的含义
(三)班级管理过程的基本环节
1. 班级管理的基本环节:(1)计划;(2)实施;(3)检查;(4)总结

第二节 班级常规管理工作

(一)班级工作计划
1. 制定班级工作计划的依据:(1)学校工作目标和工作计划;(2)班级集体的实际情况
2. 制定班级工作计划的基本要求:(1)方向性;(2)连续性;(3)创造性;(4)可行性;(5)检查的可能性
3. 班级工作计划的基本内容:(1)班级基本情况;(2)管理目标;(3)实施措施;(4)检查与评估
4. 制定班级工作计划的步骤
(二)班级工作总结
1. 班级工作总结的基本要求
2. 班级工作总结的方法
(三)班级档案制度

1. 班级档案制度的含义
2. 班级档案的具体项目
3. 学生档案的内容

（四）班务日记

1. 班务日记的含义
2. 班务日记的内容

（五）班级体育锻炼

1. 班级体育锻炼的基本内容：（1）两操；（2）课外体育锻炼；（3）运动竞赛

（六）班级卫生保健

班级卫生保健的内容

（七）班级劳动

1. 班级劳动的基本内容：（1）自我服务劳动；（2）公益劳动；（3）勤工俭学活动

（八）学生操行的评定和"三好"学生的评选

1. 学生操行评定的基本要求：（1）有明确的评定标准和指标体系；（2）实事求是，把握学生的主流；（3）坚持民主评定；（4）要言之有物
2. 评选"三好"学生应注意的问题：（1）深入动员，坚持标准；（2）抓好总结，搞好互评；（3）表彰先进，搞好善后

（九）班级学生学习管理

1. 建立班级学生学习管理制度：（1）学习检查制度；（2）学习奖励制度；（3）学习经验交流制度

四、考核要求

第一节　班级管理的任务、内容和过程

（一）班级管理及其任务

1. 识记：班级管理
2. 领会：班级管理的任务：（1）建设良好的班集体；（2）组织

好班级教师集体和班级家长集体；(3) 落实学校管理目标；
(4) 做好班级常规管理工作
(二) 班级管理的内容
1. 领会：班级管理的七大内容
2. 识记：生活指导
(三) 班级管理过程的基本环节
1. 识记：班级管理的基本环节：(1) 计划；(2) 实施；(3) 检查；(4) 总结

第二节　班级常规管理工作

(一) 班级工作计划
1. 领会：制定班级工作计划的依据：(1) 学校工作目标和工作计划；(2) 班级集体的实际情况
2. 领会：制定班级工作计划的基本要求：(1) 方向性；(2) 连续性；(3) 创造性；(4) 可行性；(5) 检查的可能性
3. 识记：班级工作计划的基本内容：(1) 班级基本情况；(2) 管理目标；(3) 实施措施；(4) 检查与评估
4. 识记：制定班级工作计划的步骤
(二) 班级工作总结
1. 领会：班级工作总结的基本要求
2. 领会：班级工作总结的方法
(三) 班级档案制度
1. 识记：班级档案制度
2. 领会：班级档案的项目
3. 识记：学生档案的内容
(四) 班务日记
1. 识记：班务日记
2. 领会：班务日记的内容
(五) 班级体育锻炼
1. 识记：班级体育锻炼的基本内容：(1) 两操；(2) 课外体育

锻炼;(3)运动竞赛

(六)班级卫生保健

1. 识记:班级卫生保健的内容

(七)班级劳动

1. 识记:班级劳动的基本内容:(1)自我服务劳动;(2)公益劳动;(3)勤工俭学活动

(八)学生操行的评定和"三好"学生的评选

1. 领会:学生操行评定的基本要求:(1)有明确的评定标准和指标体系;(2)实事求是,把握学生的主流;(3)坚持民主评定;(4)要言之有物

2. 简单应用:谈谈评选"三好"学生应注意哪些问题

(九)班级学生学习管理

1. 识记:建立班级学生学习管理制度:(1)学习检查制度;(2)学习奖励制度;(3)学习经验交流制度

第六章 班级活动

一、学习目的与要求

学习本章要求了解班级活动的含义、特点、内容和基本形式，懂得如何开展主题班会，了解班主任如何指导学生开展科技活动、文体活动、劳动、节日与纪念日活动，如何指导学生的课外阅读，以及其它一些班级活动。

本章的重点是班级活动，难点是班会活动。

二、课程内容

第一节 班级活动概述

（一）班级活动的含义和特点
（二）班级活动的意义
（三）班级活动的内容和形式
（四）班级活动与教学活动的关系

第二节 班会活动

（一）班会的意义
（二）班会的组织、开展
（三）班会的总结与深化

第三节　科技活动

（一）科技活动的意义
（二）科技活动的开展
（三）班主任对科技活动的指导
（四）开展科技活动应注意的几个问题

第四节　文体活动

（一）文艺活动的基本内容和形式
（二）体育活动的组织开展

第五节　劳动

（一）劳动的教育意义
（二）学生劳动的组织
（三）班主任在组织学生劳动中应注意的问题

第六节　节日、纪念日活动

（一）活动的意义
（二）主要的节日、纪念日
（三）班主任组织开展节日、纪念日活动应注意的问题

第七节　课外阅读活动

（一）课外阅读的意义
（二）课外阅读的指导

第八节 其它班级活动

(一) 郊游
(二) 夏令营
(三) 游戏活动
(四) 游艺活动

三、考核知识点

第一节 班级活动概述

(一) 班级活动的含义和特点
1. 班级活动的含义：(1) 广义；(2) 狭义
2. 班级活动的特点：(1) 自愿性和指导性；(2) 灵活性和综合性；(3) 开放性和实践性
(二) 班级活动的意义
1. 促进学生的全面发展
2. 建设良好班集体的有效方法
(三) 班级活动的内容和形式
1. 班级活动的内容（六个方面）
2. 班级活动的形式：(1) 班级集体活动；(2) 小组活动；(3) 个人活动
(四) 班级活动与教学活动的关系
1. 一致性
2. 不同点

第二节 班会活动

(一) 班会的意义（三个方面）
(二) 班会的组织、开展

1. 主题的确定与设计：(1) 确定主题的原则；(2) 确定主题的步骤；(3) 主题的种类
2. 活动的准备与实施（四点）

（三）班会的总结与深化

1. 班会的总结
2. 班会的深化

第三节　科技活动

（一）科技活动的意义（两点）
（二）科技活动的开展
开展科技活动的形式
（三）班主任对科技活动的指导（四点）
（四）开展科技活动应注意的几个问题

1. 因地制宜
2. 与课堂教学结合
3. 处理好普及与提高的关系

第四节　文体活动

（一）文艺活动的基本内容和形式（四点）
（二）体育活动的组织开展

1. 体育活动的基本内容和形式
2. 开展体育活动的过程和要求

第五节　劳动

（一）劳动的教育意义（五个方面）
（二）学生劳动的组织

1. 准备工作
2. 组织教育工作

3. 总结工作
（三）班主任在组织学生劳动中应注意的问题

第六节　节日、纪念日活动

（一）节日、纪念日活动的意义
（二）主要的节日、纪念日
（三）班主任组织开展节日、纪念日活动应注意的问题
1. 掌握节日、纪念日活动的历史意义
2. 赋予节日、纪念日活动新的意义
3. 总结经验，表彰先进

第七节　课外阅读活动

（一）课外阅读的意义
（二）课外阅读的指导
1. 指导学生选择合适的书刊
2. 指导学生阅读方法

第八节　其它班级活动

（一）郊游
（二）夏令营
（三）游戏活动
（四）游艺活动

四、考核要求

第一节　班级活动概述

（一）班级活动的含义和特点

1. 识记：班级活动的含义：(1) 广义；(2) 狭义
2. 领会：班级活动的特点：(1) 自愿性和指导性；(2) 灵活性和综合性；(3) 开放性和实践性

(二) 班级活动的意义

领会：班级活动的意义

(三) 班级活动的内容和形式

1. 识记：班级活动的内容（六个方面）
2. 识记：班级活动的形式：(1) 班级集体活动；(2) 小组活动；(3) 个人活动

(四) 班级活动与教学活动的关系

领会：班级活动与教学活动的一致性与不同点

第二节　班会活动

(一) 班会的意义（三个方面）

领会：班会的意义

(二) 班会的组织、开展

1. 简单应用：依据确定主题的原则，谈谈如何确定班会主题
2. 识记：主题的种类

(三) 班会的总结与深化

综合应用：如何对班会进行总结，并对班会予以深化

第三节　科技活动

(一) 科技活动的意义（两点）

领会：科技活动的意义（两点）

(二) 科技活动的开展

识记：开展科技活动的形式

(三) 班主任对科技活动的指导（四点）

领会：班主任是如何指导科技活动的（四点）

(四) 开展科技活动应注意的几个问题

简单应用：从一个班主任的角度，谈谈开展科技活动应注意哪些问题

第四节 文体活动

（一）文艺活动的基本内容和形式（四点）
识记：文艺活动的基本内容和形式（四点）
（二）体育活动的组织开展
1. 识记：体育活动的基本内容和形式
2. 领会：开展体育活动的过程和要求

第五节 劳动

（一）劳动的教育意义（五个方面）
领会：劳动的教育意义（五个方面）
（二）学生劳动的组织
（三）班主任在组织学生劳动中应注意的问题
简单应用：班主任在组织学生劳动中应注意哪些问题

第六节 节日、纪念日活动

（一）节日、纪念日活动的意义
（二）主要的节日、纪念日
识记：主要的节日、纪念日
（三）班主任组织开展节日、纪念日活动应注意的问题
领会：班主任组织开展节日、纪念日活动应注意的问题

第七节 课外阅读活动

（一）课外阅读的意义
领会：课外阅读的意义

(二) 课外阅读的指导
简单应用：班主任如何指导学生课外阅读

第七章 班级教育工作

一、学习目的与要求

学习本章要求了解班级个别教育的一般原理,懂得如何处理班级偶发事件,如何开展班级榜样教育,以及如何转化后进生。

本章的重点是班级榜样教育,难点是班级后进生的转化。

二、课程内容

第一节 班级个别教育

(一)班级个别教育的作用
(二)班级个别教育的方法
(三)班级个别教育的具体要求

第二节 班级偶发事件的处理

(一)偶发事件及其处理的意义
(二)处理偶发事件的方法
(三)处理偶发事件应注意的问题

第三节 班级榜样教育

(一)榜样的特征和作用
(二)树立榜样的建议
(三)运用榜样教育的基本要求

第四节　班级后进生的转化

（一）后进生的内涵
（二）转化后进生的意义
（三）转化后进生的方法和途径

三、考核知识点

第一节　班级个别教育

（一）班级个别教育的作用
1. 班级个别教育的概念
2. 班级个别教育的作用
（二）班级个别教育的方法
1. 谈话法
2. 锻炼法
（三）班级个别教育的具体要求
1. 热爱学生，坦诚相待
2. 尊重学生，关心信任
3. 严格要求，民主公正

第二节　班级偶发事件的处理

（一）偶发事件及其处理的意义
1. 偶发事件的含义
2. 偶发事件的危害
3. 正确处理偶发事件的意义
（二）处理偶发事件的方法
1. 调查研究，掌握全过程
2. 分析原因，弄清实质

3. 慎重处理，以理服人
（三）处理偶发事件应注意的问题
 1. 切忌轻易表态
 2. 切忌各打五十大板
 3. 切忌不理不问
 4. 切忌就事论事

第三节　班级榜样教育

（一）榜样的特征和作用
 1. 榜样
 2. 榜样的作用
（二）树立榜样的建议
 1. 坚持全面发展
 2. 坚持多层次优选
（三）运用榜样教育的基本要求
 1. 树立榜样的威信
 2. 激发学习榜样的动机
 3. 学习榜样必须见之于行动

第四节　班级后进生的转化

（一）后进生的内涵
（二）转化后进生的意义
 1. 有利于建设班集体
 2. 有利于发挥学校主导作用
 3. 有利于提高教学质量
 4. 有利于安定社会秩序
（三）转化后进生的方法和途径
 1. 深入了解后进生的心理特征
 2. 确立后进生也能成才的坚强信念

3. 善于捕捉后进生身上的积极因素
4. 创造后进生转化的各种条件，促成转化
5. 抓反复，反复抓

四、考核要求

第一节　班级个别教育

（一）班级个别教育的作用
1. 识记：班级个别教育的概念
2. 领会：班级个别教育的作用
（二）班级个别教育的方法
1. 识记：（1）谈话法及其种类；（2）锻炼法
（三）班级个别教育的具体要求
领会：开展班级个别教育的三点要求

第二节　班级偶发事件的处理

（一）偶发事件及其处理的意义
1. 识记：偶发事件的含义
2. 领会：（1）偶发事件的危害；（2）正确处理偶发事件的意义
（二）处理偶发事件的方法
领会：处理偶发事件的方法
（三）处理偶发事件应注意的问题
简单应用：谈谈处理偶发事件应注意哪些问题

第三节　班级榜样教育

（一）榜样的特征和作用
1. 识记：榜样
2. 领会：榜样的作用

（二）树立榜样的建议
简单应用：如何树立榜样
（三）运用榜样教育的基本要求
领会：运用榜样教育的基本要求

第四节　班级后进生的转化

（一）后进生的内涵
识记：后进生
（二）转化后进生的意义
领会：转化后进生的意义
（三）转化后进生的方法和途径
综合应用：如何转化后进生

第八章 班主任工作的评价

一、学习目的与要求

学习本章要求了解班主任工作评价的含义和作用,理解班主任工作评价的内容和指标体系,掌握班主任评价的具体要求,懂得如何开展班主任工作评价。

本章的重点是班主任工作评价的内容,难点是班主任工作评价的组织实施。

二、课程内容

第一节 班主任工作评价的涵义和作用

(一)班主任工作评价的涵义
(二)班主任工作评价的作用

第二节 班主任工作评价的内容和指标体系

(一)班主任工作评价的内容
(二)班主任工作评价的标准
(三)班主任工作评价的指标体系

第三节 班主任工作评价的实施

(一)班主任工作评价的具体要求
(二)班主任工作评价的方法

（三）班主任工作评价的组织实施

三、考核知识点

第一节　班主任工作评价的涵义和作用

（一）班主任工作评价的涵义
（二）班主任工作评价的作用

第二节　班主任工作评价的内容和指标体系

（一）班主任工作评价的内容
1. 对班主任工作职责的评价
2. 对班主任工作效果的评价
3. 对班主任素质的评价
（二）班主任工作评价的标准
1. 职责标准
2. 效果标准
3. 素质标准
（三）班主任工作评价的指标体系

第三节　班主任工作评价的实施

（一）班主任工作评价的具体要求（八点）
（二）班主任工作评价的方法
1. 自我评价法
2. 他人评价法
3. 集体评价法
（三）班主任工作评价的组织实施
1. 确定标准
2. 组织动员

3. 收集资料
4. 分析判断
5. 作出结论

四、考核要求

第一节 班主任工作评价的涵义和作用

（一）班主任工作评价的涵义
识记：班主任工作评价的涵义
（二）班主任工作评价的作用
领会：班主任工作评价的作用

第二节 班主任工作评价的内容和指标体系

（一）班主任工作评价的内容
1. 识记并领会：(1) 对班主任工作职责的评价；(2) 对班主任工作效果的评价；(3) 对班主任素质的评价
（二）班主任工作评价的标准
1. 领会：(1) 职责标准；(2) 效果标准；(3) 素质标准
（三）班主任工作评价的指标体系
领会：班主任工作评价的指标体系

第三节 班主任工作评价的实施

（一）班主任工作评价的具体要求
领会：班主任工作评价的具体要求（八点）
（二）班主任工作评价的方法
1. 识记：(1) 自我评价法；(2) 他人评价法；(3) 集体评价法
（三）班主任工作评价的组织实施
简单应用：谈谈班主任工作评价组织、实施的过程

Ⅲ 有关说明与实施要求

为了使本大纲的规定在从自学到考试的各个环节中得到贯彻和落实,兹对有关问题作如下说明,并提出具体实施要求。

一、关于考核目标的说明

为使考试内容具体化和考试要求标准化,本大纲在列出考试内容的基础上,对各章规定了考核目标,包括考核知识点和考核要求,使考生能进一步明确考试内容和要求,更有目的地系统学习教材;使考试命题范围更明确、更准确地安排试题的难易度和知识能力层次。

在考核目标中,按识记、领会、简单应用和综合应用四个层次规定其应达到的能力层次要求,它们是能力层次的递进等级关系,各能力层次的含义是:

识记:能知道有关名词、概念、原则、原理等的含义,并能正确认识和表述,这是低层次的要求。

领会:在识记的基础上,能全面把握名词、概念、原理,并能正确掌握有关名词、概念、原则、原理之间的关系,这是较高层次的要求。

简单应用:在领会的基础上,能用所学的知识分析和解决简单问题。

综合应用:在简单应用的基础上,能用所学的多个知识点,分析和解决比较复杂的问题。

二、关于自学教材

全国考委组编本：《小学班主任》，翟天山主编，高等教育出版社出版。

三、自学方法指导

1. 考生首先要全面系统地学习各章内容，记忆应当识记的基本概念、名词、原理，深入理解基本理论，掌握基本方法；其次，要认识各章内容之间的关系，注意区分相近的概念和相类似的问题，弄清它们之间的关系；再次，在全面系统学习的基础上掌握重点，有目的地深入学习重点章节的教育理论，在没有全面学习教材的情况下孤立地去抓重点是行不通的。

2. 学习《小学班主任》教材，不能求快，而要抓住重要概念、原理、原则，仔细体会，在理解的基础上记忆。死记硬背，生搬硬套，是不能取得好成绩的。

3. 学习《小学班主任》的理论、原理，一定要联系教育实际，注意运用所学的理论、原理去分析教育问题，并尝试去解决教育问题。

四、对社会助学的要求

1. 社会助学者应根据本大纲规定的考试内容和考核目标，认真钻研指定教材，明确本课程的特点和学习要求，对考生进行切实有效的辅导，防止出现种种偏向，把握助学的正确导向。

2. 要正确处理重点和一般的关系，社会助学者应指导考生全面系统地学习教材，掌握全部考试内容和考核知识点，在此基础上再突出重点，切勿孤立地抓重点，把自学考试引向猜题押题。

3. 社会助学者应通过自己的辅导，解答自学中的疑难问题，并努力培养和提高考生的分析问题和解决问题的能力。

五、关于命题考试的若干要求

1. 本课程的命题考试，应根据本大纲所规定的考试内容和考试标准来确定考试范围和考核要求，不要任意扩大或缩小考试范围，提高或降低考试要求，考试命题要覆盖到各章，并适当突出重点章节，体现本课程的内容重点。

2. 本课程在试卷中对不同能力层次要求的分数比例大致为：识记占 20%，领会占 30%，简单应用占 30%，综合应用占 20%。

3. 要合理安排试题的难易程度，试题的难度可分为：易、较易、较难和难四个等级，每份试卷中不同难度试题的分数比例一般为：2∶3∶3∶2。

必须注意试题的难度与能力层次，这不是一个概念，在各个能力层次中都存在不同的难度，应提醒考生切勿混淆。

4. 本课程命题的主要题型一般有：单项选择题、简答题、论述题和材料分析题。

5. 考试方法为笔试，考试时间长度为两个半小时（150分钟）。

附录　题型及举例

一、单项选择（在备选答案中只有一个是正确的，将其选出并把它的标号写在题后的括号内）

1. 班主任是学校教育发展到一定阶段，伴随着____的确立应运而生的。（　　）

   A. 个别教学制
   B. 小组教学制
   C. 班级授课制
   D. 导师负责制

二、简答题

1. 班主任的知识能力素质主要有哪几个方面。
2. 为什么说班主任的培养和提高是非常必要的。

三、论述题

1. 就班主任个性心理素质的某一方面说明其对班主任工作的影响。
2. 分析说明班主任工作强烈的示范性特点。

四、材料分析题

举例略。

后 记

《小学班主任自学考试大纲》是根据全国高等教育自学考试小学教育专业（专科）考试计划的要求编写的。1999年1月，教育类专业委员会召开审稿会议，对大纲进行了讨论评审，修改后，经主审复审定稿。

本大纲由华中师范大学教授翟天山和副教授杜时忠主持编写。由北京教育学院教授白铭欣主审、北京师范大学教育系副教授丛立新参审。

本大纲最后由全国高等教育自学考试指导委员会审定。

全国高等教育自学考试指导委员会
教 育 类 专 业 委 员 会
1999 年 4 月